실사구시
한국경제

실사구시 한국경제

통 념 을 허 무 는 10가지 진 단 과 해 법

강신욱 · 김석진 · 김혜원 · 남기곤 · 류덕현 · 박복영 · 이상영 · 조영탁 · 지만수 · 홍장표 지음 | 원승연 엮음

생각의힘

실사구시가
신뢰를 키운다

이 책의 저자 10명은 시대적인 공통점을 가지고 있다. 이들은 모두 1980년대 암흑의 군사독재 시대에 젊은 시절을 보냈다. 그리고 경제학을 같이 공부하면서 지향해야 할 사회가 무엇인가를 함께 고민했다. 이후 1990년대 들어와 뿔뿔이 흩어졌다가 10년이 넘는 세월을 건너 다시 만났다. 각자의 길을 걸었던 10여 년 세월의 간극을 메우기 위해 우리는 5년 동안 매월 토론회를 개최했고, 그 과정에서 인식의 공통점을 찾게 되었다. 이 책은 이렇게 만난 우리의 첫 번째 작업을 담아 공개한다는 의미를 가지고 있다.

언제부터인가 우리는 한국 사회의 모습에 답답함을 느끼게 되었다. 지난 10여 년간 한국 경제는 잠재성장률 하락, 고용의 질 저하, 소득분배의 악화, 고령화와 저출산 등의 문제를 드러냈고, 이런 문제는 명백히 더욱 악화되고 있다. 물론 이러한 한국 사회의 문제점을 해결하고자 하는 시도가 여럿 있었다. 그러나 이들 대부분은 의도와 달리 문제를 해결하기보다는 사회적 갈등만을 부추기고 말았다.

왜 한국 사회는 당면한 문제의 대안을 찾지 못하고 있을까? 우리는 보수와 진보라는 이분법적 논리로 모든 사안을 진단하고 주장하는 한국 사회의 지적, 사회적 풍토에 문제가 있다고 생각한다. 언제부터인가 어떤 문제가 발생하면 그 원인을 이념 지향성으로 돌리는 경향이 생겨났다. 그것만 해결하면 모든 것이 잘될 것처럼 말이다. 하지만 사람들은 누가 보수주의자인지 진보주의자인지 구분하기 어려운 경우를 자주 만난다. 동일한 내용인 것 같은데도 그것이 보수 또는 진보의 입장이라고 서로 강변하는 웃지 못할 사태를 종종 경험하는 것이다.

요컨대, 문제는 아직도 1980년대의 보수와 진보의 시각으로 2013년 오늘의 한국 사회를 바라보고 있기 때문이 아닌가 한다. 분명 오늘의 한국은 1980년대 민주화를 열망하던 사회와는 다르다. 그럼에도 과거의 진영 논리가 아직도 우리 사회를 진단하는 중요한 잣대가 되고 있다. 그것은 당면한 현실을 너무 쉽게 단순화하고, 이념 갈등에서 승리하면 모든 것을 얻을 수 있다는 환상을 심어 준다.

그동안 한국 사회는 빠른 변화와 발전으로 매우 복잡해졌고, 그 구조 내에서 다양한 이해관계들이 중첩되어 나타나고 있다. 실제 한국 사회는 이념의 스펙트럼에 의해서만이 아니라 구성원 간의 다양한 이해관계가 반영되어 움직이기 때문에, 단순한 이념적 지향성만으로는 현실적인 힘을 가지지 못하는 경우가 대부분이다. 그렇기 때문에 우리는 과도하게 이념적 지향점을 주장하는 사람들의 진정성을 의심하게 된다. 과도한 이념 논쟁을 불러일으켜 결국에는 어떠한 변화도 일어나지 않도록 함으로써 자신들의 기득권을 유지하려는 것이 일부 보수 및 진보 논객들의 의도는 아닌가 하는 혐의를 지울 수 없다.

1980년대에 이념을 고민했고 1990년대 이후 각기 다른 공간과 영역에서 세파를 경험했던 우리는 진리라는 것이 젊은 시절 우리가 생각한 대로 단순하게 단정지을 수 있는 것이 아님을 차츰 알게 되었다. 그리고 몇 가지 관념적인 이데올로기 구호가 사고의 폭을 제한하고 있음을 걱정하며, 구체성이 없는 추상성의 무기력함도 뼈저리게 느꼈다. 그래서 우리는 이 책에서 현재 우리가 살고 있는 현실을 실사구시의 정신으로 이해할 것을 제안한다. 그것은 보수와 진보의 중간적 절충, 좌와 우의 평면적인 중간지대를 뜻하는 중도와는 다르다. 중도층의 성향이 정치 불신이라면 진정한 중용의 길은 실사구시 정신에 서서 믿음을 교류하는 과정이어야 한다.

사실 대부분의 사람은 알게 모르게 특정한 사고의 틀에서 자신의 생각을 한정하고 판단하는 경향이 있다. 가령 우리는 통일을 위해서 햇볕정책이 좋은지 아닌지를 두고 논쟁을 벌여 왔다. 그러나 정작 통일이 쉽게 이루어지지 않을 때 북한과 어떻게 공존하는 것이 좋을지는, 분단 60년이 지난 지금까지도 진지하게 생각해 보지 않은 것 같다. 어쩌면 통일이 이루어지지 않을 수 있다는 전제 자체를 의도적으로 회피했을지도 모른다. 우리는 소득분배를 개선하기 위해 어떠한 정책이 필요한

지에 대해서도 논쟁해 왔다. 그러나 어떤 소득재분배 정책을 시행하더라도 소득분배 개선에는 한계가 있음을 쉽게 인정하지 못하고 있다.

이 책은 우리의 상식을 한번 깨 보고자 하는 데 그 출발점이 있다. 사람들이 너무나 당연하다고 말하고 있어 차마 밖으로 내뱉지 못했던 의문점들을 짚어볼 것이다. 그리고 그 의문점에서 출발하여 해당 현상에 대한 구체적인 내용과 본질을 이해하고 사고의 틀을 전환함으로써, 우리 사회의 진실에 좀 더 가까이 가기를 제안한다.

이 책의 저자들은 그동안 자신의 분야에서 전문적인 연구를 하며, 한국 사회가 어떤 방향으로 나아가야 하는지를 고민해 왔다. 이 책에서 제시하는 10개의 주제는 바로 이러한 고민의 산물이다. 저자들은 현재 한국에 살고 있는 사람이라면 누구나 인식할 수 있는 사안을 대상으로 그 상식의 편견을 걷어내고 본질에 접근하려고 시도했다. 그리고 저자들은 나름의 대안도 제시했다. 이를 통해서 저자들은 한국 사회의 당면한 문제에 실체적으로 접근하고, 과거의 틀에서 벗어나 한국 사회를 바라보는 새로운 접근 방법이 필요함을 제시하고자 했다.

특히 편자는 한국 사회가 좀 더 나아지기를 원하는 모두에게 이 책이 유익하기를 희망한다. 전 세계적인 관점에서 볼 때 한국은 이미 물적 측면뿐만 아니라 지적 측면에서 상당히 발전한 사회이며, 다양한 이해관계가 복잡하게 얽혀 있는, 그래서 기득권이 충만한 사회이다. 이는 다른 한편으로 한국이 변화하기 어려운 사회가 되었다는 반증에 다름 아니다. 왜냐하면 변화에는 기존 기득권과 안락함을 포기해야 하는 희생이 따를 수도 있어, 막상 어떤 변화를 추구하는 데에 많은 장애요인이 나타날 것이기 때문이다. 그러므로 단순한 슬로건이 국민에게 일시적으로 폭발적인 호응을 받은 경우는 많았지만, 그것이 주장한 변화가 쉽게 실현된 적은 거의 없었다. 이렇듯 주기적으로 좌절을 겪었기에 국민들은 변화를 이야기하는 어떤 주장에도 쉽게 마음을 열지 못하고 있다. 그러므로 이제는 구체적인 현실 인식을 기초로 국민들을 설득하고 한국 사회를 변화시킬 힘을 얻어야 한다. 우리는 독자들이 한국 사회 변화의 필요성과 구체적인 방향을 생각해 보는 데에 이 책이 유용하기를 기대한다.

이 책은 크게 세 개의 주제로 구성되어 있다. 첫 세 글은 북한을 포함하여 한국 경제를 둘러싼 국제 환경을 다루는 내용으로서, 한국 경제가 글로벌 사회에서 처한 위치를 점검한다. 그리고 두 번째 세 글은 한국 경제의 내부로 들어와 현재 가장 큰 화두가 되고 있는 소득분배와 고용의 문제를 어떻게 해결할 것인지를 논의한다. 끝으로 나머지 네 개의 글은 국민의 생활과 밀접한 주제, 즉 교육, 부동산, 정부지출 및 전력 문제와 관련해서 그 본질을 해부하고 나름의 대안을 제시한다.

한국 경제가 처한 국제 환경과 관련해서, 박복영 교수는 '글로벌 금융위기에서 무엇을 배워야 하는가?'에서 글로벌 금융위기의 전말을 명쾌하게 설명하면서 그 교훈을 우리에게 제시한다. 그는 금융위기를 방지하기 위해서는 역설적으로 금융이 아니라 실물이 건강해야 한다는 점을 강조한다. 또한 잊지 말아야 할 글로벌 금융위기의 교훈으로 정책 당국이 자산 가격의 안정과 경제 전반의 부채 수준 관리를 정책 목표로 삼아야 하며 강한 제조업을 유지하려는 노력이 필요함을 강조한다.

지만수 박사는 '중국의 부상과 한국의 미래'에서 중국의 경제 성장이 한국 경제에 미치는 영향을 걱정하는, 통상적인 중국 경제에 대한 질문을 버릴 것을 제안한다. 그는 중국 경제의 변화 흐름을 인정하고 중국의 변화 속으로 더 깊이 들어갈 수 있도록 우리 자신을 변화시키는 것이 중요함을 강조한다. 중국의 내수 시장 확대를 기회로 활용할 수 있으며 참여와 차별화가 중국 진출 전략의 요체가 되어야 한다는 그의 주장은 시사하는 바가 크다.

김석진 박사는 '북한이라는 이웃과 함께 사는 법'에서 보수 및 진보 진영 모두 각기 다른 방법으로 북한을 하루 빨리 내 식구로 만들고 싶어 하지만, 이는 비현실적인 기대에 불과하다고 말한다. 그는 남과 북이 하나가 되기 어려운 이유, 북한 체제가 망하지 않는 이유, 대북정책이 성공하기 어려운 이유를 설명한다. 이러한 맥락에서 그는 북한이 상당 기간 동안 독립된 주권국가로 존속할 가능성이 높다는 현실적 인식을 토대로, 한반도 평화 체제 구축을 위한 대북정책을 수립하는 것이 현명하다고 주장한다.

두 번째 주제와 관련해서 세 저자들은 모두 일자리 창출, 그중에서도 고용의 질 개선과 좋은 일자리 창출이 중요하며, 그것이 소득분배를 근본적으로 개선하는 핵심 과제임을 강조한다. 우선 강신욱 박사는 '우리 사회의 소득은 왜 불평등해졌는가?'에서 한국 사회의 불평등 심화 양상을 이모저모로 검토하여 우리의 이해 폭을 넓히고 있다. 그는 사후적인 정부의 조세정책이나 복지지출 등으로는 소득분배를 개선하는 데 한계가 있으며, 고용시장을 중심으로 소득 격차를 줄이는 정책이 무엇보다 필요함을 주장한다.

김혜원 교수는 '우리 사회 일자리 문제의 해결을 위하여'에서 앞선 강신욱 박사의 글을 다시 확인해 주고 있다. 그는 정부의 주요 과제인 일자리 창출이 외형적인 실업률 하락에만 치중할 때 발생하는 한계를 지적하고, 고용 불안정성과 비정규직, 저임금의 온존 및 임금 간 격차 확대와 같은 문제를 해결할 수 있는 질적인 측면의 고용정책이 더욱 중요함을 강조한다. 그리고 일자리 창출을 위해서는 이념적인 방향이 아니라 창조적인 제도 혁신과 정책 현장에 기초한 현실적인 대안을 수립하려는 노력이 중요하다고 주장한다.

홍장표 교수는 '청년 실업 문제의 해법 찾기'에서 일자리 창출을 위한 중소기업의 역할을 검토하여, 일자리 창출을 위한 현실적 대안의 하나가 중소기업 발전에 있음을 주장한다. 그 역시 일자리의 외형적 증가보다는 '나쁜' 일자리를 '좋은' 일자리로 전환시키는 것이 중요함을 역설한다. 동시에 대기업과 중소기업 간 상생·협력의 생태계를 구축하는 것이 경제 성장뿐 아니라 청년 일자리 창출을 위해 필요한 것임을 강조한다.

세 번째 주제는 좀 더 국민의 일상적 삶과 직결되어 있는 문제를 다루고 있다. 남기곤 교수는 '사교육에 갇힌 한국 교육'에서 한국인은 왜 그렇게 교육열이 높으며 사교육에 집착하는가 하는 질문을 던지고 있다. 그는 사교육이 사회 전체적으로는 비용을 높이는 것이지만, 개인의 관점에서는 매우 합리적인 결정임을 인정한다. 왜냐하면 자녀의 성적 향상이 대학의 당락에 영향을 주고, 대학의 선택이 장래의 사회적 지위와 평생 소득에 영향을 줄 것이라고 인식되기 때문이다. 그는 사교육은 학벌을 중시하는 사회 구조에 의해 유발되는 종속변수에 불과한 것임을 강조하고, '진짜 승부는 대학에서' 이루어지도록 교육 정책을 전환시킬 것을 제안한다.

이상영 교수는 '베이비부머의 부동산 출구 전략'에서 최근 부동산 시장을 둘러싼 현상을 검토하면서 현재의 부동산 시장 침체가 일시적인 것이 아니라 구조적인 것임을 지적하고, 그로 인하여 발생할 수 있는 가계의 위험성을 검토한다. 특히 그는 자산의 대부분을 부동산으로 보유하고 있는 베이비부머의 문제점을 검토하면서, 그들이 노후 생활을 영위할 수 있도록 하는 부동산시장으로부터의 연착륙 방안을 다각도로 제시한다.

나머지 두 글은 일반인이 쉽게 인식하지 못하는, 정부의 재정지출 및 정책이 위정자의 정치적 목적에 활용될 가능성을 보여 줌으로써, 국민들이 정부의 행동을 제대로 감시해야 할 필요성을 절감케 해 준다. 류덕현 교수는 '사회간접자본 투자, 어떻게 볼 것인가?'에서 경제 성장이나 경기 부양 목적으로 합리화되었던 사회간접자본 투자가 더 이상 유효한 수단이 되지 않음을 지적한다. 또한 '4대강 사업'과 같은 대규모 국책사업을 통한 사회간접자본 투자가 과잉일 수 있음을 설명한다. 그는 사회간접자본 투자가 경기를 활성화하고 지역을 발전시키는 이상적 환경은 더 이상 존재하지 않음을 강조한다. 따라서 노령화 사회, 복지 사회를 위한 재원 확보라는 시대적 과제 앞에서 정치적 목적이 우선시되는 사회간접자본 투자를 통제해야 함을 주장한다.

조영탁 교수는 '원전 문제 해결과 에너지 전환을 위한 '이이제이' 전략'에서 보수 진영의 조건부 원전추진론과 진보 진영의 에너지전환론 간의 대립에 의문을 제기하고, 양자 모두 전력 수급의 불확실성을 증폭시킬 뿐만 아니라 우리나라 여건상 실현 가능성도 낮다고 평가한다. 그 대안으로 전기요금 등 가격 신호를 정정하고, 역설적으로 양자 모두가 배격하고 있는 화석연료를 적절히 이용하는 것이 원전 문제를 해결하고 에너지 전환을 달성할 수 있는 전략임을 강조한다.

끝으로 편자로서 이 책을 만든 과정을 언급하고, 관련한 분들에게 고마움을 표하고자 한다. 편자는 현재 한국 사회의 지적 조류의 큰 문제들 가운데 하나가 연구자 상당수가 개인적 차원의 작업으로 사회 전체의 방향을 제시하려고 하는 데 있다고 본다. 편자는 한국 사회를 분석하는 것은 한 명의 개인이 독자적으로 진행할 수 없는 일이고, 공동체적 작업을 통해서만 가능하다고 생각한다. 그리고 이를 위해서 연구자집단의 사회가 상호 인정과 소통이 이루어지는 합리적인 관계로 설정되어야 함은 물론이다. 그 점에서 편자는 이 책을 만든 과정을 매우 자랑스럽게 생각한다. 편자의 게으름으로 1년이 넘는 집필 과정을 거치면서, 각 저자들은 수차례의 논평과 토론에서 나온 의견들을 반영하여 자신의 원고를 수정하는 넉넉함을 보여 주었다. 끝도 없는 아집으로 대소를 구분하지 못하는 연구자들이 존재하는 사회에서 보기 드문 일이었다고 자평한다. 이 자리를 빌어 10명의 저자들과 아직 이름도 명확히 정해지지 않은 모임인 월례포럼의 회원들에게 깊은 신뢰와 감사의 말씀을 전한다.

그리고 출판에 무지하고 쉬운 글쓰기에 서투른 우리를 도와준 한글문화연대의 이건범 대표, 경영상의 문제를 애써 무시하고 출판 작업을 수락해 준 김병준 대표, 편집 작업을 맡아준 윤현숙 차장에게 저자들을 대신하여 감사를 드리는 바이다. 마지막으로 저자들 모임의 공간을 제공해 주신 서울사회경제연구소의 변형윤 이사장을 비롯한 관련자 분들께도 감사의 말씀을 드린다. 특히 편자는 학자로서 살아가는 데 지침을 주셨던, 존경하는 스승이신 학현 변형윤 선생님께 감사의 말씀을 따로 드리고자 한다. 모름지기 학자는 어떤 경우에라도 글을 남겨야 한다는 말씀을 주셨던 선생님께, 이 책의 출간이 그러한 가르침에 미력하나마 보답하는 것이 되었으면 한다.

2013년 6월

원 승 연

차례

통념을 허무는
10가지 진단과 해법

실사구시
한국경제

글로벌 금융위기에서 무엇을 배워야 하는가?

박복영 (경희대학교 국제대학원 교수)

글로벌 금융위기의 소용돌이

2013년 현재 세계 경제는 아직도 2008년에 발생한 글로벌 금융위기의 소용돌이에서 완전히 벗어나지 못했다고 해야 온당할 것이다. 여전히 세계 전체 경제성장률은 위기 이전 수준에 한참 못 미치고 있고 유럽 재정위기처럼 위험한 요소들이 곳곳에 잠복되어 있기 때문이다. 글로벌 금융위기는 지난 5년간 세계 경제에 큰 상처를 남겼고, 자본주의가 앞으로 어떤 길을 모색해 나가야 하는가 하는 질문을 제기했다. 따라서 이 위기가 준 교훈을 정리하고 앞으로의 방향을 정립하기 위해서는 위기의 원인과 그 과정을 되짚어 보는 것이 필요하다.

글로벌 금융위기의 징조는 2007년 초부터 시작되었다. 세계적 대형 은행인 HSBC는 그해 2월 서브프라임 모기지 대출의 부실로 인해 대규모 손실을 입었다고 발표했다. 저소득층에게 주택을 담보로 제공했던 대출이 제대로 회수되지 않아 2006년에 약 100억 달러의 손실을 입었다는 것이다. 당시에는 한 은행의 이러한 발표가 그 후에 닥칠 엄청난 위기를 알리는 작은 경고음이라는 것을 누구도 알지 못했다.

미국에서는 그 전 몇 년간 주택 가격이 가파르게 상승했고, 미국의 많은 가정들은 상승 추세가 계속될 것으로 예상하여 모기지 mortgage 회사에서 돈을 빌려 앞다투어 주택을 구매했다. 모기지란 주택을 담보로 장기간 자금을 빌려 주는 것을 말한다. 모기지 회사는 주택을 담보로 한 대출 채권, 즉 모기지 채권을 은행에 판매하는 방법으로 금융시장에 유통시켰다. 리먼 브라더스 Lehman Brothers 나 골드만 삭스 Goldman Sachs 같은 투자은행들은 다양한 부동산 담보부 채권들을 칵테일처럼 혼합하여 새로운 파생금융상품을 만들어 낸 후 이를 다시 유통시켰다. 투자은행은 채권을 발행하거나 인수하는 업무를 주로 담당하기 때문에, 예금과 대출 업무를 주로 하는 일반적인 상업은행에 비해 위험이 더 큰 금융거래를 한다. 이들은 이 파생상품들이 모기지 채권이 가진 위험을 분산시키는 방법이라고 생각했지만, 실제로는 금융상품들을 서로서로 연결시키는 결과를 낳았다. 즉 한 곳에서 문제가 발생하면 이 연결고리를 매개로 다른 금융상품이나 다른 금융기관으로 위험이 전염될 수 있게 되었다.

이처럼 위험자산들이 혼합된 파생상품이 시장에서 광범위하게 유통

되자, 모기지가 부실화되었을 때 그 위험이 어디까지 확산될지 금융감독 당국도 알 수 없게 되었다. 파생상품을 보유한 기관투자자들도 위험의 정도를 알기 어려웠다. 그래서 부실화되었을 때를 대비해 보험에 가입했고 AIG와 같은 보험회사들은 신용부도스왑CDS, credit default swap이라는 일종의 보험상품을 판매했다. CDS는 채권이 부도나서 금융기관이 손실을 입었을 때 보험회사가 보상하기로 약정한 일종의 보험상품이다. 금융거래자들은 이렇게 보험에 가입함으로써 만일에 발생할 수 있는 위험에 완벽히 아니면 적어도 충분히 대비했다고 생각했다.

하지만 큰 쓰나미 앞에서는 이런 보험 가입도 별 쓸모가 없었다. 사람들은 집값이 오를 것으로 생각해 집을 구입하고, 은행은 그들에게 대출을 해서 수익을 올리고, 건설업자는 치솟는 집값에 환호하며 주택 건설을 늘리던 낙관의 공기는 2007년 초부터 점차 비관적인 분위기로 바뀌기 시작했다. 팽팽하게 감겼던 태엽이 반대 방향으로 풀리기 시작하자 누구도 그것을 막을 수 없었다. 주택을 구매했던 저소득층 가정이 원리금을 제때 갚지 못하자 모기지 회사가 파산하기 시작했고, 모기지 채권이 포함된 파생상품의 가격 하락으로 금융기관의 손실이 눈덩이처럼 불어났다. 신용을 기초로 한 금융거래는 중지되었고 기업이나 금융기관 모두 현금 확보 경쟁에 나섰다. 가지고 있던 금융자산을 시장에 앞다투어 내놓았고 그것은 자산 가격 하락을 더욱 부채질해 금융기관들의 손실을 키웠다. 결국 손실이 증가하고 현금이 부족해 대출상환 요구에 대응하지 못했던 금융기관들이 파산하기 시작했다. 2008년 3월과 9월 미국 제5위의 투자은행인 베어스턴스Bear Stearns와 4위 은행인 리먼 브라더스가 각각 파산했고, CDS라는 보험상품을 팔았던 AIG도 그해 9월에 실질적인 파산 상태에 들어갔다.

금융기관의 파산과 함께 대량 해고, 부동산 가격 폭락, 기업의 투자 축소, 소비 둔화와 불황의 심화가 연쇄적으로 나타났다. 상승은 하락으로 반전되었고 낙관적 기대는 비관적 불안으로 바뀌었다. '대안정 Great Moderation'을 구가했던 미국 경제는 '대불황 Great Recession'으로 접어들었다. 미국의 위기는 곧바로 대서양을 건너 유럽으로 번졌고 금융시장 폭락과 불황의 파고는 태평양을 건너 아시아까지 덮쳤다. 세계 거의 모든 지역이 동시에 침체에 빠진 것은 비단 미국의 영향 때문만은 아니었다. 정도의 차이는 있지만 2008년 금융위기 이전에 이미 세계 곳곳에서 미국과 비슷한 버블이 나타나고 있었다. 부동산 가격과 주가의 급상승, 금융기관의 무분별한 대출, 건설 프로젝트의 팽창이 세계 거의 모든 지역에서 관찰되었다. 부동산 가격이 급등하던 때와는 반대로, 버블이 꺼지고 금융기관과 기업이 현금 확보 경쟁을 하며 시중에 자금이 말라가는 과정에서 이 지역들이 불황을 겪는 것은 불가피했다.

아직도 계속되는 위기의 후유증

자본금의 몇 배에 이르는 부채를 일으켜 투자하는 것을 레버리징 leveraging이라고 하는데, 반대로 부동산 등 자산 가격의 하락 때문에 부채를 어쩔 수 없이 줄여야 하는 과정을 디레버리징 deleveraging이라고 한다. 리먼 브라더스 파산으로 시작된 이런 디레버리징 과정은 무척 고통스러웠다. 위기 직전인 2007년 세계 경제는 5.4%의 성장률을 구가했지만 2009년에는 -0.6%로 곤두박질쳤다. 그나마 둔화폭이 이 정도에 그친 것은 중국을 비롯한 아시아 신흥국들이 버텨 주었기에 가능했다. 선진국만 보면 미국의 성장률은 -3.1%, 유럽은 -4.4%, 일본은 -5.5%로 떨어졌다. 우리나라 성장률은 0.3%로 간신히 마이너스는 면했다.

세계 무역의 감소는 더욱 심각했다. 2009년 세계 전체 무역은 전년도에 비해 무려 12% 가량 줄어들었다. 불황은 보통 사람들에게 엄청난 고통이었다. 미국의 경우 금융위기 이후 2012년까지 모기지 상환을 못해 주택이 차압된 건수는 무려 1,600만 호에 이른다. 금융위기 발발 1년 만에 약 800만 명의 실업자가 새로 생겨났다. 소득이 최저생계비에 미치지 못하는 빈곤 인구는 2008년 3,900만 명에서 2011년에 5,000만 명으로 늘어나 금융위기 와중에 1,000만 명 이상의 새로운 빈곤 인구가 생겨났다. 이는 미국인 6명 중 1명이 절대 빈곤에 허덕이고 있다는 것을 의미한다.

2008년 글로벌 금융위기는 1930년대 세계 대공황 이후 가장 심각한 세계적 규모의 불황을 초래했다. 물론 이번 위기가 대공황만큼 심각하지는 않았다. 대공황기에는 북미 지역의 산업 생산이 무려 46%나 감소했지만 이번 위기에 미국의 산업 생산은 최대 15% 감소하는 데 그쳤다. 대공황 때 미국의 실업률은 18~27%였지만 이번 위기에 최고 실업률은 10% 수준이었다. 하지만 우리는 아직도 금융위기가 끝났다고 단정하는 데 주저할 수밖에 없다. 미국의 경기 회복은 여전히 위태로워 보이고 유럽은 아직도 마이너스 성장의 위험에 시달리고 있으며 재정위기와 은행위기에 직면해 있다. 유럽연합EU의 평균 실업률은 지금도 증가하고 있으며 그리스와 스페인의 실업률은 25%를 넘은 상태이다. 2008년과 2009년에 대부분의 나라가 불황을 타개하기 위해 대규모 경기부양책을 실시한 덕분에 세계 경제는 2010년 들어 빠르게 회복하는 듯이 보였다. 하지만 부양책이라는 모르핀의 효과는 일시적이었다. 세계 경제는 2011년에 다시 복원력을 잃어가기 시작했고 금융위기가 남긴 상처가 아직도 아물지 않았다는 것이 분명해졌다.

글로벌 금융위기가 낳은 가장 대표적인 후유증이 바로 유럽의 재정위기이다. 금융위기로 불황의 골이 깊어지자 정부의 세금 수입은 크게 줄어든 반면, 경기부양이나 실업수당 지급을 위한 지출은 늘어났다. 게다가 정부는 금융위기로 부실해진 은행들을 구제하기 위해 막대한 자금을 투입해야 했다. 그 결과 정부의 재정수지가 급속히 악화되었고 이를 국채 발행으로 메우다 보니 국가 부채 역시 눈덩이처럼 불어났다. 이에 따라 국채시장의 투자자들도 채무가 많은 남유럽 국가들의 국채 매입을 꺼리게 되었다. 그리스, 아일랜드, 포르투갈 등은 급기야 2011년에 시장에서 더 이상 국채를 발행할 수 없게 되었다. 이들 정부는 기존 국채의 원리금을 상환하고 재정적자를 메우기 위해 다시 채권을 발행해야 했지만 더 이상 그렇게 할 수 없었던 것이다. 말 그대로 국가 부도 사태에 빠진 것이다. 이것이 바로 유럽 재정위기이다.

그리스와 아일랜드 정부의 부채 상환 능력이 의심받기 시작하자 의심의 눈초리는 비슷한 상황에 있던 이웃 나라로 향했다. 포르투갈, 스페인에 이어 이탈리아의 재정건전성이 의문시되었다. 모든 금융위기가 그렇듯이 유럽의 재정위기도 전염병처럼 인근 나라로 번졌다. 이렇게 되자 비교적 건강한 유럽의 다른 나라, 특히 독일이 구원을 위해 나섰다. 독일이 나선 것은 자비심 때문이 아니었다. 이 문제를 방치할 경우 제2차 세계대전 이후 약 60년간 진행된 유럽통합의 결실이 물거품이 될 위험이 있었기 때문이다. 독일은 유럽경제통합, 특히 유로라는 단일 통화를 사용하게 됨으로써 가장 큰 혜택을 누린 국가였다.

유로라는 단일 통화를 사용하는 유로존이 만들어져 있어 위기에 빠진 나라들이 다른 회원국의 도움을 받을 수 있는 것은 다행이라고 할 수 있다. 하지만 다른 한편으로는 서로 묶여 있어 유로존 전체가 어려움에 빠질 위험도 있다. 그리고 유로존 또는 EU의 정치적 의사결정 과정이 복잡해 대응이 느리다는 문제점도 있다. 이러한 문제점은 앞에서 말한 이익에 비해 훨씬 더 심각한 결과를 가져왔다. 만약 그리스가 유로존에 묶여 있지 않았다면 그리스만 국가 부도에 빠지는 것으로 문제가 끝났을지도 모른다. 하지만 이미 유로존에 들어와 있는 상태에서 그리스가 재정위기 때문에 회원국에서 탈퇴하면 유로존 전체에 대한 금융시장의 불신이 고조될 수밖에 없다. 그러면 위기는 다른 회원국으로 급속히 전염되고 최악의 경우 유로존 자체가 해체될 수도 있다. 그리고 그리스가 유로를 사용하지 않고 드라크마라는 자국 화폐를 계속 사용하고 있었다면, 위기 후 회복이 빨랐을 수도 있다. 위기 이후 대폭적인 평가절하 덕택에 수출경쟁력을 회복할 수도 있었기 때문이다. 하지만 유로를 사용하고 있기 때문에 평가절하의 폭이 크지 않았다. 결국 썩은 사과를 상자 밖으로 들어내지 못해 같은 상자에 든 다른 사과도 같이 썩을 위험에 처한 것이다.

2011년 이후 포르투갈, 스페인, 이탈리아, 심지어 프랑스까지 그 위험과 불신이 확산되었다. EU는 위기의 확산을 방지하기 위해 수많은 처방전을 내놓았고 위기에 빠진 나라들은 큰 폭의 재정긴축 등 고통스러운 길을 걸었다. 급기야 2012년 여름에 유럽 중앙은행이 무제한 돈을 풀겠다는 선언을 하면서 유럽 재정위기의 불길은 어느 정도 잡힌 것으로 보인다. 하지만 문제가 근본적으로 해결된 것은 아니다. 여전히 국가채무는 거의 줄어들지 않았으며, 유럽 전체가 심각한 경기침체에서 벗어나지 못하고 있다.

금융, 불완전하고 위험한 시장

글로벌 금융위기는 금융시장이 매우 불완전하고 불안정하며 위험하다는 것을 우리에게 다시 한 번 각인시켰다. 금융의 본질은 여유 자금을 가진 사람으로부터 자금이 필요한 사람에게로 돈이 흘러가도록 하는 것이다. 자금이 원활히 그리고 효율적으로 흘러가도록 하기 위해서는 차입자의 신용도, 사업의 미래수익성, 그리고 다양한 형태의 위험을 정확히 평가하는 것이 중요하다. 경제학 교과서는 수익을 추구하는 각 경제 주체가 합리적으로 투자 결정을 하기 때문에 금융시장은 매우 효율적으로 자금을 배분할 수 있다고 가르친다. 하지만 정보가 불완전하고 미래는 불확실한 현실에서 개인들은 정확한 정보에 기초해서 투자를 하는 것이 아니라, 어떤 경우에는 충동에 따라 또 어떤 경우에는 다른 사람을 쫓아서 투자를 결정한다. 그리고 무리를 따라서 투자를 하면 일시적으로 투자가 성공한 것처럼 보인다. 예를 들어 일부 사람들이 앞으로 부동산 가격이 상승할 것으로 예상하여 부동산에 투자하고, 다수의 사람들이 여기에 가세하면 실제로 부동산 가격이 상승한다. 처음에는 수급을 따져 합리적인 근거를 갖고 가격 상승을 예상했을 수 있다. 하지만 얼마 지나지 않아 합리적인 근거는 점점 의미를 잃고, 단순히 사람들이 분위기에 편승한 덕분에 가격이 상승하게 된다.

경제학에서는 이런 현상을 '자기실현적 예상self-fulfilling expectation' 이라고 한다. 많은 사람들이 가격이 오를 것으로 예상하고 구매를 하면 실제로 가격이 오르게 되는 것이다. 이런 가격 상승이 지속되면 흔히 말하는 거품 또는 버블이 만들어진다. 2007년까지 우리나라에서 벌어진 아파트 투기 열풍을 떠올리면 쉽게 이해할 수 있다. 이런 버블의 형성은 부채의 증가와 함께 진행된다. 소득이나 여유 자금이 없는 사람들이 가격 상승을 기대해 빚을 내 아파트를 사고, 사들인 아파트를 담보로 다시 빚을 내 다른 아파트를 사들이기 때문이다. 결과적으로 그 가정의 부채 비율은 계속 상승한다. 하지만 이런 버블은 오로지 가격 상승에 대한 대중의 기대가 있을 때만 유지된다. 어떤 작은 이유로 가격 상승에 대한 기대가 허물어지고 급기야 많은 사람들이 가격이 하락할 것으로 예상하면 가격 하락, 즉 버블 붕괴가 걷잡을 수 없이 진행될 수 있다. 왜냐하면 빨리 팔수록 손실을 줄일 수 있기 때문이다.

이처럼 신용이라는 무형의 뼈대로 만들어진 금융이라는 구조물은 매우 취약하다. 철저한 검사나 안전 진단 없이 높게만 쌓아 올리면 그 구조물은 작은 충격에도 순식간에 와르르 무너질 수 있다. 그래서 금융위기를 막기 위해서는 금융규제와 금융감독이 무엇보다 중요하다. 2008년 글로벌 금융위기는 세계에서 금융이 가장 발달한 미국에서도 이런 일이 발생할 수 있음을 보여 준 것이다. 최근까지 금융위기는 1980년대의 남미나 1997년의 동아시아와 같은 후진국에서나 발생하는 것이라는 생각이 많았다. 하지만 금융감독이 철저하게 이루어지고 있다고 믿었던 미국도 금융위기를 비껴갈 수 없었다. 금융기관들에 의한 소위 금융혁신은 감독 당국에 의한 규제나 감독을 더욱 어렵게 했다. 판매하는 사람조차도 그 구조를 알 수 없는 복잡한 파생금융상품들이 개발되었으며, 다양한 거래기법을 통해 복잡한 거래관계가 형성되었다. 투자자들은 고도의 수학적 계산으로 뒷받침되는 금융혁신을 통해 금융거래에 내재된 위험을 합리적으로 계산하고 관리할 수 있을 것이라고 낙관했다.

지난 30여 년간 미국을 비롯한 세계 대부분의 지역에서 금융감독보다는 금융혁신이, 금융규제보다는 금융자유화가 더 강조되었다. 그것은 금융혁신이 투자위험의 관리를 더 효율화하여 금융산업은 물론 경제 전반의 경쟁력을 높일 것으로 믿었기 때문이다. 그리고 금융산업의 성장 덕분에 일자리가 만들어지고 있다고 판단했기 때문이다. 이러한 금융혁신은 금융거래에 관한 각종 규제를 철폐하고 금융기관을 대형화하며, 은행, 증권, 보험 등 다양한 금융 부문 사이의 칸막이를 없애고, 또 국가 간 자본 이동을 자유롭게 할 때 더욱 촉진될 것이라고 생각했다. 하지만 그에 따라 위험이 증가하고 감독은 더욱 어려워진다는 점은 소홀히 했다. 금융시장이 빠르게 변화함에도 불구하고 감독 당국은 과거와 같이 개별 금융기관의 안정성에만 초점을 두고 금융감독을 했다. 개별 금융기관의 수익성이 양호하고 적절한 유동성을 유지하고 있다고 해도 금융시스템 전체는 불완전할 수 있다는 사실을 망각했다. 각 금융기관이 위험을 적절히 관리한다고 해도 경제 전체의 위험은 높아질 수 있다는 사실을 충분히 인식하지 못한 것이다.

금융자유화에서 금융규제로

글로벌 금융위기는 금융에 대한 인식의 전환을 불러온 계기가 되었다. 금융시장이 갖고 있는 고유한 불안정성에 새삼 주목하게 된 것이다. 이에 따라 미국을 비롯한 선진국들은 금융기관의 위험한 투자 행위를 규제하기 시작했다. 헤지펀드와 같은 불투명한 투자기관에 대해 더 많은 거래 정보를 공개하도록 했고, 기업이나 국가의 신용도를 평가하는 국제적인 신용평가기관에 대한 규제를 강화했다. 2010년 미국은 이런 내용을 담은 '월스트리트 개혁과 소비자보호법', 일명 도드-프랭크법 Dodd-Frank Act을 제정했다. 1980년대 초 이후 금융규제 완화로만 향하던 추세를 규제 강화 방향으로 역전시킨 것이다.

금융감독에도 변화가 나타났는데, 개별 금융기관의 건전성뿐만 아니라 금융시스템 전체가 안고 있는 위험을 평가하고 관리하기 위한 제도적 변화가 이루어졌다. 미국은 이를 위해 '금융안정감시위원회FSOC, Financial Stability Oversight Council'를 만들었고 다른 나라들도 이와 유사한 새로운 조직을 만들거나 중앙은행이 이 기능을 하도록 했다. 그리고 시스템 전체의 안정을 위해 필요한 경우 금융규제를 강화해야 한다는 주장이 설득력을 얻고 있다. 이런 규제를 소위 '거시건전성규제macro-prudential regulation'라고 한다. 우리나라가 글로벌 금융위기 이전에 도입한 총부채상환비율DTI, debt to income ratio 규제나 주택담보대출비율LTV, loan to value ratio 규제가 이에 해당한다. 만약 이런 규제가 없었다면 우리나라는 위기의 충격을 훨씬 더 크게 받았을 것이다. 각 개인의 금융거래나 금융기관의 영업 활동을 제한한다는 이유로 이런 규제를 반대할 수 있지만, 경제 전체의 위험 관리를 위해서는 필요한 것이다.

금융규제가 필요하다고 인식된 또 다른 분야는 국가 간 자본 이동이다. 자본 이동은 자금이 부족한 국가에게는 더 낮은 이자율로 자금을 조달할 수 있도록 하고, 투자처를 찾고 있는 국가에게는 더 높은 수익률을 올리도록 한다. 하지만 대규모 자본 유입은 버블을 만들고 반대로 급격한 자본 유출은 금융위기를 초래할 수 있다. 또한 환율을 큰 폭으로 변동시킬 수 있으며 다른 나라의 금융위기를 전염시킬 수도 있다. 게다가 국내 금융정책이 기대한 효과를 거두지 못하도록 만들 수도 있다. 글로벌 금융위기 이전에 미국은 대규모 경상수지 적자를 기록했는데, 이것은 막대한 규모의 자금이 미국에서 해외로 빠져나갔다는 것을 의미한다. 그 자금이 여러 나라로 흘러들어가 부동산 거품을 만드는 데 일조했음은 두말할 나위도 없다. 남유럽, 아일랜드, 아이슬란드 등은 다른 유럽 국가로부터 자기 능력 이상의 자금을 빌려 투자를 했고 그것이 금융위기와 재정위기의 원인이 되었다. 만약 국가 간 자본 이동을 어느 정도 제한했다면 이런 위기에 직면하지 않았거나 그 충격을 줄일 수 있었을 것이다.

이런 고통스러운 경험을 하고 난 후에 자유화의 방향으로만 흐르던 물결이 이제 역류하려는 듯이 보인다. 자본 이동을 규제하려는 움직임이 나타난 것이다. 외국자본의 유출입에 취약했던 신흥경제권이 먼저 나섰다. 이미 급격한 자본 유출입으로 몇 번이나 금융위기를 겪었던 브라질은 2009년 10월 외국인의 채권 및 주식 투자에 대해 2%의 세금을 부과하기로 결정했다. 이 세율은 그 후 4%, 그리고 다시 6%로 인상되었다. 타이는 2010년 10월 외국인의 국공채 투자 수익에 대해 15%의 세금을 부과하기로 결정했다. 비슷한 시기에 인도네시아는 국공채에 투자한 외국인에 대해 최소 보유기간을 설정하거나 투자액의 일정 부분을 중앙은행에 의무적으로 예치하도록 했다. 타이완은 외국인의 정기예금 예치를 전면 금지하고 중앙은행 의무예치제를 실시했다. 이 나라들과 같이 1997년에 외환위기를 경험했던 우리나라도 은행들의 단기외화차입을 억제하기 위해 선물환 거래에 대한 규제를 강화하고 '거시건전성부담금'이라는 세금을 금융기관에 부과하기 시작했다.

이런 조치들은 모두 직간접적인 세금 부과를 통해 자본의 국가 간 이동을 다소 제한하기 위한 것들이다. 마치 지나치게 잘 돌아가는 바퀴에 모래를 뿌려 회전 속도를 줄이려는 것과 같다. 비슷한 움직임은 유럽에서도 나타나고 있다. 2012년에 유럽의 11개 국가는 주식이나 채권, 파생상품과 같은 금융거래에 세금을 부과하기로 합의했다. 이 금융거래세는 세수를 늘리는 것이 주된 목적이지만 역외 국가 간 거래에 대해서는 과세 대상을 더 넓게 규정함으로써 국가 간 자본 이동을 제한하는 목적도 담고 있다. 그리고 몇몇 나라는 국가 간 자본 이동을 억제하기 위해 외환거래에 일정한 세금을 부과하는 소위 토빈세Tobin tax의 도입을 검토하고 있다.

반발과 망각 속에서 사라지는 교훈

이처럼 금융규제의 필요성에 대한 인식이 확산되고, 또 지금까지 금융자유화만을 외쳐온 국제통화기금 IMF 같은 국제기구들도 규제 강화의 필요성을 공식적으로 인정한 것은 분명 큰 인식의 전환이라고 할 수 있다. 이른바 신자유주의의 인식론적 기초라고 할 수 있는 워싱턴 콘센서스Washington Consensus에 균열이 가고 있다고 볼 수 있다. IMF를 비롯해 워싱턴 D.C.에 있는 국제기구들은 1980년대부터 시장에 대한 정부의 규제를 최소화하는 것이 지속적인 경제 성장의 해답이라고 믿어 왔는데, 그 믿음이 크게 흔들리기 시작했다는 뜻이다. 하지만 지금까지 나타난 변화를 과대평가하거나 이러한 변화가 지속될 것이라고 섣불리 단정해서는 안 된다. 금융규제를 강화하는 방향으로 흐름이 역전된 것은 사실이지만, 그 역전의 흐름이 그렇게 강하지는 않기 때문이다. 아직은 위기 이후에 반사적으로 나타나는 처방 정도라고 할 수 있을 뿐, 근본적인 인식의 변화나 돌이킬 수 없는 구조적 변화가 나타나고 있지는 않다.

1930년대 대공황을 겪은 직후 미국은 고객의 예금을 받는 상업은행이 더 이상 도박과 같은 고위험의 증권 관련 업무를 하지 못하도록 법으로 정했다. 이 법은 제안한 의원의 이름을 따서 글래스-스티걸법 Glass-Steagal Act이라고 불리며, 1933년에 제정되었다. 예금을 취급하는 상업은행과 증권 발행 및 거래를 담당하는 투자은행을 엄격히 분리한 것이다. 이 법은 60여 년간 유지되다가 1999년에 폐지되었다. 이를 계기로 은행의 파생상품 거래와 은행업의 증권화가 빠르게 진전되었고, 이것이 이번 위기의 중요한 원인이 되었다.

하지만 이번에는 글래스-스티걸법과 같은 과감한 개혁 조치는 없었다. 이번에 제정된 도드-프랭크법은 은행이 자기계정으로 파생상품을 거래하는 것만 금지하고 있다. 그리고 금융시스템 전체를 위태롭게 할수 있는 대형 은행에 대한 규제와 감시를 강화한다고는 했지만, 그들이 안고 있는 위험의 정도를 파악할 수 있을지에 대해서는 여전히 확신이 없다. 은행의 규모 자체를 제한하려는 시도도 물론 없다. 국제적 금융거래에 대한 규제 역시 매우 제한적이다. 신흥국들이 자기 나라로 자금이 몰려들어 자기 통화가 절상되는 것을 막기 위해 방어적 차원에서 도입한 조치가 대부분이다. 유럽에서는 일부 세금을 낮게 매기려고 하지만 전체적으로 선진국에서는 이런 움직임을 찾아보기 어렵다. 금융위기 직후인 2008년과 2009년에 G20을 중심으로 한 국제무대에서 다 같이 자본 이동을 제한해야 한다는 논의가 잠시 있었지만 이 문제는 곧의제에서 사라졌다. 대공황과 제2차 세계대전을 거친 후 선진국들이

자본 이동을 제한하기로 한 브레턴우즈Bretton Woods 합의와는 사뭇 다르다.

　이번 위기 이후 국제적 합의에 의해서 추가로 도입한 규제는 대형 은행들의 자본금 비율을 높이도록 한 것 정도이다. 이것은 흔히 'Basel III' 라고 불리는데, 위기가 발생했을 때 은행이 지탱할 수 있는 힘을 기르는 것이다. 하지만 글래스-스티걸법과 같이 위기를 유발하는 금융시스템의 구조를 바꾸려는 개혁은 없었다. 그리고 고수익을 위해 과도하게 높은 위험을 쫓으려는 금융기관의 행태를 억제하기 위한 규제도 없었다. 단지 위기에 대한 대응력을 약간 높이고, 위험한 금융거래를 하는 기관들에게 평상시에 더 많은 정보를 공개하도록 요구하고, 은행의 파생상품 거래를 일부 제한하는 정도에 그치고 있다. 그런데 이러한 규제마저도 실제로 효과를 발휘할 수 있을지는 의문이다. 세부 규정이 매우 복잡하고 실제 법률을 집행하는 데 있어 규제 및 감독 당국의 자의성이 개입할 여지가 크기 때문이다. 글래스-스티걸법은 37페이지에 불과했지만 도드-프랭크법은 그 내용이 수천 페이지에 이르는 것으로 알려져 있다.

　이런 복잡성과 모호성도 문제이지만 이익집단의 압력에 의해 입법 과정에서 규제의 강도가 점점 약화되는 것이 더 큰 문제이다. 미국의 금융개혁법은 당초 폐지되었던 글래스-스티걸법을 다소 완화된 형태로 부활시키겠다는 취지에서 출발했지만, 결국 앞에서 말한 것처럼 왜소해졌다. 이렇게 된 데에 월스트리트의 로비와 저항이 결정적인 역할을 했다는 것은 이론의 여지가 없다. 월스트리트 출신의 금융인이 재무부 장관이나 대통령 비서실장에 임명되고, 월스트리트가 대통령이나 연방의원의 선거자금 중 상당 부분을 지원하는 현실에서 이것은 어쩌면 당연한 귀결이다. 지난 2012년 미국 선거에서 약 6조 원의 선거자금이 사용된 것으로 추정되는데, 이러한 천문학적 규모의 자금을 조달하기 위해서 대통령 후보는 물론 유력 의원들은 월스트리트의 금융인들에게 의존할 수밖에 없다. 양식 있는 지식인들은 이와 같이 선거자금을 매개로 한 금융인과 정치인의 결탁을 미국 경제의 건전성을 해치는 주요한 요인으로 지적하고 있다. 2001년 노벨 경제학상 수상자인 스티글리츠Joseph Stiglitz는 "미국에서는 너무 많은 규칙들이 금융계 인사들에 의해 그리고 그들을 위해 제정되고 있다."라고 평가하고, 정치자금 기부와 선거절차의 개혁만이 이러한 권한 남용을 막을 수 있다고 진단했다. 그리고 콜롬비아 대학의 삭스Jeffrey Sachs 교수는 "월스트리트-워싱턴 복합체가 무분별한 탈규제와 그에 이은 정부 감시의 철저한 결여를 야기했고, 결국 2008년의 금융위기와 막대한 구제금융으로 이어졌다."라고 비판했다.

국가 간 자본 이동 규제에 관한 국제적 차원에서의 논의가 사라진 것도 넓은 의미에서 이익집단의 압력의 결과라고 할 수 있다. 규제가 불필요하다는 합리적 근거가 있어서 논의를 하지 않은 것이 아니라, 미국이나 영국이 반대하여 이것을 G20 의제에서 뺀 것이다. 뉴욕과 런던이라는 세계적 금융중심지를 갖고 있고 그것으로부터 막대한 이익을 거두고 있는 이 두 나라가 토빈세 부과와 같은 규제를 반대한 것이다. 한편 유럽 국가들이 위기에 시달리면서 금융거래세를 도입하려고 하자

영국은 이에 강력히 반발했으며, 결국 영국은 유럽 차원의 금융거래세 도입에 참가하지 않았다.

앞에서도 언급했듯이 글로벌 금융위기를 목격한 후 금융시장은 필연적으로 불안정성을 갖고 있으며 그것이 위기로 발전되지 않기 위해서는 규제가 강화되어야 한다는 인식이 확산되었다. 사실 이러한 인식의 확산은 결코 이번이 처음이 아니다. 역사적으로 크고 작은 금융위기는 끊임없이 있었으며, 그때마다 규제를 요구하는 목소리가 커졌다. 하지만 이익집단인 금융권의 반발은 번번이 규제의 도입을 좌절시키거나 약화시켰다. 이번에도 예외가 아니다. 이와 같은 이익집단의 반발을 억누를 수 있는 것은 위기 때문에 큰 고통을 입은 대중들의 요구이다. 그리고 그 요구를 법과 제도의 개혁으로 끌고 갈 수 있는 정치적 리더십이다. 대공황 때는 월스트리트 개혁에 대한 미국 국민들의 강력한 요구와 루스벨트 Franklin D. Roosevelt 대통령의 탁월한 리더십이 결합하여 그것을 이루어 냈다. 하지만 이번 위기 이후에 나타난 '월스트리트 점령 시위 Occupy Wall Street'의 영향력이나 오바마 Barack Obama 대통령의 리더십은 그때만큼 강력하지 않다. 역사를 돌이켜보면 큰 위기를 겪은 뒤에 위험한 금융시장을 길들이기 위한 조치들이 만들어졌다. 위기의 고통이 너무 크고 그 기억이 생생하기 때문이다. 하지만 시간이 지나면서 경제가 점차 회복되고 고통의 기억이 희미해지면 개혁에 대한 목소리도 잦아든다. 반대로 강해지는 것은 이익집단의 반발이다. 그렇다고 한다면 이번 위기를 계기로 지금까지 이루어진 것 이상의 더 진전된 금융개혁을 기대하기는 어려울 것으로 보인다.

그래도 기억해야 할 교훈

위기와 고통을 겪었다고 해서 꼭 잘못을 바로잡는 것은 아니다. 현명한 사람과 유능한 국가는 그것을 반복하지 않기 위해서 경험으로부터 소중한 교훈을 얻고 잘못된 것을 바로잡는다. 하지만 아둔한 사람과 무능한 국가는 무엇이 잘못되었는지도 모르거나 안다고 해도 고치려고 하지 않는다. 물론 잘못을 고치려고 해도 이익집단의 반발 때문에 개혁이 좌절되기도 하고, 고치지 않으면 위기가 반복될 줄 알지만 고통과 교훈을 잊어버리면서 그냥 지나치는 경우도 많다. 그래서 역사적으로 금융위기가 반복해서 발생하고 있는 것이다.

금융은 본질적으로 불안정성을 내포하고 있기 때문에 금융위기의 발생 가능성을 완전히 제거할 수는 없을 것이다. 하지만 이미 발생한 위기로부터 교훈을 얻고 제도적 결함을 고쳐 나간다면 분명 그 가능성을 줄이고 위기의 심도를 낮출 수 있다. 우리는 1997년에 은행위기와 외환위기가 동시에 발생하는 형태의 금융위기를 겪었다. 그로부터 15년이 지났지만 그때의 상처는 아직도 우리 사회 곳곳에 남아 있다. 그때 심화된 경제적 불평등은 좀처럼 완화되지 않고 있으며 직업의 안정성도 크게 떨어져 개선되지 않고 있다. 이러한 경험이 있는 우리에게 금융위기의 재발을 막는 것은 각별한 의미가 있다. 그런 점에서 금융위기 억제는 정부의 경제정책 운용에서 최우선 목표 중 하나가 되어야 마땅하다.

대공황 이후 가장 심각한 세계적 범위의 금융위기가 발생했지만 자본주의 경제는 그 위기의 재발을 충분히 억제할 수 있을 정도의 과감한 개혁은 하지 않았다. 패러다임의 변화라고 할 만한 인식의 전환도 없었으며 국제적인 차원에서의 제도적 개혁도 거의 이루어지지 않았다. G20 회의는 브레턴우즈 회의와는 비교도 할 수 없을 정도로 의미가 없는 것이다. 이러한 사실은 결국 금융위기가 발생할 수 있는 가능성이 과거와 크게 달라지지 않았으며, 금융위기 예방 임무는 여전히 개별 국가에게 있다는 것을 의미한다. 그러면 우리는 2008년부터 시작된 미국의 금융위기와 유럽의 재정위기로부터 어떤 교훈을 얻고 무엇을 준비해야 할까?

자산 버블 막아야

우선 자산시장의 버블을 막는 것이 중요하다. 많은 금융위기는 부동산이나 주식시장에서의 급격한 가격 상승 또는 버블 이후에 나타난다. 따라서 이러한 버블이 만들어지지 않도록 관리하는 것이 매우 중요하다. 이러한 버블은 기업이나 가계의 부채 증가, 즉 레버리징을 통해서 만들어지므로 부채 비율을 적절히 관리해야 한다. 물론 부동산이나 주식 가격이 상승할 때 그것이 버블인지 아닌지를 판단하기란 어렵다. 사후에 뒤돌아보면 거품이 있었다고 말할 수는 있지만, 가격 상승 당시에는 여러 가지 이유를 내세우며 가격이 정상적 수준을 찾아가고 있을 뿐이라고 주장할 수 있기 때문이다. 하지만 어떤 경우든 가격이 지나치게 빠른 속도로 상승하고 그것이 비교적 장기간 지속된다면, 그것은 분명 위험한 것이다. 그와 동시에 부채 비율도 상승한다면 그것은 더더욱 위험하다. 금융정책 당국은 이런 상황이 발생하지 않도록 항상 주의를 기울이며 적극적으로 관리해야 한다.

　그리고 때로는 이전에는 생각하지 못했던 정책 수단을 과감히 사용할 수도 있어야 한다. 우리나라는 2002년 이후 부동산 가격 급등을 억제하기 위해 다양한 정책 수단을 사용했지만 별로 효과를 거두지 못했다. 그러다가 2005년 정부가 LTV를 직접 규제하고 2006년 DTI 규제를 도입하면서 비로소 급등세가 진정되었다. LTV와 DTI의 직접 규제는 당시에도 쉽게 생각하기 어려운 조치였다. 정부의 과도한 시장개입이라고 생각할 수 있으며, 실제로 그런 비판도 많았다. 하지만 이 규제들을 도입하지 않았다면 우리나라는 글로벌 금융위기와 부동산 가격 급락의 충격을 지금보다 훨씬 더 크게 받았을 것이다. 자유시장과 정부개입의 최소화라는 이데올로기에 사로잡혀 버블을 방치한다면 돌이킬 수 없는 위험을 초래할 수 있다.

　정부가 방만한 지출로 재정적자를 야기하고 그 자금을 조달하기 위해 돈을 마구 찍어내던 시기에는 물가안정이 중요한 정책 목표였다. 통화 남발은 높은 인플레이션을 유발하고 이것은 국민들의 실질적 생활 수준을 악화시키기 때문이다. 그래서 중앙은행을 정치적 압력으로부터 철저히 독립시켜 놓은 것이다. 하지만 금융업이 발달하고 소위 금융혁신으로 부채를 조달할 수 있는 수단이 다양해진 지금은 부동산이나 주식 같은 자산 가격의 안정이 그 이상으로 중요하다고 할 수 있다. 국민의 삶을 송두리째 바꿀 수 있는 금융위기를 초래할 수 있기 때문이다. 부동산과 같은 자산 가격의 안정이 중앙은행의 물가안정 목표에 포함되어야 하는지는 학자들 사이에서 논란이 되고 있다. 분명한 것은 중앙은행이 관리하든 아니면 다른 정책기관이 관리하든, 자산 가격의 안정과 경제 전반의 부채 수준 관리가 경제정책 당국의 중요한 정책 목표가 되어야 한다는 것이다. 이것이 바로 거시건전성 관리의 핵심이다.

유착에 의한 금융감독 무력화 막아야

금융은 분명히 산업이다. 그것을 통해 부가가치도 창출되고 자원의 효율적 배분도 이루어지며 위험이 분산되기도 한다. 또 많은 일자리가 만들어진다. 하지만 부채의 조달이라는 금융거래를 통해 위험이 증폭되는 것도 사실이다. 또 불완전한 정보와 거래 주체들이 갖고 있는 정보량의 차이, 즉 정보의 비대칭성 때문에 불공정하고 부도덕한 행위가 이루어질 수 있는 것도 사실이다. 우리는 금융에 대한 이러한 양면성을 꼭 기억해야 한다. 금융혁신은 양질의 일자리를 만들어 낼 수도 있지만 금융위기를 초래해 대규모의 일자리를 파괴할 수도 있다. 금융기관의 대형화는 경쟁력을 높일 수도 있지만, 자칫 잘못하면 금융시스템 전체의 위험을 높이고 대마불사라는 도덕적 해이를 초래할 수도 있다.

금융이 가진 산업의 측면에만 주목할 경우 금융에 대한 적절한 규제나 감독을 소홀히 할 우려가 있다. 또한 월스트리트가 정치권에 막강한 영향력을 행사하는 미국과 같이, 감독을 받아야 할 금융기관과 감독을 해야 할 정부 사이에 부적절한 유착이 형성될 수도 있다. 이러한 유착은 대개 매우 비공식적이고 은밀하며 사적인 관계를 통해 형성된다. 법률의 형식적 잣대로만 보면 불법이나 부패라고 판단하기 어려운 경우가 많다. 하지만 이런 관계가 만연하면 필요한 규제가 이루어지지 않고 감독은 허술해지기 일쑤이다. 예를 들어 우리나라 금융감독원의 임원이 퇴임 후 저축은행의 감사로 취업하는 경우가 대표적인 사례이다. 이것은 형식적으로 보면 한 개인의 자유로운 직업 선택의 결과이고, 자체 감사의 전문성을 높이기 위한 방법처럼 보인다. 하지만 실제로는 저축은행에 대한 금융감독원의 엄격한 감독을 해치는 방패막이 기능을 했으며, 종국에는 저축은행 부실화와 세금을 통한 구제금융을 초래한 한 원인이 되었다.

이러한 형태의 유착은 2008년 금융위기 이전 다른 나라에서도 수없이 있었다. 그것이 위기의 씨앗을 키우는 자양분이 되었음은 두말할 나위가 없다. 금융감독을 철저히 하기 위해서는 금융감독기구를 어떻게 개편할 것인가와 같은 거시 제도적 문제도 중요하지만, 감독기관과 피감기관 사이에 유착이 이루어지지 않도록 미시적 유인체계를 얼마나 정밀히 설계하는가가 더욱 중요하다. 법과 제도는 있으되 그것이 껍데기만 남은 채 무력화되는 것을 막는 것이 더 중요하다는 뜻이다.

강한 제조업을 가져야

금융위기는 금융산업에 지나치게 의존한 성장 방식에 의문을 던지는 계기가 되었다. 그 결과 많은 나라들이 제조업의 중요성을 다시 주목하기 시작했다. 이것은 금융위기의 직접적인 교훈이라고 할 수는 없지만, 좀 더 깊이 있게 그리고 좀 더 긴 시각에서 보면 중요한 시사점이다. 금융업보다 제조업이 강한 나라가 경제위기에 더 잘 견디고 건강하다는 것이 새삼 확인된 것이다. 대표적인 예로 금융업이 강한 미국이 도리어 금융위기의 출발점이 되었으며, 세계적인 제조업 강국인 독일은 유럽 위기의 와중에서 비교적 강건하게 버티고 있다. 유럽 국가들 중 위기에 휩싸인 남유럽과 아일랜드, 아이슬란드 모두 제조업 기반이 취약한 나라들이다. 반면 위기의 영향을 상대적으로 덜 받은 아시아 국가들은 제조업이 강한 나라들이다.

많은 경제학자들은 미국 위기의 근본 원인을 미국 제조업 경쟁력의 쇠퇴에서 찾고 있다. 20여 년 전부터 중국과 같은 신흥 제조업 강국이 등장하고 있는데, 미국은 저금리에 기반한 금융업과 건설업의 성장에 눈이 가려 이에 제대로 대응하지 못했다는 것이다. 금융위기 직후 파산 직전에 몰린 자동차 회사가 미국 제조업 쇠퇴의 상징처럼 되었다. 금융업의 성장에 기댄 성장이 그 위험을 드러내자 새로 선출된 오바마 대통령은 제조업의 부활과 제조품 수출의 확대를 주창했다. 그리고 2010년에는 '제조업증강법Manufacturing Enhancement Act'이라는 법률을 만들어 이를 뒷받침했다. 오바마 대통령은 신재생에너지와 같은 새로운 분야는 물론이고 자동차와 같은 전통 제조업의 부활까지도 목표로 하고 있다. 최근 미국에서는 셰일가스 개발에 따른 에너지 가격 하락, 위기 이후 실질임금의 감소, 건강보험 개혁을 통한 기업 부담의 경감, 정부의 지원 등에 힘입어 여기저기에서 제조업이 되살아나는 조짐이 나타나고 있다. 물론 아직 낙관할 단계는 아니다.

우리나라는 독일, 일본에 이어 제조업이 강한 나라 중 하나이다. 이미 일부 대기업은 세계적인 경쟁력을 발휘하고 있다. 중소기업들은 지난 반세기 동안 기술력을 축적해 왔지만 아직 글로벌 시장에서의 경쟁력은 취약한 편이다. 강건한 경제, 안정적인 일자리 창출을 위해 강한 제조업을 유지하는 것이 이번 위기의 교훈이라면, 중소제조업을 글로벌 기업으로 키우려는 노력이 필요하다. 중국의 고성장에 주눅 들어 중소제조업의 잠재력을 섣불리 포기하는 것은 어리석은 짓이다. 제조업 내에도 다양한 스펙트럼이 존재한다. 한 업종 내에도 저기술－저부가가치 제조 공정이 있고 중위 또는 고기술－고부가가치의 공정이 있다. 우리 중소제조업체들이 국제분업 중 한 부분에서 경쟁력을 가지면 된다. 그리고 얼마든지 그 가능성이 있다. 중국과 같은 신흥시장은 제조업에서 우리의 경쟁자임과 동시에 우리의 시장임을 잊어서는 안 된다. 즉 신흥경제의 부상은 과거에는 상상하지도 못했던 대규모의 새로운 시장 기회가 만들어지고 있음을 의미하는 것이다. 이런 기회 앞에서 지난 수십 년간 세계적 수준의 제조업 잠재력을 키워온 우리나라가 임금이 높다는 이유로 지레 포기하는 것은 너무나도 어리석은 일이다. 우리나라보다 임금 수준이 몇 배나 높은 독일이나 스웨덴도 제조업 경쟁력을 여전히 유지하고 있으며, 미국조차 제조업의 부활을 꿈꾸고 있다.

중소기업의 잠재력이 실현되지 못한 데에는 여러 가지 이유가 있을 것이다. 중소기업은 대기업과의 불평등한 구조 때문에 해외시장을 개척할 여유도, 그것에 필요한 유능한 인력도 가지지 못했을 수 있다. 또 중소기업이 가진 기술이 자금력을 가진 대기업으로 쉽게 넘어가 혁신형 중소기업이 성장하지 못했을 수도 있다. 어쩌면 중소기업 스스로 해외에서 힘겹게 시장을 찾는 대신 대기업 납품이라는 안정적인 판로 확보에 안주했을 수도 있다. 일부 중소기업은 정부의 지원에 기대어 경영혁신이나 기술혁신 노력은 게을리 한 채 현상유지에만 급급했을 수도 있다. 불투명하고 전근대적인 경영 방식을 답습함으로써 젊고 발랄한 인력의 유입을 스스로 막았을 수도 있다. 중소제조업의 발전을 위해서 한편으로는 정부 지원이라는 당근을 주되, 다른 한편으로는 혁신과 경영합리화를 하도록 채찍을 가하는 것 역시 필요할 것이다. 또한 대기업과 중소기업 사이의 불공평한 이익 배분이 중소기업의 잠재력을 억제한 측면도 분명히 있기 때문에, 이런 불공평을 시정하기 위한 경제민주화는 강한 제조업을 위해서도 꼭 필요하다.

재정건전성 유지해야

지난 5년간의 위기, 특히 유럽 재정위기를 목격하면서 꼭 집고 넘어가야 할 점은 바로 재정건전성의 중요성이다. 이것 역시 글로벌 금융위기의 직접적인 교훈은 아니지만 이번 위기를 계기로 많은 나라에서 더욱 중요한 문제가 될 것으로 예상되기 때문이다. 재정건전성이란 정부의 재정적자나 채무가 과도한 수준을 넘지 않는 것을 의미한다. 경기 변동에 따라 정부는 때때로 재정적자를 기록할 수 있다. 예를 들어 경기가 나빠져 실업수당 지급과 경기부양을 위한 지출은 늘어나는 반면 조세수입은 줄어들어 재정적자를 기록할 수 있다. 이러한 재정적자는 경기회복에 일조한다는 점에서 오히려 긍정적이다. 하지만 재정적자가 장기간 지속되어 국가채무가 과도하게 누적되는 것은 결코 바람직하지 않다. 그리스 등 남유럽 국가에서 발생한 재정위기가 그 위험을 여실히 보여 준다.

사실 지난 100여 년 동안 웬만한 국가는 이러한 재정위기를 걱정할 필요가 없었다. 한 가정이나 기업이 빚을 제대로 갚지 못해 파산할 수는 있지만 정부가 빚을 갚지 못할 것이라는 걱정은 거의 하지 않았다. 물론 외환보유고가 부족해 정부가 외국에서 빌려온 빚을 제대로 갚지 못하는 경우는 있었다. 이런 위기를 흔히 외환위기라고 부른다. 그런데 정부가 자기 나라에서 자기 통화로 발행한 채권의 원리금을 제대로 갚을 수 없는 사태는 경제 관리가 형편없는 아프리카의 최빈국이나 1970~80년대 남미 국가에서만 몇 차례 발생했다. 선진국에서 이런 일이 발생한 경우는 거의 없었다. 그래서 하버드 대학의 로고프Kenneth Rogoff 교수는 재정위기를 '잊혀진 역사'라고 부르기도 했다. 그런데 이번에 전통적으로 선진국이라고 할 수 있는 남유럽 국가에서 이러한 위기가 현실화된 것이다. 국채 시장의 투자자들이 과민하게 반응했다고 할 수도 있지만 어쨌든 국제 금융시장은 이런 위기에 주목하기 시작했다.

GDP 대비 국가채무 비율이 그리스는 150%를 넘고 이탈리아나 스페인은 100%를 넘는다. 이런 상황에서 재정적자가 개선될 기미를 보이지 않고 있어 이들 나라에 투자한 투자자들이 불안해하는 것이다. 그 이후 투자자들은 일본이나 심지어 미국에까지 의심의 눈초리를 보내고 있다. 일본의 국가채무 비율이 200%에 이르고 있고, 미국은 이 비율이 100% 내외지만 앞으로 계속 증가할 것으로 예상되기 때문이다. 실제로 이런 강대국에서 재정위기가 발생할 가능성은 높지 않다.

하지만 국제 금융시장의 충격에 취약한 우리나라와 같은 경우는 투자자들이 앞으로 계속 재정수지에 주목할 가능성이 높다. 우리나라의 국가채무 비율은 아직 30%대이기 때문에 다른 나라에 비해 매우 양호한 편이다. 그런데 국가채무 비율의 안정성은 나라 간 수평적 비교가 어렵다. 이 비율 외에 다른 경제 여건이 어떤가에 따라 안정적 수준의 기준이 달라지기 때문이다. 일본은 국가채무 비율이 200%로 세계에서 가장 높은데도 남유럽 같이 위기에 빠지지 않는 것은 무엇보다 경상수지가 건전하기 때문이다. 일본은 전통적으로 경상수지 흑자를 계속 유지하고 있는 나라이다. 경상수지는 그 나라의 국제경쟁력을 가늠할 수 있는 대표적인 지표이다. 우리나라 역시 최근 경상수지 흑자를 유지하고 있지만 과거의 지표를 보면 적자를 기록한 경우도 많았다. 앞으로도 국제유가가 상승하거나 대 중국 수출이 둔화되면 적자를 기록할 수도 있다.

경상수지가 적자인 상태에서 국가채무 비율마저 높아지면 우리 경제는 충격에 매우 취약해질 것이다. 우리가 외환위기를 빠르게 극복하고, 경기 둔화 시에 추가예산을 편성하는 등 비교적 유연하게 대응할 수 있는 것도, 그리고 최근에 국가신용등급이 올라간 것도 모두 정부의 재정상태가 건전한 덕분이다. 그렇지만 우리나라의 인구 구조나 복지 수요 등을 고려할 때 앞으로 과거와 같은 재정건전성을 유지하기가 더욱 어려워질 것이고 국가채무 비율도 올라갈 가능성이 높다. 그렇게 되면 우리 경제의 안전판 하나가 사라지는 것을 의미한다. 우리는 1997년 외환위기 이후 외환보유고를 크게 늘려 외환위기에 대비할 수 있는 안전판을 마련했다. 이제는 장기적인 관점에서 재정위기 방지를 위한 안전판도 점검해야 할 때이다.

물론 앞에서 말한 것처럼 우리 정부의 재정 상태는 아직 건강한 편이며 여력도 있다. 따라서 재정건전성을 과도하게 우려하여 필요한 복지제도를 확충하지 않거나, 단기적인 균형재정에 집착하는 것은 결코 바람직하지 않다. 하지만 장기적인 관점에서 재정건전성은 반드시 염두에 두어야 한다. 이것이 글로벌 금융위기 이후 달라진 국제 금융시장 환경이다. 그리고 재정 상황을 건전하게 유지하는 데는 지출을 줄이는 방법만 있는 것이 아니라, 세금을 늘리는 방법도 있음을 기억해야 한다. 안정된 경제를 유지하면서 복지를 확충하기 위해서는 결국 세금을 늘려야 할 것이다. 미국 대법관을 지낸 홈즈Oliver W. Holmes의 유명한 말처럼, 세금은 분명 문명화된 사회를 유지하기 위한 '문명의 대가'이다. 동시에 앞으로 세금은 경제 안정을 위한 '안정의 대가'가 되기도 할 것이다.

실사구시
한국경제

중국의 부상과
한국의 미래

지만수 (한국금융연구원 연구위원)

중국의 부상과 인식의 지체

중국의 경제적 부상이 지속될 것인가? 만일 그렇다면 그것은 우리에게 과연 좋은 일인가? 이것이 중국 경제에 대하여 현 시점에서 우리 국민들이 가지고 있는 핵심적 질문일 것이다.

우리뿐 아니라 전 세계가 중국의 경제적 부상에 주목하고 있다. 중국은 지금 세계 2위의 경제대국으로, 앞으로 10여 년 후에는 미국을 제치고 세계에서 가장 큰 경제 규모를 가진 나라가 될 것이라고 한다. 향후 10년 중국의 경제적 부상에 관한 이러한 예측은 세상에 난무하는 수많은 미래 예측 중의 하나가 아니다. 중국 경제에 관심을 갖고 연구하고 있는 세계 각국의 전문가나 경제 연구기관들의 일치된 전망이다. 비록 미래에 관한 불확실한 이야기이지만, 역설적으로 매우 확실한 예측이기도 하다는 것이다. 다양한 예측 사이에 몇 년의 시차만 있을 뿐, 중국의 부상이라는 대세를 부정하는 견해는 최소한 경제 분야에서는 찾아보기 어렵다.

중국이 경제 규모 1위의 국가가 된다는 것은 어떤 의미인가? 비록 종합적인 국력의 역전이라기보다는 경제 규모에서의 역전에 한정되는 이야기이지만, 이러한 변화조차도 백 년에 한 번 있을까 말까한 일이다. 세계 경제 지형의 중대한 변화가 진행되고 있는 것이다. 이는 산업혁명을 통해 영국이 부상하고, 제1, 2차 세계대전을 거치면서 미국의 경제적 주도권이 확립된 것에 버금가는 세계사적 변화이다. 조금 더 나아가면 서구가 주도한 이른바 제국주의 시대의 실질적인 종결을 알리는 변화이기도 하다. 특히 중국에서는 중국의 부상을 1840년 아편전쟁 이후 백수십 년 동안 자신들이 겪은 역사적 곡절曲折의 완성이라고 보는 시각이 유행이다. 원래 세계에서 가장 부강했었던 중국이―이 경우 청나라가 된다―20세기 전반을 휩쓸었던 침략과 전쟁의 시기, 20세기 후반 이념과 대립의 시대에 겪은 고통을 뒤로 하고 다시 과거의 영광을 회복하여 하나의 주기를 완성한다는 것이다. 중국과 비슷한 근현대사를 겪은 우리도 충분히 이해할 수 있는 해석이다.

하지만 최근 수십 년 동안 중국의 경제 성장 속도가 워낙 빨랐기 때문에 사람들이 그 변화를 현실로 받아들이고 익숙해지는 데에는 시간이 걸리는 것 같다. 아직도 우리는 중국의 유인우주선들이 우주에서 도

킹하고 'made in China' 우주정거장 톈궁天宮이 건설되고 있다는 이야기보다는, "자전거에 트럭을 싣고 간다더라."라는 식의 중국발 기문괴담奇聞怪談에 눈과 귀를 기울인다.

한편 우리 마음속에는 중국의 부상을 탐탁지 않게 여기는 질긴 감정이 남아 있다. 국가 간의 경쟁과 약육강식이라는 편협한 은유에 사로잡혀서 양국 간의 경제 관계를 제로섬zero sum 관계의 시각에서만 바라보는 분위기나 20세기 이래 국제 질서의 근본적인 변화를 무시하고 중국의 부상이 곧장 오랜 불평등 관계의 역사를 복원시킬 것이라고 두려워하는 막연한 정서가 그것이다.

문제는 한국이 중국의 부상이라는 세계사적 사건의 영향을 가장 크고 민감하게 받는 국가라는 사실이다. 우리가 중국의 변화를 제대로 인식하지 못한다는 것은 우리 국민과 기업에게 가장 중요한 해외활동 공간의 변화를 인식하지 못하고 있다는 것을 의미한다. 우선 중국은 한국 기업들의 가장 큰 무역 파트너이자 수출 시장이다. 중국과 중국의 일부인 홍콩에 대한 수출 비중은 한국 전체 수출의 약 30%로, 미국, 유럽, 일본 시장에 대한 수출을 모두 합한 것에 버금간다. 중국에 투자한 한국 기업의 수도 2만 개가 넘는다. 한국인이 가장 많이 장기간 머물면서 경제 활동을 하고 있는 나라도 바로 중국이라는 이야기이다. 유학생 교류도 가장 활발하다. 중국에 있는 외국인 유학생 중에서도 한국 유학생이 가장 많고, 한국에 있는 외국인 유학생 중에서도 중국 유학생이 3분의 2 정도나 된다. 또 양국의 일부 관광지에서는 상대국의 돈이 그대로 통용되기도 한다.

따라서 중국에 대한 정확한 이해는 미래 우리 경제의 생존 공간에 대한 이해와 직결된다. 우리의 경제 성장을 뒷받침할 가장 큰 시장이 중국에 있고, 우리 기업과 산업이 협력하고 경쟁하게 될 가장 중요한 파트너도 중국에 있기 때문이다. 2010년 세계 경제에서 선진국이 차지하는 비중은 68%에 달하지만, 2040년이 되면 지금의 선진국이 차지하는 비중은 34%로 줄어들고 중국을 포함한 신흥국들이 차지하는 비중이 66%에 달할 것이라고 한다. 이제 중국을 논하지 않고 한국 경제의 미래를 이야기하는 것은 어렵게 되었다.

중국의 미래: 횡단면 비교의 함정

중국 경제는 지난 30년간 매년 10% 속도로 성장했다. 30년 동안 경제 규모가 20배 정도 커졌다고 보면 된다. 중국은 일본, 싱가포르, 한국 등이 세웠던 고도성장 기록을 모두 갈아치웠다. 그 과정에서 중국은 세계 1위의 무역 규모, 세계 1위의 외환 보유고, 세계 2위의 경제 규모를 가진 대국이 되었다.

오늘날 많은 사람들은 이런 기록적인 고도성장이 어떻게 가능했는지보다는 중국의 경제 성장이 앞으로도 계속될 수 있을지에 대해 더 많은 관심을 갖고 있다. 중국의 과거는 학자들의 분석에 맡기면 되지만, 중국의 미래는 우리가 살아갈 환경이기 때문이다. 사실 그동안에도 중국의 미래에 관한 많은 예측이 있었다. 중국의 미래를 전망했던 과거의 예측들을 반추해 보면 현 시점에서 중국의 미래를 전망할 수 있는 좋은 시사점을 얻을 수 있다. 결론부터 말하면, 맞는 예측보다는 틀린 예측이 더 많았다.

예를 들어 1990년대 초 많은 사람들은 중국이 몇 개의 나라로 분리될 것이라고 했다. 이른바 중국분열론이다. 중국의 각 지역이 경제 발전 수준뿐 아니라 언어, 문화, 종교, 인성, 민족까지 서로 너무나 달라서, 철저한 정치적 억압과 계획경제 아래에서라면 모를까 개혁 개방 이후 국가의 억압이 약해지고 시장경제가 확산되는 과정에서는 결코 하나의 나라로 유지될 수 없을 것이라고 생각한 것이다. 그럴듯하게 중국을 6개로 나누는 지도까지 자주 신문지상에 등장했다. 물론 중국은 분열되지 않았다.

1990년대 말과 2000년대 초에 걸쳐서는 보다 구체적이고 분석적인 중국붕괴론이라는 새로운 전망이 유행했다. 즉 당시 중국이 비록 거시적으로는 높은 경제성장률을 보이고 있으나 각 부문을 구성하고 있는 경제 주체들의 미시적 상황이 너무나 엉망이어서 도저히 성장이 지속 가능하지 않다는 것이다. 특히 당시 중국의 국유은행들은 비효율적이고 경쟁력이 없는 국유기업들에게 밑 빠진 독에 물 붓기 식의 대출을 해 주고 있었다. 중국 정부의 공식 통계에서조차 국유은행이 안고 있는 부실 채권이 전체 대출의 25%에 달했다. 일각에서는 그 비율이 40% 이상일 것이라고 추정했다. 따라서 중국의 금융시스템이 붕괴하는 것은 시간 문제일 뿐이며, 그렇게 되면 중국 경제도 심각한 위기에 봉착할 것이라는 것이 중국붕괴론의 골자였다. 이러한 전망 역시 현실화되지 않았다.

2000년대 초에는 중국 내부에서도 중국 산업의 몰락을 점치는 전망이 터져 나왔다. 2001년 중국이 세계무역기구WTO에 가입하자, 일부 중국 학자들은 그동안 보호받아 왔던 중국의 산업이 시장개방을 통해 외국의 산업과 직접 경쟁하게 되면 경쟁력을 잃고 가혹한 구조 조정에 직면하게 될 것이라고 예측했다. 그리고 이에 따라 막대한 실업자가 발생하고 중국 체제 전체가 큰 위기에 빠질 것이라고 내다봤다. 그러나 현실은 이와 정반대였다. WTO 가입 이후 중국의 기업들은 승승장구했다. 중국의 수출은 WTO 가입 직전인 2000년 2,492억 달러에서 2012년에는 2조 489억 달러로 늘어났다. 무역수지 흑자도, 수출 산업에서의 고용도 크게 늘어났다.

그 밖에도 2000년대 후반 중국의 부동산과 주식이 폭등하자, 버블의 붕괴가 필연적이며 그것이 금융시스템의 붕괴로 이어질 것이라는 주장이 나온 바 있다. 최근에는 중국의 지방재정 부실 문제를 지적하는 목소리도 있다.

중국에 대한 이러한 많은 비관적 예측들은 현실화되지 않았다. 가장 큰 이유는 그 예측들의 근거나 발단이 중국 경제의 내부가 아니라 외부에서 비롯된 것이었기 때문이다. 중국분열론이 유행하게 된 계기는 1990년 옛 소련의 분열이었다. 1990년대 초 옛 소련은 사회주의 체제의 해체와 함께 15개의 공화국으로 분열되었다. 옛 소련 분열의 스토리를 그대로 중국에 적용한 것이 바로 중국분열론이었다. 중국붕괴론 역시 마찬가지이다. 1990년대 말 한국 등 동아시아 각국은 이른바 동아시아 외환위기를 경험했다. 기업과 은행들의 방만한 투자와 부실이 그 원인으로 지목되었다. 중국붕괴론은 이러한 잣대를 중국에 적용해 보니 그 문제가 더욱 심각하다는 데서 비롯되었다. WTO 가입이 재앙이 되리라는 관측 역시 남미 등에서 한때 유행한 종속이론의 중국판 버전이었다고 할 수 있다. 미국의 서브프라임 모기지 사태 이후 중국 자산시장의 버블 붕괴 우려가 제기되었던 것도 유사한 맥락이다.

이러한 잘못된 예측들은 중국의 특정 시점의 상황을 다른 나라의 상황과 직접 횡단면적으로 비교했다는 오류를 공통적으로 가지고 있었다. 개혁 개방 이후의 중국이 계획경제에서 시장경제로 전환되는 장기적인 이행 과정에 있다는 시대적 맥락을 간과한 것이다. 가령 중국 공산당은 소련 공산당과 달리 1978년 개혁 개방 이후 과거 마오쩌둥 시대와는 완전히 다른 새로운 비전을 제시하고 있었다. 중국 은행들이 안고 있던 부실채권은 도덕적 해이의 결과라기보다는 계획경제에서 시장경제로 이행하는 과도기의 산물이었다.

up-side, down-side 리스크

물론 어느 나라에서나 미래에 대한 예측은 위험risk을 과장하고 비관적인 방향으로 흘러가는 경향이 있다. 사회가 안고 있는 위험 요인들을 제때 발견하고 적절히 대처하지 못하면 그것이 더 큰 위기crisis로 확대될 수 있기 때문이다. 그런 의미에서는 중국에 대한 다양한 '틀린 예측들' 역시 그것이 결과적으로 들어맞았나 아니냐를 떠나 중국 경제와 사회가 안고 있던 잠재적인 문제에 대한 경고 신호로서 나름대로 긍정적인 작용을 했다고 볼 수 있다.

그러나 이것은 자기 자신의 문제를 미리 발견하고 경계하고자 할 때의 이야기이다. 우리의 입장에서 중국의 미래를 전망하는 것은 좀 다르다. 중국의 미래는 우리 내부의 변수에 관한 이야기가 아니고 우리의 통제 밖에 있는 외부 환경에 관한 이야기이다. 따라서 낙관과 비관 사이에서 좀 더 중립적일 필요가 있다. 즉 우리의 입장에서는 중국 경제가 예상 밖의 어려움에 빠지는 경우에도 큰 비용을 치르게 되겠지만, 반대로 중국 경제가 예상 밖의 기세로 성장하는 경우 그 경제적 기회를 활용하지 못하고 다른 경쟁국들에게 빼앗기는 일종의 기회비용을 치를 수 있다. 지나치게 과감하게 중국에 투자했다가 큰 위험에 빠질 수도 있지만, 몸조심만하다가 중국 비즈니스의 기회를 날리고 손가락만 빨게 될 수도 있다는 이야기이다. 이러한 경우에는 부정적인 위험을 하나도 놓치지 않으려는 보수적인 자세는 결코 올바른 전략이라고 볼 수 없다. 따라서 때때로 유행하는 '아니면 말고' 식의 중국 비관론을 냉정하게 평가할 수 있는 안목을 기를 필요가 있다.

사실 중국이 처해 있는 역사적 단계나 중국 내부의 대응 능력을 무시하고 잠재한 위험만을 과장하는 것은, 심지어는 오랜 황화론黃禍論에 기대려는 상업주의적 전략이라고도 볼 수 있다. 주로 서구에서 생산되는 이러한 상업주의적인 중국 해석이 다시 권위적인 해석으로 재포장되어 국내에 수입되는 씁쓸한 상황을 벗어나야 한다.

한편으로는 반대쪽 극단도 있다. 중국에 대해서는 보편적인 이론이 무력하다는 일종의 중국 특수주의이다. 이 또한 위험하다. 이는 '내가

직접 가 봤는데, 내가 전에 해 봤는데, 내가 만나 봤는데 중국은 달라'
하는 식으로 중국에 대한 개별적 경험과 지식의 선점을 특권화하는 담
론이다. 때로는 '중국은 아무도 몰라.' 라는 식의 알쏭달쏭한 선문답이
야말로 중국에 대해서는 현답賢答이요 정답인 것처럼 취급되기도 한다.
이것은 사실 논리라기보다는 지적인 폭력에 가깝다. 보편적인 경제학
적 논리의 틀 속에서 중국의 경제 발전 단계나 사회 시스템의 특수성을
고려한 해석이 이루어질 때 비로소 균형도 갖추고 공감도 이끌어 낼 수
있을 것이다.

마른 수건과 젖은 수건

과연 중국이 앞으로도 상당 기간 고
도성장을 지속할 수 있을까라는 원래의 문제로 돌아가 보자. 중국은 개
혁 개방 이후 이미 30년 이상 고도성장을 구가해 왔다. 그렇다고 중국
의 고도성장이 무한히 계속될 것이라고 믿는 사람은 없다. 중국보다 먼
저 고도성장을 경험한 일본이나 한국의 경우에도 고도성장은 이미 지
나가버린 좋은 시절의 이야기이다. 중국도 예외일 수 없다. 언젠가는
고도성장의 한계가 오고 성장에 감추어져 있던 문제들이 드러날 것이
다. 문제는 그 시점이다.

한 나라가 성장을 지속하려면 무엇보다 성장의 원천이 있어야 한다.
그런데 중국은 아직 성장의 원천이 많은 나라이다. 따라서 중국의 고도
성장은 당분간 지속될 수 있다. 중국의 성장 원천은 바로 중국의 낙후

함backwardness 그 자체이다.

만일 어느 사회가 가지고 있는 자원을 가장 효율적으로 동원하여 경제 활동을 하고 있다면, 마치 마른 수건을 짜는 것처럼 그 사회에서 새로운 성장의 원천을 찾아내기는 매우 어렵다. 반면 현 시점에서 문제가 많고, 낭비가 많고, 활용되지 않고 버려진 자원이 많은 나라일수록, 그 문제를 해결하고, 낭비를 줄이고, 자원을 동원하는 과정에서 상대적으로 더 손쉽게 성장률을 높일 수 있다. 마치 젖은 수건을 짜는 것과 같다.

중국을 가 보자. 베이징, 상하이, 선전 같은 대도시의 번화함을 뒤로하고 내륙의 중소도시나 농촌에 가 보면 과연 이곳이 같은 나라인가 하는 의심이 들 만큼 발전의 격차가 크다. 지난 30년 동안 중국의 고도성장을 이끌었던 것은 바다에 면한 동부의 10개 성, 그중에서도 대도시들이며, 내륙으로 갈수록 발전에서 소외되어 왔다. 일인당 소득 격차도 크다. 가장 잘사는 상하이의 일인당 소득은 가장 못사는 귀저우貴州성의 7배가 넘는다.

이러한 심각한 지역 격차는 사회적 문제이지만, 시각을 바꾸어 보면 낙후된 내륙 지역에는 아직 개발되지 않은 많은 성장 잠재력이 있고, 이 지역이 동부의 발전을 따라잡는 과정에서 엄청난 추가적 경제 성장을 이룰 수 있다는 반증이기도 하다. 중부 지역 6개 성에만도 아직 충분히 활용되지 않은 3억 6,000만 명의 인구가 있다. 광활한 서부 지역에는 아직 탐사도 개발도 되지 않은 지하자원, 수력, 풍력자원이 무궁무진하다.

경제 시스템이 가진 비효율도 매우 크다. 대표적인 것이 금융에 대한 접근성이다. 중국의 주요 은행들은 그 규모만 보면 세계 10대 은행에 4개가 포함될 정도로 덩치가 크다. 그렇지만 이들의 영업 행태는 선진적이지 않다. 기업 대출의 대부분이 절대로 돈을 떼일 염려가 없는 국유기업들을 대상으로 이루어지고 있다. 위험을 평가할 능력이 없으니 안전한 장사만 하는 것이다. 중국의 주식시장 역시 마찬가지이다. 대부분 국유기업들로 구성되어 있어 새롭게 성장하는 민영기업들은 자금을 조달하는 데 어려움이 많다. 은행을 통한 간접금융이건 주식시장을 통한 직접금융이건 마찬가지이다. 이러한 낙후된 시스템 때문에 민영기업들은 제대로 성장하지 못하고 있다.

그렇지만 관점을 바꾸어 보면 이 역시 중국이 숨겨 두고 있는 성장의 공간이다. 언젠가 중국의 금융시스템이 민영기업들의 투자계획을 정확하게 평가할 능력을 갖추고 이들의 성장을 지원할 수 있게 되면, 그동안 억제되었던 민영기업의 성장이 중국 경제의 성장을 주도하게 될 것이다.

중국의 산업 구조 역시 마찬가지이다. 중국은 아직도 서비스 산업의 비중이 매우 낮다. 서비스 산업은 산업 구조가 고도화될수록 높아지는 경향이 있는데, 중국의 서비스 산업이 GDP에서 차지하는 비중은 43.1% 2011년, 고용에서 차지하는 비중은 34.1% 2009년에 불과하다. 반면 한국의 서비스 산업 비중은 GDP의 66.8% 2010년, 고용의 77% 2011년에 달한다. 현재 중국의 산업 구조는 서비스 산업의 생산 및 고용 수준이 각각 47.3%와 43.5%였던 한국의 1980년 수준과 유사하다. 이와 같이 중국의 서비스 산업 발전은 지체되고 있는 상태이다. 그렇지만 이 것은 다른 한편으로 앞으로 중국의 서비스 산업에서 많은 부가가치와 고용이 창출될 여지가 있다는 이야기이기도 하다. 중국 서비스 산업의 고용 비중이 지금보다 30%포인트 더 늘어나면 이 분야에서만 앞으로 2억 개 이상의 새로운 일자리가 생길 수 있다.

한편 중국 인구의 절반은 아직도 농촌 지역에 거주하고 있다. 생산성 이 낮은 농업 부문에 여전히 인구의 절반이 머물고 있다. 이들은 앞으 로 수십 년의 시간을 두고 농업을 떠나 제조업이나 서비스업으로, 또 농촌을 떠나 도시로 이동하게 될 것이다. 실제로 매년 도시화율이 1% 정도의 속도로 꾸준히 높아지고 있다.

수십 년이 더 소요될 중국의 도시화 과정은 그 자체가 막대한 성장 동력을 제공한다. 우선 농촌의 저임금 노동력이 꾸준히 도시의 제조업 및 서비스업 부문에 공급될 것이다. 결과적으로 임금 상승이 억제되고 중국 제조업의 가격 경쟁력이 상당 기간 유지될 수 있다. 동시에 매년 엄청난 도시화 관련 수요가 생긴다. 13억 인구의 1%이면 1,300만 명이 다. 단순한 셈법으로 보면 중국에서는 매년 1,300만 명의 새로운 도시 인구를 수용하기 위한 주택, 학교, 병원, 도로, 상하수도의 건설이 이루 어져야 한다. 또 자급자족적인 농촌을 떠나 도시로 이동함에 따라 그들 은 새로운 소비 계층이 될 것이다. 도시적인 생활을 위한 의식주 및 내 구소비재 소비가 매년 1,300만 명분씩 늘어날 것이다.

결국 중국은 30년의 고도성장에도 불구하고 낙후된, 또는 충분히 경 제 성장에 동원되지 않은 분야들이 남아 있는, 말하자면 젖은 수건이다. 중국의 중서부 지역, 비효율적인 제도 환경, 낙후된 서비스 산업, 거대한 농촌 인구가 앞으로도 수십 년간 중국의 경제 성장에 동원될 수 있다. 이것이 바로 중국이 향후 10년 이상 7% 정도의 꽤 높은 성장률을 유지할 수 있을 것이라고 많은 전문가들이 예측하는 근거이다.

물론 낙후 자체가 경제 성장을 보장하는 것은 아니다. 아프리카, 남아시아, 남미 등에는 중국보다 낙후된 나라들이 많으며, 그들이 가진 잠재력은 그다지 잘 활용되지 않고 있다. 그렇지만 중국은 분명히 이들과 다르다. 즉 중국은 지난 30년 동안 자신이 갖고 있는 잠재력을 경제 성장으로 동원해 낼 수 있는 능력을 이미 잘 보여 주었다. 즉 중국처럼 자신이 가진 자원을 동원할 능력이 검증된 경우에는 경제 안에 낙후된 부분이 많을수록, 즉 동원 가능한 잠재적 성장 원천이 많을수록 미래 성장의 공간이 더 넓다.

두 개의 샌드위치: 중국 특수(特需)

중국이 앞으로도 상당 기간 경제 성장을 계속해서 머지않은 장래에 세계에서 가장 큰 경제 규모를 가진 나라가 된다면 우리에게는 좋은 일일까, 나쁜 일일까? 이 문제에 대한 정답은 우리가 하기 나름이라는 것이다. 다만 같은 하기 나름이라도 상황에 대한 기본적인 판단은 필요하다. 천재일우의 기회가 오니 잘 활용하자는 접근과, 무시무시한 위협이 오고 있으니 잘 대처하자는 접근은 다르다. 따라서 하기 나름이라는 대답으로 판단을 회피하기보다는 한국

경제의 입장에서 중국의 부상이 과연 좋은 일인지 나쁜 일인지 먼저 한 번 따져 볼 필요가 있다.

시장市場이라는 관점에서 보면 중국의 부상은 좋은 일이다. 조금 문제를 단순화하면, 중국의 부상이 지속된다는 것은 10년 후에는 중국이 지금의 미국이 된다는 것과 같다. 그렇다면 중국의 부상이 우리에게 좋으냐 나쁘냐는 질문은 사실 10년 후 한국의 이웃에 지금의 미국 경제 규모를 가진 활기찬 시장이 있는 것이 좋으냐 아니면 혼란과 저성장에 빠진 13억의 걱정 덩어리가 있는 것이 좋으냐는 질문과 같다. 이처럼 한국 경제의 성장 환경이라는 기준에서 보면 답은 명백하다. 그렇다면 한국의 관심은 중국의 성장이라는 호재好材를 어떻게 잘 활용할 것이냐가 된다.

산업에서의 경쟁이라는 관점에서 중국의 부상을 바라볼 필요도 있다. 한때 널리 유행했던 이른바 '샌드위치론'은 바로 그러한 관점에서 한중 관계를 바라본다. 즉 대표적인 수출형 제조업 국가인 한국과 중국은 세계 시장에서 항시적인 경쟁 관계이다. 그 속에서 중국이 성장한다는 것은 중국의 산업이 한국의 산업을 추격한다는 의미이다. 결국 한국은 선진국-한국-중국이라는 3층 구조의 한가운데 끼어 있는 존재이다. 이것이 바로 샌드위치론이다. 이 틀에서 보면 중국의 추격은 우리의 생존 공간을 좁히는 큰 위협이므로 중국의 부상은 늦춰질수록 좋다.

한중 수교 이후 지난 20년간의 한중 관계를 보면 실제로 동북아에서는 중국의 부상을 계기로 거대한 샌드위치가 만들어졌다. 그러나 그 샌드위치는 경쟁과 추격의 샌드위치가 아니라 분업과 협력의 샌드위치였다.

중국이 개혁 개방을 시작하고 자신이 갖고 있는 가장 경쟁력 있는 자원인 저렴한 노동력과 토지를 세계 시장에 내놓자, 세계 각국의 기업들이 중국에 투자해 기업을 세우고 중국의 저렴한 노동력을 활용해 제품을 만들어 수출하기 시작했다. 광동, 산둥, 상하이, 티엔진 같은 중국의 연해 지역이 거대한 수출기지로 변모했다. 그런데 이 거대한 수출공단에는 다국적기업의 자본과 중국의 노동력은 있었지만, 정작 제품을 생산하기 위한 기계, 원자재, 부품은 중국 내에서 조달할 수 없었다. 자본재와 중간재를 만들어야 할 중국의 중화학 장치 산업은 대부분 아직 개혁 개방의 파고가 미치지 않은 국유기업들로 이루어져 있었다. 이들은 중국의 연해 지역에 형성된 새로운 수출기지가 필요로 하는 품질과 가격을 갖춘 물건을 신속하게 만들어서 공급할 능력을 갖고 있지 못했다. 결국 중국이라는 세계의 공장이 필요로 하는 기계, 원자재, 부품을 공급한 것은, 이미 세계적으로 가장 발전한 중화학공업 설비를 갖고 있고 지리적으로도 중국의 연해 지역과 인접한 일본, 한국, 타이완의 기업들이었다.

즉 중국의 연해 지역은 전 세계 다국적기업의 자본과 중국의 노동력, 그리고 한국 · 일본 · 타이완의 원자재 부품이 결합되어 완성품을 만들어 내는 거대한 분업 체계의 최종 조립기지가 되었다. 그리고 그 결과 중국은 일본, 미국, 독일을 제치고 2000년대 후반 세계 최대의 수출국으로 등극했다. '세계의 공장workshop of the world'이 된 것이다. 특히 2005년 이후에는 중국의 무역수지도 매년 수천억 달러씩 흑자를 기록하고 있다. 그렇지만 그 수출을 위한 기계, 원자재, 부품은 아직도 여전히 한국, 일본, 타이완에서 대량으로 수입하고 있다. 이 때문에 다른 나라에 대해서는 막대한 무역 흑자를 기록하는 중국도 이들 동북아 3국 특히 한국과 타이완에 대해서는 지속적으로 무역수지 적자를 기록하고 있다.

여기서 지난 20년간 동북아 지역에서 만들어졌던 샌드위치의 정체가 드러난다. 그동안 한국, 일본, 중국, 타이완 등이 자리 잡은 동북아에서는 같은 시장을 놓고 서로 경쟁하고 추격하는 샌드위치가 만들어진 것이 아니다. 오히려 한국의 치즈와 타이완의 햄과 중국의 빵과 일본의 소스가 어우러진 샌드위치가 만들어지고 있었다. 이 샌드위치는 재료를 따로따로 팔 때보다 더 좋은 값을 받고 전 세계로 팔려나갔다. 그런 의미에서 동북아의 샌드위치는 경쟁과 위협의 샌드위치가 아니라 분업과 협력의 샌드위치이다.

실제로 2000년대 들어 중국이 세계 시장 점유율을 2%에서 10% 수준까지 빠르게 높여가는 동안 한국의 세계 시장 점유율은 3% 수준에서 유지되었다. 노동집약적인 중국의 수출품이 자본집약적인 한국과 별로 경쟁적이지 않았기 때문이다. 오히려 중국의 수출 산업이 급성장함에 따라 그에 필요한 원자재와 부품을 공급하는 한국의 대중국 수출이 빠르게 늘어났다. 그 덕에 1993년 이후 한국은 20년 동안 한 해도 거르지 않고 중국에 대해서 막대한 무역수지 흑자를 지속할 수 있었다. 1992년부터 2011년까지 한국이 중국에서 거둔 무역수지 흑자 누계는 2,720억 달러에 달한다. 이는 같은 기간 한국의 전체 무역수지 흑자 누계 2,390억 달러보다도 더 큰 것이다. 2011년에도 한국은 중국에 1,341

억 달러 어치를 수출하고 864억 달러를 수입하여 477억 달러의 흑자를 기록했다. 이것은 2011년 한국의 전체 무역수지 흑자 308억 달러보다도 큰 규모이다. 한국은 그동안 중국의 부상이 주는 특수特需를 톡톡히 누리고 있었던 것이다.

중국이 변하고 있다

다행스럽게도 지난 30년 동안 중국의 부상은 한국 경제를 위협하기보다는 한국의 산업과 기업에게 큰 기회를 제공했다. 그것은 특히 중국의 연해 지역이 다국적기업들을 끌어모아 세계의 공장으로 변모하는 과정에서 가능했다. 만일 중국의 부상이 이대로, 지금까지와 같은 방향과 내용으로 계속된다면 한국이 누리는 경제적 기회도 계속될 수 있다.

문제는 중국의 발전이 다른 양상으로 전개될 수 있다는 점이다. 중국은 지금까지의 발전과는 근본적으로 다른 새로운 방향의 발전 전략을 준비하고 있다. 즉 투자와 수출과 가격 경쟁력이 이끄는 성장이 아니라, 임금의 상승과 소득의 증가 및 소득 분배의 개선을 통해 민간의 소비가 성장을 이끄는 전략을 구상하고 있다.

중국의 이러한 '전환' 은 중국 내부와 외부적 상황으로 인해 불가피한 것이기도 하다. 내부에서는 경제의 불균형 문제가 더 이상 방치할 수 없는 지경에 이르렀다. 즉 기업의 투자와 수출에 의존한 고도성장이 수십 년 동안 계속되었지만, 이는 다른 한편으로 중국 경제에 다양한 불균형을 만들어 내고 있다. 불균형은 이제 한계에 도달했고, 경제 성장의 지속가능성을 위협하는 수준이 되었다. 경제 성장 과정에서 연해 지역과 내륙 지역 사이의 지역 격차, 부자와 서민 사이의 빈부 격차, 도시와 농촌 사이의 소득 격차가 끊임없이 악화되었다. 또한 과도한 투자 열기로 산업 간의 불균형이 누적되었고 에너지 소비가 급증하며 환경 파괴 문제도 심각한 상태이다.

이런 문제는 이미 10년 전인 2003년 후진타오胡錦濤 정부가 처음 들어설 때부터 심각하게 인식되고 있었다. 후진타오 정부는 집권 첫해인 2003년에 균형적인 발전의 내용을 구체화한 이른바 '다섯 가지 종합적 고려5個統籌'라는 정책 방향을 내놓았다. 이는 도시와 농촌, 지역, 경제와 사회, 인간과 자연, 대내와 대외 등 5개 분야에서 조화로운 발전이 이루어져야 한다는 내용이다. 농촌, 농민, 농업 등 삼농三農 문제를 해결하는 데 정책의 최우선 순위를 부여한 것도 후진타오 정부이다. 나아가 2005년 발표한 11차 5개년 계획2006~11년에서는 '조화로운 사회和諧社會'라는 새로운 경제 사회 발전 목표가 제시되었다.

또 후진타오 정부의 2기를 맞는 2007년에는 개혁 개방을 대신하는 새로운 중국의 국가 지도 이념으로서 '인간중심以人爲本을 견지하면서, 전면全面, 협조協調, 지속가능한 발전을 추구'한다는 이른바 '과학적 발전관科學發展觀'을 공식적인 경제 발전 이념으로 제시하고, 이를 마오쩌둥 사상, 덩샤오핑 이론과 함께 중국 공산당 당장黨章에 명시했다. 이렇게만 보면 후진타오 정부 10년 동안은 중국이 경제 각 분야의 균형적인 발전을 위해 매진해 온 것처럼 보이기도 한다.

하지만 현실은 그렇지 않았다. 현란한 구호와 개념에도 불구하고 '균형적이고, 전면적이고, 조화로운 성장'은 쉽게 달성되지 않았다. 집권 10년이 지나 이제 후진타오가 권력을 이양해야 하는 시점에서도 도시와 농촌의 소득 격차는 3배가 넘는다. 지역 간 발전 격차도 여전하다. 소득 불평등을 나타내는 지니계수는 2000년대 초 0.4에서 2010년에는 0.5 수준으로 악화되었다. 사회주의를 표방하는 중국의 소득 분배가 자본주의 경제인 한국이나 미국보다도 더 악화된 것이다.

후진타오 정부 10년간의 노력이 말뿐이었을 수도 있고, 노력은 했지만 백약이 무효였다고 볼 수도 있다. 사실 그동안 중국의 시장경제는 세계 최고의 활력과 에너지를 내뿜고 있었다. '시장'이 가진 힘과 관성을 정부의 정책만으로 제어하기는 어렵다. 중국에서 시장은 강한 자에게 더 많은 이익을 몰아주는 작용을 했다. 중국 경제의 고성장이 가져다 준 혜택을 가장 잘 누릴 수 있는 경제 주체는 생산과 수출을 담당하는 기업이었고, 경제 활동을 조직한 자본이었고, 그 과실을 먼저 향유할 수 있는 부자들이었다. 그러다 보니 성장의 과실은 노동과 소비의 주체인 가계보다는 수출과 투자의 주체인 기업과 금융과 정부로 집중되었다.

그래도 성장만 지속할 수 있다면 큰 문제가 아니라고 생각할 수도 있다. 그렇지만 중국은 '공산당'이 일당독재하고 있는 나라이다. 경제적 불평등은 '가장 광범한 인민대중의 이익'을 대표한다는 중국 공산당의 집권기반을 끊임없이 약화시킬 것이다. 즉 정권의 존립을 위해서도 이제 말이 아닌 진정한 변화가 필요한 시점이다. 아무리 중국이 장기성장을 계속할 수 있는 성장 원천을 갖고 있다고 해도, 사회적 불만의 누적으로 공산당의 집권 기반이 흔들린다면 그 원천을 동원할 리더십을 상실할 것이다.

2008년 글로벌 금융위기는 성장 전략의 변화를 더 이상 미룰 수 없는 대외적 조건을 만들어 냈다. 먼저 중국 수출의 가장 큰 고객이었던 유럽과 미국이 2008년 이후 장기적인 침체에 빠져들었다. 당분간 세계 경제의 극적인 회복은 기대하기 어렵다. 이 과정에서 중국의 수출 산업 역시 막대한 타격을 입었다. 비록 과감한 재정 투자와 통화정책으로 일단 2008년 당시의 위기는 넘겼지만 불안한 해외 시장을 대체할 수 있는 새로운 성장 동력과 전략을 찾아내야만 한다. 내부의 불균형뿐만 아니라 외부 환경도 성장 전략의 변화를 요구하기 시작한 것이다.

성장 전략 전환은 산업 고도화의 채찍

그 결과가 중국의 12차 5개년 계획 2011~16년을 통해 구체화된 이른바 '성장 전략의 전환'이다. 2013년 출범한 시진핑 習近平 정부는 바로 그 전환을 본격적으로 수행하게 된다. 성장 전략의 전환이란 불안한 수출과 투자에 지나치게 의존하지 않고, 주민들의 소득을 높이고 소비 성향을 높여 내수 소비를 새로운 성장 기반으로 만들겠다는 뜻이다. 그래야만 중국이 안고 있는 불균형도 해소할 수 있고 공산당의 집권 기반도 강해진다는 생각이다. 말하자면 선성장 후분배가 아니라 분배를 통한 성장을 하자는 것이다. 기업의 이윤 증가가 투자를 이끄는 성장profit-led growth에서 소득의 증가가 소비와 투자를 촉진하는 성장income-led growth으로 전환하자는 의미로 볼 수도 있다. 덩샤오핑이 개혁 개방을 시작하며 내세웠던 '선부론先富論'이 선성장 후분배론의 다른 이름이었다는 것을 생각하면, 지난 10년 동안의 고민과 모색을 거쳐서 이제 중국의 발전 전략의 방향이 크게 바뀌고 있다고 볼 수도 있다.

이 성장 전략 전환의 또 다른 축은 산업 고도화이다. 소비가 성장의 동력이 되려면 먼저 소비할 수 있는 돈, 즉 소득이 늘어나야 한다. 그런데 가계의 대부분은 임금생활자들이기 때문에 개인의 소득을 늘리려면 기업이 임금을 올려 주어야 한다. 중국 기업들이 임금을 올려 주려면 어떤 변화가 있어야 할까? 단기적으로는 정부가 강력하게 개입하거나, 노동조합 등 노동자의 힘이 커지면 임금이 어느 정도 올라갈 수 있다. 그렇지만 장기적으로 임금이 높아지려면 무엇보다 기업이 돈을 더 많이 벌어야 한다. 그러기 위해서는 먼저 중국 기업들이 저임금 노동집약적 산업에서 탈피해야 한다. 서구의 기술과 브랜드의 하청기업으로서 저렴한 노동력만을 제공하는 산업 수준으로는 돈을 벌기도 어렵고 높은 임금을 줄 수도 없다. 따라서 기업이 산업을 고도화하여 노동 생산성을 더 높여야 한다.

중국 정부가 강조하는 '성장 전략의 전환'이란 바로 이 변화를 위에서부터 촉진시키는 것이다. 즉 기업들이 더 적극적으로 산업 내에서 자신의 지위를 고도화하지 않고는 생존할 수 없는 사회적 조건을 정부가 앞장서서 만들어 경제 성장의 사이클을 바꾸겠다는 것이다. 정부가 최저임금의 인상 등을 통해 소득 증대와 임금 인상을 강조하면, 기업은 그 임금 인상을 감내하고 살아남기 위해서 적극적으로 산업 구조를 고도화해야 한다. 특히 노동집약적인 가공공정에만 머물러서는 안 되고, 그동안 해외에서 수입하던 기계, 원자재, 부품 등 고부가가치 부문을 중국 기업들이 직접 담당하여 이윤을 창출할 공간을 확대해야 한다.

물론 산업 고도화가 새로운 구호는 아니다. 발전도상국이라면 어느 나라나 자신의 산업 구조를 고도화시키고 싶어 한다. 중국 역시 1990년 대 초부터 5개년 계획을 포함한 각종 정책을 통해 산업의 고도화를 추구해 왔다. 그렇지만 지금까지 중국 정부가 추진했던 산업 고도화란 산업 고도화에 대한 정부의 지원이었다. 특정 산업 분야에 대한 투자를 유도하거나 정부가 나서서 관련 시장을 창출하거나 정부 재원으로 기술 개발을 지원하는 것 등에 한정되었던 것이다. 즉 기업 입장에서 보면 채찍보다는 당근에, 압력보다는 유인誘引, incentive에 가까웠다.

반면 최근 중국이 표방하는 성장 전략의 전환은 산업 고도화를 추구하는 데 있어, 당근을 버리고 채찍을 드는 효과가 있다는 데 가장 중요한 의의가 있다. 이제 중국 기업들은 전례 없는 산업 고도화의 압력에 직면하게 되었다. 공산당 정부가 주도하는 임금 인상과 소득 증대의 압력 속에서 시장의 구조 자체가 산업 고도화 없이는 기업이 생존하기 어려운 상황으로 바뀌게 되는 것이다. 새로운 성장 전략 아래서 산업 고도화는 하면 좋고 안 해도 그만이 아니라, 하지 않으면 안 되는 필수조건이다. 이것이 바로 중국 산업의 변화가 앞으로 한층 빨라질 것이라고 점쳐지는 이유이다.

한국이 직면한 도전

개혁 개방 이후 중국이 '세계의 공장'으로 부상하는 동안 한국의 산업과 기업은 그 공장에서 사용되는 원자재와 부품을 공급하면서 큰돈을 벌었다. 중국의 부상이 우리 경제에는 일종의 축복이었던 것이다. 그렇다면 중국의 '성장 전략의 전환'과 함께 앞으로 나타날 변화는 우리에게 좋은 일일까?

중국이 추진하고 있는 성장 전략의 전환을 경제 성장의 수요 측면에서 보면 투자와 수출에 의존하던 성장을 민간 소비에 더 많이 의존하는 성장으로 만들겠다는 것이다. 이는 중국을 세계의 공장에서 점차 '세계의 시장'으로 변모시킬 것으로 기대된다. 원래 세계의 시장 노릇을 해온 나라는 미국이었다. 그 미국을 중국이 따라잡게 될지 모른다. 실제로 핵심적인 분야에서 그러한 변화가 일어나고 있다. 중국은 2009년 미국을 제치고 세계 최대의 승용차 시장으로 부상했다. 13억 인구가 11억 대의 휴대전화를 쓰고 있는 세계 최대의 IT 제품 시장이기도 하다.

중국이 세계의 시장이 된다는 것은 중국이 또 하나의 미국이 된다는 것과 같다. 한국에서 비행기로 한 시간도 안 되는 거리 안에 새로운 미국이 생긴다면 당연히 우리에게도 좋은 일이다. 지금까지 한국 기업들이 중국이라는 '공장'에 원자재와 부품을 팔아왔다면, 이제 13억 명이 넘는 중국의 소비자들에게 직접 한국산 제품과 한국인의 서비스를 공급하게 된다는 뜻이니 이보다 더 좋을 수는 없다.

하지만 경제 성장의 공급 측면, 또는 산업 간의 경쟁이라는 시각에서 보면 다른 방향의 변화가 일어난다. 성장 전략의 전환과 함께 앞으로 중국의 산업 구조 고도화 속도는 훨씬 더 빨라질 것이다. 특히 수출 산업에서 기업의 부가가치를 높이기 위해서는 그동안 수입에 의존하던 외국산 기계, 원자재, 부품 등을 made in China로 대체해야만 한다. 이전까지 한국의 물건을 사다 쓰던 중국 기업들이 이제 그 물건들을 스스로 만들게 된다. 과거에는 한국의 산업과 중국의 산업이 중국의 연해 지역 공단에서 일어나는 국제적 분업을 통해 서로 협력했다면, 이제 같은 제품과 같은 시장을 놓고 서로 경쟁하는 사이가 될 것이라는 말이다.

그런데 한국과 경쟁하게 될 중국의 산업은 강력한 경쟁력을 갖고 있다. 우선 가격 경쟁력이 세계 최고 수준인데, 그 원천은 싼 임금만이 아니다. 오히려 2012년 중국 일인당 GDP는 6,100달러에 달하고 만 달러를 향해 나아가고 있다. 고소득이란 고임금의 다른 이름이기도 하다. 중국의 싼 임금이 주는 매력은 점차 사라지고 있다. 소득을 높여 소비를 촉진하겠다는 정책 방향 역시 저렴한 임금이 주는 경쟁력을 포기하고서라도 소비시장을 키우겠다는 뜻이기도 하다. 하지만 임금이 상승하더라도 중국의 제조업은 여전히 막강한 비용 경쟁력을 갖고 있다. 지난 수십 년 동안 베이징, 상하이, 산둥, 광저우 등 중국의 해안 지역에 형성된 다국적 제조업체들의 조밀한 생산 네트워크는 중국의 가격 경쟁력을 유지시키는 새로운 경쟁력 기반을 형성했다. 집적의 효과가 나타난다는 것이다. 또한 거대한 국내외 시장을 활용할 수 있는 중국이야말로 규모의 경제를 통한 비용절감의 최적지이다.

가격뿐 아니라 품질 면에서도 더 이상 '중국산'은 저급 제품의 대명사가 아니다. 다국적기업의 활동 덕분이다. 첨단기술과 디자인의 총아로 불리는 아이폰iPhone의 최대 조립 기지는 중국이다. 중국이 세계 최대 시장으로 부상함에 따라 다국적기업들은 더 이상 중국에서 한물간 제품을 생산하지 않는다. 점점 더 많은 영역에서 가장 앞선 제품이 중국에서 생산되어 중국에서 출시된다. 자동차 산업이 대표적인 예로, 선진국 할인매장에 전시되는 저가의 중국산과 이미 생산기지를 가장 큰 시장인 중국으로 옮긴 다국적기업의 첨단 중국산 제품이 공존하고 있다.

변화된 기회의 활용

결국 수요 측면에서 중국 내수 시장의 본격적인 성장과 공급 측면에서 중국의 본격적인 산업 고도화라는 상반된 변화에 적응하는 것이 한국의 과제이다. 중국의 변화는 그동안 한국이 중국과의 경제 협력에서 직면했던 '기회'와 '위협'의 내용을 변화시킨다.

기회의 측면에서 보면 중국의 수출용 중간재 시장이 아니라, 중국 내수 시장 자체의 성장이 새로운 기회의 원천이 되고 있다. 중국 내수용 소비재, 자본재, 원자재, 중간재의 수요가 늘어난다는 것이다. 중국의 변화가 워낙 거대하고 장기적이라는 점을 고려한다면, 여기에 잘 대처함으로써 한동안 먹고살 좋은 밑천을 만들 수도 있을 것이다.

그런데 문제가 있다. 한국이 그동안 중국과 맺어온 무역 구조는 중국 내수 시장의 성장을 충분히 활용할 수 있는 형태가 아니었다. 예를 들어 2010년 한국의 중국에 대한 수출 중에서 최종적으로 중국 시장에서 소비되는 제품의 비중은 32.7%에 불과했다. 나머지 70% 가까이는 중국에서 가공 단계를 거친 후 다른 해외 시장으로 수출되는 원자재나 중간재였다. 한국의 대중 수출은 중국이라는 '공장'에 최적화된 구조였다는 이야기이다. 반면 전통적인 제조업 강국인 독일의 경우 중국 내수 시장에서 직접 소비되는 제품의 비율이 77.9%에 달한다. 미국은 62.5%, 일본은 50.6% 수준이다. 즉 앞으로 중국 내수 시장이 커질 때 가장 큰 수혜자는 이미 중국 내수 시장에 깊숙이 침투해 있는 이들 전통적인 선진 산업국들이 될 것이다. 중국 내수 시장이라는 새로운 기회가 열리고 있는 것은 맞지만 그것을 활용하기 위해서는 한국에게도 변화가 필요하다.

한국은 중국 내수 소비시장의 성장을 잘 활용할 수 있는 유리한 조건들을 갖추고 있다. 한국과 중국의 문화적 유사성은 그러한 조건의 하나이다. 문화적 유사성은 쉽게 소비의 유사성, 시장의 유사성으로 연결될 수 있다. 중국에서 불고 있는 이른바 '한류韓流'가 그 가능성을 잘 보여준다. 즉 과거 한중 양국 간의 문화적 유사성이 주로 유교 문화나 한자 사용 등 역사적 유산과 관련된 것이었다면, 21세기에는 대중문화와 유학생과 관광객 등 광범한 인적 교류를 바탕으로 새로운 유사성이 형성되고 있다.

대중문화에서의 새로운 유사성은 한중 경제 협력의 새로운 촉진제가 될 수 있다. 이는 특히 내수 소비시장의 핵심이 서비스 시장이라는 측면에서 중요하다. 실제로 중국 중산층 소비자의 지갑에서 나가는 돈 중에서 50% 이상이 교통, 통신, 건강, 교육, 문화, 여행, 오락 등 각종 서비스 지출로 이루어진다. 그리고 서비스의 소비와 공급은 사람들의 대면對面 접촉을 통해 이루어진다. 그런데 한국이야말로 13억 중국인과 직접 대면 소통하는 데 있어 가장 강력한 지적 인프라를 갖고 있다. 가령 한국은 세계에서 가장 많은 중국어 소통 가능 인구를 가진 나라이다. 200만 명에 달하는 재중교포를 차치하고라도, 1992년 수교 직후부터 한국은 중국에 가장 많은 유학생을 보내는 나라이다. 지금도 6만 명이 넘는 한국 유학생이 중국에서 공부하고 있다. 국내에서도 150개가 넘는 중국 관련 학과에서 중국어 및 중국학 전공자들을 배출하고 있다. 이 과정에서 수십만 명의 한국인들이 중국어를 익히고, 관련 업종에 종사하고 있다.

참여와 차별화

중국의 산업 고도화라는 새로운 위협에 대응하는 것은 훨씬 어렵다. 중국에서의 산업 고도화 및 기업 성장이 한국이 지금 주력하고 있는 자본집약적 장치 산업으로 진전되면, 중국은 그동안 한국 등에 의존하던 원자재, 중간재의 수입을 국내산으로 대체하고, 수출 시장에서도 수출 고도화를 통해 한국과 경합하는 제품을 점점 더 많이 수출할 것이다. 여기서 양국이 상생할 수 있는 해법을 찾기란 쉽지 않다.

해법의 출발점은 한국이 달성 가능한 목표를 정확히 설정하는 데에서 출발한다. 우선 중국의 산업 고도화는 불가피하고 이를 저지하거나 지연시킬 수단이 없다는 점을 분명히 인식해야 한다. 물론 중국의 산업이 언제까지나 한국 산업에 의존하고, 한국 산업의 하위 파트너로 남아주면 좋겠지만 그것은 불가능한 기대이다. 우리는 중국의 산업 고도화 과정이 우리나라 산업 성장에 도움이 되도록 하는 새로운 산업 협력 시스템을 구축해야 한다.

그 핵심은 참여와 차별화이다. 과거의 경험이 좋은 참고가 될 수 있다. 지난 20년간 한국은 중국의 수출 산업화 과정을 매우 잘 활용할 수 있는 협력 구조를 만들어 낸 바 있다. 특히 한국의 기업들은 직접 중국의 수출 산업에 투자하고 현지에서 생산해서 수출함으로써 사실상 중국 수출 산업의 중요한 주체가 되었다. 삼성, LG와 같은 대기업들은 특히 전자, IT, 반도체 등의 분야에서 중국에 수출용 생산기지를 구축하는 데 성공했다. 중소기업들 역시 중국으로 생산기지를 이전하여 비용을 절감함으로써 제품의 라이프 사이클을 연장하고 국내 구조 조정의 충격을 줄였다. 그런 의미에서 중국의 수출 산업화는 한국 기업과 산업에 위협이 되었다기보다는 동반성장의 기회를 제공했다.

중국의 내수 지향형 산업 고도화에서도 유사한 구조를 만들어 내야 한다. 즉 중국에서 앞으로 성장할 자본집약적 중화학 장치 산업 분야에서도 앞선 투자 경험과 우수한 생산 기술을 가진 한국 기업들이 활발하게 투자하고 참여해야 한다. 피할 수 없다면 적극적으로 참여하는 것이 중국의 산업 고도화가 우리에게 주는 충격을 줄이고, 그 안에서 더 많은 협력의 기회를 만들어 낼 수 있는 방법이다. 실제로 석유화학, 자동차, 반도체 산업 등에서 유사한 협력이 현실화되고 있다. 각 분야에서 많은 한국 기업들이 중국의 해당 산업을 선도하고 있다. 중국의 내수 시장이 커질수록 기업들은 더 많은 기회를 활용할 수 있을 것이다.

한편으로는 한국의 산업 고도화의 방향이 바뀌어야 한다. 중국의 산업이 고도화되면 한국의 산업과 중국의 산업은 더 많이 경합하게 될 것이다. 그런데 중국과 동일한 산업과 제품에서 중국에 대한 가격과 품질 경쟁력을 확보하는 것은 갈수록 어려워진다. 그 돌파구는 차별화에서 찾아야 한다. 중국과 경쟁하려고 하지 말고, 중국의 산업에 대해 지속적으로 차별화할 수 있는 전략을 마련해야 한다.

전통적으로 후발국의 산업 추격에 대처하는 방식은 '가일층의 고도화'이다. 경쟁자보다 더 빨리 더 자본집약적이고 더 기술집약적인 방향으로 자국의 산업을 업그레이드해야 한다. 그런데 산업 고도화를 경공업, 중화학공업, 첨단 산업, 서비스업으로 나아가는 단선적인 과정으로 인식하게 되면 고도화가 진행될수록 발전 공간이 자꾸 줄어들게 되는 문제가 있다. 특히 한국은 산업 구조상 전통적 제조업 경쟁력을 상당 기간 유지해야 하는 나라이다. 중국이 추격한다고 해서 온 나라가 첨단 산업과 서비스 산업을 할 수는 없다. 더구나 첨단 산업과 서비스 산업에는 그동안 강력한 경쟁력을 구축한 선진국들이 이미 자리 잡고 있다. 사실 이런 상황이야말로 전형적인 샌드위치이다.

그렇다면 단선적인 산업 고도화의 통념을 넘는 차원에서 중국 산업과의 차별화는 어떻게 가능할까? 그 시작은 '산업' 단위에서 '부가가치 활동' 단위로 산업 활동에 대한 인식을 바꾸는 것이다. 즉 산업이 아니라 각 산업 안에서 실제 경제 주체들이 수행하는 활동 내용을 기준으로 산업 활동을 바라보아야 한다. 즉 똑같은 신발 산업 내에서도 단순히 공임을 받고 외피를 밑창에 재봉하여 실내화를 만드는 단순 가공, 다수의 원부자재를 조달하여 운동화를 만드는 조립 제조, 최고의 숙련 기술을 갖추고 고급 수제화를 생산하는 프리미엄 제조, 패션을 선도하는 숙녀화를 만드는 디자인 활동, 고어텍스처럼 새로운 소재를 개발하여 적용하는 연구개발, 신뢰와 마케팅을 통한 명품 브랜드 창출, 워킹 전용 신발이나 치료용 신발과 같이 존재하지 않던 새로운 가치와 시장을 창조하는 활동 등 다양한 차원에서 부가가치 활동이 나타날 수 있다.

이런 시각에서는 신발 산업이 노동집약적 경공업이며 사양 산업이라는 과거의 인식이 자리 잡을 틈이 없다. 동일 산업 내에서 최첨단의 부가가치 활동부터 단순 임가공에 이르는 다양한 활동이 존재할 수 있다. 중국과의 차별화는 바로 이러한 인식 수준에서 진행되어야 한다. 그래야만 지속적인 차별화 속에서도 우리 산업의 활동 공간이 좁아지지 않는다. 경공업부터 첨단 산업에 이르는 전 분야에서 중국에서 이루어지는 부가가치 활동보다 한 단계 높은 부가가치 활동이 한국에서 한국인의 손으로 이루어지도록 해야 한다. 이렇게 하면 한국이 중국에게 한발 앞설 공간도 늘어난다.

이렇게 부가가치 활동을 중심으로 산업 활동을 인식하면 각각의 활동에서의 경쟁력을 구성하는 요소들 또한 훨씬 다양하게 발굴된다. 단순 가공에 필요한 경쟁력이 저임금 노동력이라면, 조립 제조에서는 조달망 관리, 품질 관리와 같은 생산 관리 능력이 중요한 경쟁력이 된다. 프리미엄 제조에서는 숙련이나 장인정신을 배양하는 교육 시스템이 중

요한 경쟁력이다. 나아가 전통이나 신뢰와 같은 더 넓은 범위의 미덕들
또한 산업 경쟁력으로 재해석될 수 있다. 최근 강조되고 있는 창의력의
중요성은 두말할 나위도 없다.

그런 의미에서 중국의 부상에 대한 고민은 사실은 한국 사회의 변화
방향에 대한 고민이라고 할 수 있다. 중국의 경제적 부상은 국제분업과
경쟁이라는 매개를 통해 최종적으로는 한국 사회의 근본적인 전환을
요구하고 있다. 다양한 가치를 존중하는 사회 분위기, 우수한 인재를
조기 발굴하여 양성하는 수월성 교육과 함께 개개인의 숙련 형성을 강
조하는 직업 교육, 신뢰의 문화 형성 등을 포함하는 한국 사회의 전반
적인 변화 없이는 중국의 부상에 성공적으로 대응하기 어렵다.

표 1. 산업과 부가가치 활동의 매트릭스

활동(경쟁 요소)	경공업	중화학공업	첨단 산업	서비스 산업
시장 창조자 (가치 창조, 시장 지배)	레고 블럭	우주, 항공, 군수	구글, Apple	MS, 아바타
브랜드 (전통, 신뢰)	나이키, 코카콜라 명품 류	BMW, 3M	IBM	하버드, 매킨지
연구개발 (지식 응용의 체계화)	신소재, 신기술 응용 제품	에너지 절약 기술, 신소재, 자동화	반도체, 디스플 레이, 신약개발	투자은행, 미국 대학
디자인, 기획 (창의력)	패션 산업 고급 도서	크루즈 선	iPhone	영화, 연예 산업
프리미엄 제조 (기술력, 장인정신)	이탈리아 의류 산업, 와인(주류), 한식, 스포츠 용품	독일과 일본의 기계 화학 산업, 고부가가치 선박	프리미엄 IT, 정밀화학, 기계 의료기기	금융, 법률, 의료, 맛집
조립 제조 (조달망, 품질관리)	일반 의류, 신발	전자, 기계 조선	부품 조립	DHL, 인도 서비스 산업
단순 가공 (저임금)	섬유, 봉제, 플라스틱, 식품	철근, 시멘트 등 범용 소재	부품 가공	식당

실사구시
한국경제

북한이라는 이웃과
함께 사는 법

김석진 (산업연구원 연구위원)

북한 문제를 대하는 출발점

많은 사람들이 대한민국의 미래를 좌우할 가장 중요한 변수 중 하나로 북한을 꼽는다. 언제가 될지 모르지만 남북한이 하나로 통일될 날이 온다고 생각하기 때문이다. 북한이 어떻게 변하느냐, 그래서 언제 어떤 방식으로 통일이 이루어지느냐에 따라 남북한 사람들 모두의 삶은 큰 영향을 받게 될 것이다.

북한 문제는 진보와 보수 또는 좌파와 우파의 의견이 가장 첨예하게 맞서는 주제이기도 하다. 하지만 정치적 색깔과 상관없이 정치가들과 정책 결정자들이 북한을 보는 시각에는 중요한 공통적 전제가 있다. 북한 사람들은 남이 아니라 우리 가족이라는 생각이 그것이다. 보수는 북한이 어서 빨리 망해 통일이 이루어지기를 바란다. 진보는 서로 사이좋게 지내며 서서히 통일을 이루자고 말한다. 접근 방법에는 차이가 있지만 최종 목표는 같다. 아니 어떤 면에서는 방법에도 공통점이 있다. 우리가 개입해서 북한의 미래를 바꾸고 통일을 이루어야 한다고 생각하는 것은 보수든 진보든 마찬가지이다.

나는 남한 사람들의 이러한 태도가 북한 문제를 푸는 데 큰 걸림돌로 작용하고 있다고 생각한다. 나도 물론 북한이 언젠가는 우리 가족이 되기를 희망한다. 하지만 그 언제가 오기까지는 아주 오랜 시일이 걸릴 것이다. 그때까지는 북한이 어디까지나 우리 가족이 아니라 이웃에 지나지 않는다는 사실을 인정하고 사는 것이 더 현명하지 않을까? 하루라도 빨리 북한을 우리 가족으로 만들고 싶다는 소망에 집착하다 보면 비현실적인 생각에 빠져 지혜롭지 못한 정책을 펴게 될 가능성이 높다.

내 식구, 내 자식도 내 마음대로 되지 않는 것이 세상사이다. 내 마음대로 하려다 보면 갈등이 불거지고 서로 엇나가기 일쑤이다. 그러니 서로가 독립된 개체임을 인정하고 적당히 거리를 유지할 필요가 있다. 하물며 이웃은 말할 것도 없다. 나는 북한의 미래를 우리가 좌우할 수 있다는 생각부터 버리는 것이 북한 문제를 대하는 출발점이 되어야 한다고 생각한다. 북한의 미래를 결정할 주체는 어디까지나 북한 사람들이다.

북한이 망한다면 어떤 통일이 올까?

북한이 우리 가족이 아니라 이웃임을 인정하자는 내 주장은 북한이 망해도 유효하다. 북한이 망해도 우리 가족이 될 수 없다고? 그럼 통일이 안 된다는 이야기인가? 그건 아니다. 다만 통일이 되더라도 낮은 수준의 통일만 가능하다는 뜻이다. 통일이 되더라도 남북한 사람들은 완전히 남남은 아니지만 그렇다고 완전히 한 가족이 되지도 않는 중간적인 상황에 머무르게 될 것이다.

많은 사람들이 남북한의 통일을 상상할 때 독일 통일을 염두에 둔다. 독일은 베를린 장벽이 무너진 지 1년도 채 되지 않아 완전한 국가 통일을 이루었다. 정치, 경제, 사회의 거의 모든 면에서 서독과 동독은 동일한 제도를 가진 하나의 나라가 되었고, 서독과 동독 사람들은 한 가족이 되었다. 하지만 한반도에서 이런 독일식 통일이 이루어질 가능성은 사실상 제로에 가깝다. 통일 전의 동서독과 오늘의 남북한이 처한 여건은 너무도 다르기 때문이다.

무엇보다 남북한의 소득 격차가 너무 큰 것이 문제이다. 통일 전 동독의 소득 수준에 대해서는 여러 가지 설이 있지만, 가장 권위 있는 연구 결과에 의하면 서독의 절반 정도였다고 한다. 통일을 전후한 혼란기에 동독 경제는 더 망가져서 통일 직후 동독의 1인당 국민소득은 서독의 3분의 1로 떨어졌고 이 상태에서 출발해서 동독 경제의 재건이 이루어졌다. 오늘날 남북한의 소득 격차는 이보다 훨씬 크다. 북한의 1인당 국민소득은 남한의 10분의 1에도 못 미치는 것이 확실하고 아마도 20분의 1에 가깝다는 설이 유력하다. 게다가 동독 인구가 서독의 4분의 1

에 지나지 않는 데 비해 북한 인구는 남한의 2분의 1이나 된다.

독일의 경우와 정반대의 극단은 중국과 홍콩의 사례에서 찾을 수 있다. 홍콩이 중국으로 반환된 1997년 당시 홍콩은 이미 선진국이었고 중국은 아직 후진국에 불과해서 둘 사이의 소득 격차는 남북한의 경우와 비슷했다. 인구 비율은 그야말로 정반대여서 중국 본토 인구가 홍콩의 190배에 달했다. 이런 여건 때문에 중국은 형식적으로는 홍콩을 흡수 통일했지만 실제로는 그 이전과 비슷한 분단 상태를 계속 유지했다. 이른바 '일국양제' 식 통일이다. 과거보다 더 교류가 활발해지기는 했지만 중국과 홍콩은 별개의 사회제도를 가진 서로 다른 나라로 살고 있다. 중국과 홍콩은 화폐도 다르고 사회복지제도와 재정도 분리되어 있으며, 심지어 정치제도까지 달라서 홍콩 사람들은 의회 민주주의에 기초한 자치정부를 가지고 있다. 또한 중국 사람들이 마음대로 홍콩으로 이주할 수도 없다. 중국과 홍콩은 말로는 통일했다고 하지만 여전히 한 가족이 되지 않은 채 서로를 이웃으로 여기며 살아가고 있는 셈이다.

나는 한반도의 통일은 독일식과 중국·홍콩식의 중간 유형이 될 가능성이 높다고 생각한다. 북한이 망했는데도 중국·홍콩처럼 완전히 남남인 상태로 지낼 수 있을 것 같지는 않다. 그렇다고 독일처럼 한 가족이 되기도 어렵다. 개념을 정의하는 것이 쉽지는 않지만, 나는 이런 경우를 '낮은 수준의 연방제 통일'이라고 부르고자 한다. 여기서 재차 강조하고 싶은 것은 통일 유형은 정치가들이나 국민들이 원하는 대로 선택할 수 있는 것이 아니라는 점이다. 아무리 소망해도 구조적 여건상 어쩔 수 없는 문제가 있다. 이 점을 독일 통일의 경우와 대비해 살펴보자.

사회복지제도와 통일비용

한반도에서 독일식 통일이 불가능한 가장 중요한 이유는 사회복지제도 통합 문제에서 찾을 수 있다. 사회복지제도의 요체는 고소득층에서 저소득층으로 소득을 재분배하는 것이다. 북한 사람들 대부분은 절대 빈곤층에 해당한다. 따라서 통일 후에 사회복지제도를 통합한다면 남한 사람들의 소득을 북한 사람들에게 나누어 주어야 한다. 독일의 경우에는 사회복지제도를 통합해서 동독 사람들에게 서독 사람들과 동등한 사회복지 혜택을 주었다. 그 결과 독일 정부는 통일비용의 4분의 3을 복지비용으로 써야 했다. 독일 정부가 지출한 통일비용은 매년 서독 국민소득의 4~5% 정도였는데, 이는 결국 서독 사람들이 동독 사람들을 위한 복지비용으로 매년 국민소득의 3% 이상을 나누어 주었다는 것을 의미한다.

만약 남북한의 사회복지제도를 통합한다면 얼마나 비용이 들어갈까? 소득 수준에 큰 차이가 나는 두 지역을 통합할 때, 고소득 지역이 부담해야 할 복지비용은 두 지역 간 소득 격차가 클수록, 그리고 고소득 지역 대비 저소득 지역 인구 비율이 높을수록 더 커진다. 따라서 사회복지제도를 통합할 경우 남한 사람들은 서독 사람들보다 훨씬 큰 부담을 지게 될 것이 분명하다.

가장 기본적인 제도인 기초생활보장제도만 해도 어마어마한 비용이 필요하다. 기초생활보장제도는 소득이 최저생계비에 못 미치는 절대빈곤층에게 생계, 교육, 의료, 주거비를 지원해 주는 제도이다. 남북한 소득 격차를 감안할 때 이 제도를 그대로 북한에 적용하면 북한 주민 대다수가 기초생활보장 수급자가 될 것으로 예상할 수 있다. 현재 남한의 기초생활보장 수급자는 약 150만 명이며, 2012년 기초생활보장 예산은 약 8조 원이다. 북한 인구가 2,400만 명을 넘으니 북한 주민 대다수에게 기초생활보장을 해 주려면 매년 100조 원이 넘는 돈이 필요할 것이라는 계산이 나온다. 100조 원만 해도 남한 국민소득의 약 8%에 해당한다.

기초생활보장 외에도 4대 사회보험 국민연금, 건강보험, 고용보험, 산재보험을 비롯한 다른 여러 복지제도가 있고 의무교육 등 공공 서비스 지출도 필요하다. 게다가 전력, 도로, 철도 등 인프라 투자비용과 그 밖의 각종 지원 비용도 많이 들어갈 것이다. 이런 비용을 모두 합하면 남한 국민소득의 15%를 훌쩍 넘어갈 가능성이 높고, 어쩌면 20%를 넘게 될지도 모른다. 이런 엄청난 비용은 통일 초기에만 들어가는 것이 아니다. 남북한 소득 격차를 충분히 좁히는 데는 적어도 수십 년의 세월이 걸릴 것이고, 따라서 통일비용도 수십 년 동안 계속 필요할 것이다. 이 정도 통일비용을 실제로 지출한다면 통일 한국의 재정은 파탄 상태에 빠질 가능성이 매우 높다.

따라서 처음부터 완전 통일 방식을 선택하는 것은 통일비용 문제 때문에 사실상 불가능함을 쉽게 알 수 있다. 국민소득의 몇 % 정도는 정부가 세금도 더 걷고 국채도 발행하는 등의 방법으로 확보할 수 있지만, 15%나 20% 또는 그 이상을 추가로 조달하는 것은 도저히 불가능하기 때문이다. 더욱이 통일 초기 몇 년 만이라면 어떻게 해 볼 수 있을지 모르지만 수십 년씩 그렇게 할 수는 없다.

이런 식의 통일비용 지출이 가능한 상황은 딱 하나밖에 없다. 남한 사람 모두가 나눔 천사가 되어 기꺼이 세금을 두 배씩 내는 것이다. 하지만 남한 사람들은 그럴 생각이 전혀 없어 보인다. 여러 여론조사가 보여 주듯이 대다수 남한 사람들은 통일에 찬성한다고 하면서도 통일비용은 아주 조금밖에 못 내겠다고 한다. 따라서 실제 통일 상황이 온다면 북한 사람들에게는 북한 실정에 적합한 별도의 사회복지제도를 적용할 수밖에 없게 될 것이다. 즉 북한 사람들이 국가로부터 받는 복지 혜택은 남한 사람들이 받는 것보다 훨씬 낮은 수준이 될 수밖에 없다. 복지제도에 관한 한, 북한 사람들은 2등, 아니 3등이나 4등 시민 취급을 받게 된다는 뜻이다.

남북한의 사회복지제도를 차별하는 것은 헌법에 위반되는 불공정한 일이 아닐까? 대한민국 헌법은 모든 국민은 평등하며 생활의 모든 영역에서 차별을 받지 않는다고 규정하고 있지 않은가? 따라서 이 문제를 해결하려면 새로운 통일헌법을 만들어 연방제 통일의 헌법적 근거를 만들어야 한다. 안된 일이지만 여건이 좋아질 때까지 남한 사람들과 북한 사람들 간의 평등을 유보할 수밖에 없다.

북한 사람들의 정치적 불만 문제도 있다. 통일이 되면 북한 사람들은 남한처럼 잘살게 될 것이라는 기대에 부풀 수 있다. 현실적으로 이런 기대가 충족되지 않으면 정치적 불만을 거세게 제기할 수도 있다. 하지만 불만이 있다고 해서 남북한의 복지제도를 통합할 수는 없다. 물론 남한과 동등하지는 않더라도 북한의 복지수준을 최대한 높여 주려는 시도를 해 볼 수 있는데, 그 경우에는 남한 사람들의 불만이 커질 수 있다. 남북한 사람들 간의 이런 이해갈등을 조정하여 원만한 통일 과정을 이끄는 것은 정치 지도자들이 감당해야 할 과제이다.

　나는 이 문제를 낙관하는 편이다. 현재 북한의 소득 수준이 너무 낮기 때문에 통일 이후에 비교적 작은 규모의 복지제도만으로도 북한 사람들의 생활수준은 급격히 상승할 수 있다. 게다가 북한 개발이 본격화되면 북한 자체에서 창출되는 소득도 계속 증가할 것이다. 중요한 것은 미래에 대한 희망이고, 북한 사람들이 희망을 갖게 되면 사회, 정치 상황도 안정될 것이다.

통일 후에도 따로 살기

　　　　　　　통일 방식을 선택할 때 또 하나의 중요한 문제는 인구 이동에 관한 것이다. 독일이 통일될 때 서독은 동독 사람들이 자유롭게 서독으로 넘어올 수 있게 허용했고, 넘어온 사람들이 서독에 잘 정착할 수 있도록 지원 정책까지 폈다. 남북한이 통일될 때도 그렇게 해도 될까? 언뜻 생각할 때 통일이 되면 북한 사람들은 당연히 자유롭게 남한에 와서 살 수 있어야 할 것 같다. 대한민국은 자유민주주의 국가이고 모든 국민은 거주이전의 자유를 가져야 하니까 말이다.

　하지만 너무 많은 북한 사람들이 한꺼번에 남쪽으로 몰려들어 사회적 혼란과 경제적 비용을 초래하지 않을까 하는 걱정이 앞서는 것도 사실이다. 못사는 나라 사람들이 잘사는 나라로 가서 살고 싶어 하는 것은 세계적 현상인데, 거의 모든 선진국은 개도국 사람들이 자기 나라로 들어오는 것을 제한하는 정책을 편다. 유입 규모도 제한하고 들어오는 사람들의 수준도 따진다. 자기 나라가 활용할 수 있고 감당할 수 있는 범위 내에서만 이민을 허용하는 것이다. 지금 남한에서도 동남아 등 외국인 노동자들이나 중국 동포들이 들어오는 것을 상당히 까다롭게 통제한다. 그런데도 제법 많은 외국인 노동자들과 중국 동포들이 들어와 있다.

만약 이런 통제가 전혀 없이 어느 날 갑자기 북한 사람들이 아무나 자유롭게 남한에 와서 살 수 있게 되면 여러 가지 문제가 발생할 것이다. 넘어온 사람들의 주거 문제와 도시 과밀 문제는 물론이고 남한의 노동시장에 주는 충격을 우려하지 않을 수 없다. 단기간 내에 일자리가 충분히 늘어나기는 어렵기 때문에 대량 실업이 발생할 가능성이 있다. 남쪽으로 넘어온 북한 사람들은 저임금 일자리에 취직하거나 실업자로 남게 되고, 그 영향을 받아 남한 사람들 중 일부도 봉급이 깎이거나 일자리를 잃을 수 있다. 이미 남한에 들어와 있는 많은 외국인 노동자와 중국 동포도 영향을 받게 될 것이다. 갑자기 한 지역에서 살게 된 남북한 사람들과 외국인 및 중국 동포 사이에서 심각한 갈등이 생길 수도 있다.

인구 이동이 북한에 미치는 영향도 남한에 미치는 영향 못지않게 심각한 문제가 될 수 있다. 북한의 가장 소중한 발전 잠재력은 값싸고 질 좋은 노동력이다. 그런데 자유로운 인구 이동이 가능해지면 진취적이고 유능한 사람들, 특히 젊은 여성들은 남한의 저임금 서비스 직종을

택할 가능성이 높고, 그 영향을 받아 북한 지역의 임금은 적정 수준 이상으로 오를 가능성이 높다. 이럴 경우 북한 지역에 대한 기업 투자가 한결 부진해지고 북한 지역의 경제 성장 속도도 느려질 것이다.

이런 여러 문제를 고려해서 통일 한국 정부는 북한 사람들이 너무 많이 남쪽으로 내려오지 않도록 통제하는 정책을 실시해야 할 것이다. 그렇다면, 어떻게 통제하는 것이 좋을까? 가장 확실한 방법은 북한 사람들이 남쪽으로 이주할 수 있는 자유를 박탈하고 물리적 통제를 실시하는 것이다. 쉽게 말해서 휴전선을 국경선으로 계속 유지하고, 북한 사람들에게 넘어올 수 없다고 공표하며, 그래도 넘어오려고 하는 사람들은 체포해 추방하는 방법이다. 이런 방식이라면 통일이 이루어진 것이 아니고 통일을 준비하는 과도기로서 분단 상황을 유지하는 것이라고 볼 수 있다.

북한이라는 주권국가가 사라지고 남북한이 정치적 통일을 한다면, 이런 극단적인 방법을 쓰기보다는 되도록 북한 사람들에게 이주의 자유와 선택권을 주는 것이 더 바람직하다. 그래서 흔히 거론되는 방안은 통일 한국이 북한 사람들에게 제공할 각종 혜택을 북한 사람들의 이주 여부와 연계하는 경제적 유인책이다. 예를 들어 북한에 머물러 있는 사람에게만 사회복지 혜택을 주고, 남한으로 이주한 사람은 아무런 혜택도 못 받게 하는 방안을 생각해 볼 수 있다. 북한의 주택과 농지를 사유화하여 북한 사람들에게 재산권을 주되, 남한으로 이주한 사람은 여기에서 배제할 수도 있다. 또한 북한 지역에 새로운 일자리를 많이 만들기 위해 북한 지역에 투자하는 남한 기업을 여러 모로 강력히 지원할 수도 있다. 이런 여러 정책을 함께 활용하면 남한으로 이주하는 사람들의 숫자를 크게 줄일 수 있을 것이다.

지금까지 이야기한 것을 종합해 보면, 어느 날 갑자기 북한이 망해도 독일식 완전 통일이 아니라 연방제 통일이 이루어질 것이라는 결론을 얻을 수 있다. 연방제에도 여러 가지 방식과 수준이 있을 수 있는데, 남북한 격차가 너무 크다는 점 때문에 통일 한국은 낮은 수준의 연방제 국가가 될 수밖에 없을 것이다. 연방을 구성하는 남북 두 지역의 사회복지제도와 재정은 분리 운영될 것이고, 남한이 북한을 위해 쓰는 통일 비용은 일정 범위 내로 제한될 것이며, 대부분의 북한 사람들은 북한에 머물게 될 것이다. 물론 언젠가 남북한 격차가 충분히 해소되면 남북한 통합의 수준을 크게 높일 수 있겠지만, 그렇게 되기까지는 아주 오랜 시일이 걸릴 것이다.

북한이 망하지 않은 이유

지금까지 말한 통일 방안은 북한이 망해야 의미 있는 이야기가 된다. 그럼 북한은 망할까? 내 생각으로는 앞으로 20~30년 정도는 망할 가능성이 별로 높지 않은 것 같다. 물론 내 생각이 틀릴 수도 있다. 옛 소련과 동유럽 사회주의 체제도 많은 사람들의 예상보다 훨씬 빨리 망했다. 하지만 내 생각이 맞을 수도 있다. 20년 전부터 많은 사람들이 북한이 곧 망한다고 생각했지만, 아직도 망하지 않았다. 왜 북한은 망하지 않았을까? 이유가 있을 것이다. 그 이유가 지금은 변하고 있는지, 그래서 앞으로는 망할 가능성이 있는지 따져 볼 필요가 있다.

북한이 곧 망할 것이라고 생각할 만한 사정은 분명히 있었다. 무엇보다 북한의 경제난이 너무 심해서 망할 수밖에 없을 것만 같았다. 북한은 김일성이 사망하고 난 뒤인 1990년대 중후반에 수십만 명이 아사한 대기근을 겪었다. 2000년 이후에는 사정이 조금 나아졌지만 여전히 만성적 식량 부족에 시달리고 있다. 이렇게 자기 국민을 제대로 먹이지도 못하는 나라가 어떻게 존속할 수 있느냐는 것이다. 하지만 경제 사정이 나빠졌다고 반드시 통치체제가 무너지는 것은 아니다. 세계적으로 보면 북한처럼 가난한 나라는 많다. 그런 나라들은 대개 무능하고 부패한 정권이 권력을 잡고 있는데, 이런 체제가 장기간 변하지 않은 경우가 많다. 때때로 정권이 무너지기도 하지만 곧바로 비슷한 성격의 다른 정권이 들어서서 국가체제는 계속 유지되는 것이 보통이다.

옛 소련과 동유럽 등 다른 공산당도 다 망했으니 북한 공산당, 즉 조선노동당도 역시 망할 것이라고 생각할 수도 있다. 게다가 남한이 북한보다 훨씬 잘사니까 북한 사람들이 남한에 대해 잘 알게 되면 북한 체제를 버리고 남한을 선택할 것 같기도 하다. 동독 사람들이 서독과의 통일을 열망했던 것처럼 말이다.

하지만 조금 더 깊이 따져 보면 사정은 그렇게 간단하지 않다. 옛 사회주의 국가들의 통치체제는 나라마다 지역마다 꽤 달랐다. 공산당에 대한 국민적 지지도, 정치적 및 이념적 자유화 정도, 외부 사회에 대한 정보, 공산당 내부의 결속 정도가 제각각 달랐다. 그래서 각국 공산당이 무너지는 과정, 그 후 새로운 체제가 구축되는 과정, 새로 들어선 체제의 성격이 모두 달랐다.

북한과 관련해서 주목할 점은 사회경제적 발전 수준이 낮은 나라일수록 권력집단과 통치체제의 단절성보다는 연속성이 더 강하게 나타났다는 사실이다. 예를 들어 옛 소련 및 동유럽 국가 중 가난한 나라들에서는 체제 전환 후에도 계속 옛 공산당 출신 관료와 정치가들이 권력을 잡고 있다. 비록 간판은 바꿔 달았지만 실제로는 공산당이 무너진 것이 아니라는 이야기이다.

국가권력이란 그렇게 만만한 것이 아니다. 특히 옛 사회주의 나라들은 사회 전체에 대한 전일적이고 강력한 지배체제를 구축했고, 그중에서도 북한 체제는 더욱 강력한 것으로 유명하다. 이런 체제를 민중 봉기만으로 무너뜨리기는 매우 어렵다. 이런 견고한 체제가 무너지려면 지배자인 권력집단 스스로 변화를 시도해야 한다. 옛 사회주의 나라들에서도 권력집단 내부에서 체제 변화를 갈망하는 사람들이 많이 생겨나고 그들이 대세를 장악함에 따라 체제 전환이 가능해졌다.

돌이켜보면, 옛 소련과 동유럽의 체제 전환은 프랑스 혁명이나 러시아 혁명 같은 사태에 비하면 놀랄 만큼 평화적이고 질서정연했다. 이는 기존 권력집단이 송두리째 쫓겨난 것이 아니라 그중 많은 사람들이 새로운 체제 수립을 주도하거나 이에 참여할 수 있었기 때문이다. 중국과 베트남의 공산당이 기존 사회주의 이념과 맞지 않는 개혁 개방을 추진할 수 있었던 것도 권력을 유지할 수 있는 정치적 역량과 자신감을 갖고 있었기 때문이다.

바로 이 점에서 북한이 아직 망하지 않은 이유, 그리고 앞으로도 상당 기간 망할 것 같지 않은 이유를 발견할 수 있다. 북한의 권력집단은 섣불리 변화를 시도하다가는 권력을 잃을 뿐만 아니라 완전히 나락으로 떨어질지 모른다는 공포심을 갖고 있는 것 같다. 그래서 지금의 통치체제와 지배이념을 유지하는 데 더욱 집착한다. 경제적으로는 어느 정도 변화를 시도하거나 인정하기도 하지만 정치적 통제는 여전히 철저하다.

그들이 이렇게 하는 가장 중요한 이유는 남한과의 대결 때문이다. 북한의 처지는 이 점에서 다른 모든 옛 사회주의 국가들, 심지어 동독과도 다르다. 동독이 사회주의가 된 것은 옛 소련에게 점령당했기 때문이고, 동서독 간의 관계는 그렇게까지 적대적이지 않았다. 동서독 사람들은 계속 서로 내왕하고 서로에 대해 잘 알고 있었다. 이와 달리 남북한은 참혹한 전쟁을 벌였고 지금도 기본적으로는 적대적 관계에 놓여 있다. 북한의 권력집단은 그런 비극을 주도한 원죄를 안고 있기까지 하다. 따라서 체제 전환 후에도 기득권을 상당 부분 유지할 수 있었던 옛 소련, 동유럽 공산당이나 통일 후에도 비교적 관대한 처분을 받고 통일 편익을 누리는 데 참여할 수 있었던 동독 공산당과 달리, 북한의 조선노동당은 두려움을 갖지 않을 수 없다.

남한 입장에서도 실제 통일 상황이 닥치면 이 문제를 처리하기가 쉽지 않을 것이다. 북한의 지배 계층을 어떻게 해야 하는가? 그들을 다시 북한을 통치할 공무원과 정치가로 기용해야 할까, 아니면 공직에서 배제해야 할까? 그들이 이제까지 저지른 죄를 따져야 할까, 아니면 모두

없던 일로 해 주어야 할까?

　북한의 권력집단에게는 자신들이 통치체제를 유지하느라 핍박해 온 많은 북한 사람들도 두려운 존재이다. 북한은 주민들을 여러 성분으로 분류해 관리했고 그중 나쁜 성분으로 분류된 사람들은 대를 이어 핍박을 받았다. 좋은 위치에 있었던 사람들 중에도 중간에 숙청당해 나락으로 떨어진 사람들이 꽤 있다. 따라서 지배체제가 무너지면 그동안 쌓인 원한이 분출될 가능성이 높다. 다른 사회주의 나라들은 이 정도로 정치적 갈등이 심하지는 않았다. 옛 소련은 수십 년 동안 무서운 스탈린주의가 지배했지만, 그 다음 수십 년 동안 점진적으로 정치적 억압이 완화되었다. 동유럽은 한층 더 자유로운 편이어서 북한과 비교하면 도저히 같은 체제였다고 볼 수 없을 정도였다. 북한이 다른 사회주의 나라들보다 더 억압적인 체제를 더 오랫동안 유지한 것은 역설적으로 그만큼 그들의 체제가 취약하고 통치에 대한 자신감이 없었기 때문이다.

　이런 사정 역시 남한과의 대결에서 비롯된 것이라고 할 수 있다. 남한에 대한 두려움 때문에 북한은 너무 무거운 군사비 부담을 졌고 폐쇄적이고 고립적인 정책을 고수했으며, 그 결과 더욱 가난하고 더욱 억압적인 사회를 만들어 내고 말았다. 결국 남한의 존재는 북한의 붕괴를 촉진한다기보다 오히려 체제 변화를 저해하는 요인으로 작용하는 측면이 더 강하다고 해야 할 것 같다. 북한의 보통 사람들은 남한에게 흡수통일되기를 바랄지도 모르지만, 권력집단은 이를 끔찍한 일로 생각할 것이다. 그리고 아직까지는 북한의 권력집단이 보통 사람들보다 훨씬 센 권력을 가지고 있다.

북한 사람들은 어떻게 살고 있나?

북한이라는 이웃을 어떻게 대할지 생각하려면 먼저 북한에 대해 잘 알고 있어야 한다. 북한은 도대체 어떤 사회일까? 북한 사람들은 어떻게 살고 있을까? 사회주의 체제를 기준으로 생각해 보면 북한은 이미 절반쯤 망했다고도 할 수 있다. 오늘날의 북한은 사회주의라고 불러도 되나 싶을 정도로 많이 변해 있다. 그러나 이렇게 변했기 때문에 생존할 수 있었고 지금도 또 그렇게 생존을 이어가고 있다.

뭐가 변했을까? 원래 사회주의 경제체제는 두 개의 구성 요소를 기반으로 한다. 하나는 생산적 자산, 즉 기업과 토지의 공적 소유제도이고, 다른 하나는 중앙집권적 계획경제이다. 오늘의 북한에서 첫 번째는 여전히 유지되고 있지만 두 번째는 사라졌다. 물론 과거에도 북한의 계획경제가 제대로 작동했던 것은 아니다. 계획경제를 운영하기란 너무 어려워서 북한뿐 아니라 다른 사회주의 나라에서도 제대로 작동하지 않았다. 따라서 실제로 존재했던 사회주의 경제는 계획경제였다기보다 명령경제였다고 말하는 것이 더 적절하다. 사회주의 체제에서 주요 경제 활동은 관료 기구의 명령과 통제 아래에 있었고 시장 거래는 제한적으로만 이루어졌다.

그런데 1990년대 초중반 이후 북한은 워낙 심각한 경제난을 겪어 경제 활동 중 많은 부분이 관료기구의 통제를 벗어나게 되었다. 많은 주민들이 이른바 '장마당'에서 시장거래 활동을 통해 생계를 이어가고 있고, 농업, 어업, 광업, 제조업 등 여러 부문에서 사적인 생산 활동이 나타나고 있는 것으로 알려져 있다. 이런 현상을 가리켜 흔히 북한에서도 시장경제가 출현했다고 말하기도 한다. 하지만 사유재산권이 없고 계약의 이행이 보장되지 않으며 사적인 기업 활동의 자유도 없다는 점에서 북한의 시장은 단지 비공식적이고 원시적인 시장에 불과하다. 또 여전히 생산적 자산의 공적 소유제도가 유지되고 있고, 국영기업이나 국가기관이 장악하고 있는 공식 경제가 있다. 이런 상황을 간단히 요약하면, 공식 경제와 비공식 경제로 구성되는 이중 구조가 성립해 있다고 말할 수 있다. 쉽게 말해서 오늘의 북한은 '반쪽짜리' 사회주의인 셈이다.

북한은 그렇게 살기 어려운데 왜 주민들이 권력에 저항하지 않을까 하고 의아해 하는 사람들이 많다. 민주주의에 익숙하고 북한의 철저한 통치체제를 모르는 서양 사람들은 특히 그렇다. 하지만 권력에 맞서는 것이 유일한 탈출구는 아니다. 북한의 보통 사람들에게는 알아서 먹고 사는 법을 찾는 것이 훨씬 자연스러운 일이었다. 계획체제가 무너져 내린 1990년대 초중반에는 어떻게 해야 할지 몰라 많은 사람들이 굶어 죽거나 큰 곤경을 겪었지만 어느 정도 시일이 흐르면서 나름의 생존법을 터득했다. 북한 사람들은 더 이상 국가에 기댈 수 없었기 때문에 사회주의로부터 벗어나는 '아래로부터의 개혁'을 감행한 것이다.

하지만 북한 사람들이 자생적으로 만들어 낸 비공식 경제는 영세하고 생산성이 낮은 생계형 활동이 대부분이다. 기업 활동의 자유가 없고 사유재산권이 보호되지 않으니 투자다운 투자를 할 수 없기 때문이다. 비공식 경제를 통해 간신히 먹고사는 문제는 해결할 수 있었지만, 본격적인 경제 발전을 기대하기는 어려운 것이 현실이다.

권력집단이 직접 장악하고 있는 국영기업이나 국가기관은 어떻게 살아갈까? 계획체제가 허물어졌고 많은 국영기업이 가동을 멈추었지만, 그래도 살아남은 기업들이 있다. 전력, 철도, 광산, 군수업체, 그리고 소비재 및 수출품 생산 기업 등이다. 이들은 국가가 여전히 통제하고 있다는 점에서 공식 부문에 속한다고 할 수 있는데, 이들이 살아가는 방법도 예전과 달라졌다. 국가 계획이 작동하지 않으니 이들도 시장거래를 많이 활용한다. 중국과 무역하기도 하고 자기들끼리 거래를 하기도 하며 비공식 경제의 장사꾼들과도 거래한다. 개인 사업자에게 경영을 위탁한 국영기업도 있다. 이런 경우는 사실상 사유화된 일종의 개인 기업이라고 볼 여지가 없지 않다. 하지만 이것도 어디까지나 고위 관료의 비호와 통제 아래에서만 가능한 일이므로 시장경제의 정상적인 사기업과는 거리가 멀다.

공식 부문의 생존 전략 중에서 가장 중요한 것은 외부 사회와의 교류이다. 옛날식 계획체제가 허물어진 후 북한의 국가재정은 파탄 상태에 빠졌다. 이 위기를 모면하기 위해 북한 정권은 제한적이나마 개방과 교류를 확대하는 조치를 취하지 않을 수 없었다. 북한 정권은 한편으론 원조를 받아내고 다른 한편으론 경제협력을 확대함으로써 통치체제 유지에 필요한 경제적 자원을 획득할 수 있었다.

대기근이 발생한 1995년 이후 북한은 중국과 남한, 미국, 일본 등으로부터 장기간 대규모 식량지원을 받았다. 이렇게 지원받은 식량 덕분에 북한은 배급제 붕괴로 혼란에 빠졌던 사회를 어느 정도 안정시킬 수 있었다. 중국으로부터는 매년 일정량의 원유를 공급받아 기본적 석유 수요를 충족시키고 있다.

각종 경제협력을 통해 획득한 외화 규모도 상당하다. 2000년대 초에는 현대그룹으로부터 거액의 대북 사업 독점권 대가 및 금강산 관광 대가를 받았다. 이렇게 받은 외화 현금은 북한의 최고위층에게 매우 유용한 통치자금이 되었을 것이다. 중국과 남한을 향한 수출도 2000년대 중반 이후 크게 늘었다. 주요 수출품은 무연탄, 철광석, 아연 등의 지하자원과 수산물인데, 특히 최근 몇 년 사이에 중국에 대한 자원 수출이 그야말로 급증세를 보이고 있다.

노동력은 또 하나의 중요한 외화 획득 원천이다. 남북 위탁가공과 개성공단이 대표적 사업이다. 북한 사람들이 남한 기업을 위해 일하고 노임을 받아가는 방식이다. 최근에는 중국 기업들과도 비슷한 방식의 사업을 벌이기 시작했는데, 앞으로 북중 접경 지역 개발이 본격화되면 그 규모는 점점 커질 것으로 보인다. 러시아를 비롯한 다른 나라에 노동력을 송출해 외화를 벌어오게 하는 사업도 꾸준히 하고 있다.

어떻게 보면 이런 식의 북한식 생존법은 그다지 독특한 것이 아니다. 세계의 많은 가난한 나라들이 살아가는 방법도 본질적으로는 이와 비슷하기 때문이다. 가난한 나라들은 시장경제를 뒷받침하는 법률과 제도를 제대로 갖추고 있지 못하기 때문에 시장경제의 활력을 누리지 못하고 있고, 그래서 가난하다. 또 가난한 나라들은 일반적으로 이중 경제 구조를 가지고 있다. 대다수 서민은 농촌경제나 도시 비공식 부문의 영세하고 생산성이 낮은 활동을 통해 생계를 이어간다. 권력집단은 수익성 높은 지하자원을 비롯해 기업다운 기업의 자산을 독점 관리해서 이익을 챙기고 통치자금을 확보하며, 그 과정에서 외국 기업을 적당히 활용한다. 국제사회의 원조를 받아내는 것도 중요한 방법이다. 사정이 이렇다 보니 사회의 양극화가 뚜렷이 나타난다. 대다수 서민은 무척 가난하지만, 수도를 중심으로 일부 지역과 일부 계층은 제법 부유하다.

오늘의 북한도 비슷하다. 많은 주민이 여전히 극심한 가난 속에서 살아가고 있지만, 수완이 좋아서 나름 윤택한 생활을 하는 이들도 적지 않다. 특히 권력집단의 일원이면서 대외무역과 비공식 경제를 잘 활용할 줄 아는 엘리트들은 상당한 부를 쌓았다는 소식도 들린다.

북한이 보통의 저소득 국가들과 크게 다른 점도 있다. 북한은 예전에 꽤 강력한 사회주의 체제를 구축했기 때문에 지금도 그 제도적 유산이 많이 남아 있고, 이념적으로나 정치적으로 훨씬 더 억압적이고 경직적인 통치체제를 유지하고 있다. 또한 북한은 남한 및 미국과 군사적으로 대결해 왔기 때문에 보통의 가난한 나라들에게서 찾아보기 어려운 강력한 군사력을 가지고 있다. 세계적 냉전체제가 끝나고 세력 균형에서 크게 밀리게 되자 북한은 군사력을 더 보강하기 위해 핵무기와 미사일을 개발했고, 이를 지렛대로 삼아 남한, 중국, 미국, 그리고 여타 국가들로부터 어느 정도의 원조와 협력을 이끌어낼 수 있었다.

햇볕도 바람도 아닌 대북정책

북한 체제가 앞으로도 꽤 오래 살아남는다면, 남한은 북한을 어떻게 다뤄야 할까? 이제까지 남한 정부가 채택한 대북정책은 크게 두 가지 기조로 나누는 것이 보통이다. 한쪽의 이름은 쉽게 떠오른다. 이른바 '햇볕' 정책이다. 이 정책을 제창한 고 김대중 대통령은 이솝 우화를 인용했다. 태양과 바람이 서로 힘세다고 자랑하다가 지나가는 나그네의 옷 벗기기 내기를 했다. 결과는 태양의 승리였다. 나그네는 바람이 세게 불 때에는 옷깃을 더 여미었지만 햇볕이 내리쪼이자 옷을 벗었다. 이 우화대로라면, 다른 쪽 정책의 이름은 '바람' 정책이 되고 햇볕정책이 바람정책보다 더 좋은 정책이 된다. 하지만 햇볕정책을 반대하는 사람들은 이 우화가 부적절한 비유라고 생각하며, 자신들이 지지하는 노선을 바람정책이라고 부르지 않는다. 그래서 두 번째 정책에는 이름이 없다. 때에 따라 강경이라고도 하고 봉쇄나 압박이라고도 하며 그냥 무시하거나 기다리는 정책이라고도 한다.

지금까지 이 두 기조에 따라 역대 정부가 여러 가지 대북정책을 해봤고, 많은 정치가와 전문가들이 어느 쪽이 옳은가를 둘러싸고 격렬하게 논쟁을 벌이기도 했다. 하지만 나는 현실적으로는 이 두 정책 기조 사이의 간극이 그렇게 크지 않다고 본다. 다시 비유를 들어 말하면, 실제 대북정책은 충분히 따뜻한 햇볕도 아니었고 엄청나게 센 바람도 아니었다. 그냥 그 중간 어딘가에서 표류했을 뿐이다. 앞으로 할 수 있는 것을 생각해 봐도 마찬가지이다. 남한 정부가 선택할 수 있는 정책의 범위는 그리 넓지 않다. 설령 많이 다른 정책을 편다고 하더라도 정책

효과는 대체로 제한적이어서 결국 북한에 미치는 영향 면에서는 차이가 그리 크지 않을 가능성이 높다.

왜 그런가? 북한과의 협상이 핵 문제라는 암초에 부딪쳐 번번이 좌초하기 때문이다. 극단적인 좌우파를 제외하면, 대북정책을 이야기하는 정치가와 전문가들의 생각은 한 가지 지점으로 수렴한다. 즉 북한이 핵무기를 포기하게 해야 하며, 북한이 이에 동의할 경우 대대적인 지원과 경제협력을 하겠다는 것이다. 즉 핵 협상만 타결되면 대북정책은 햇볕정책으로 수렴될 것이다.

하지만 북한의 입장에서 생각해 보면, 핵무기를 쉽게 포기할 수 없다. 핵무기를 포기한 후에 상대방이 확실하게 약속을 이행할 것이라는 믿음을 가질 수 없기 때문이다. 그래서 북한 핵 문제를 해결할 수 있는 방법은 핵 프로그램의 중단에서 출발하는 단계적 프로세스를 밟는 것밖에 없다. 즉 북한이 핵무기 개발을 중단하면 일단 지원과 협력을 시작한다. 북한이 과거에 개발해 둔 핵무기와 핵물질 및 관련 생산 시설은 장기간에 걸쳐 단계적으로 폐기한다. 그 과정에서 남한과 미국을 비롯한 국제사회는 북한과의 관계를 정상화하고 북한에게 군사적 안보를 보장하며 지원과 경제협력의 규모를 계속 확대해 나간다. 대강 이런 내용이다.

이런 방식이라면 북한이 당장 무장해제를 당하는 것은 아니므로 일단 협상이 타결될 가능성이 있고, 실제로 지난 20년 사이에 여러 번 이런 식의 합의를 이루기도 했다. 하지만 이런 방식은 어려운 숙제를 잠깐 뒤로 미루는 것에 불과하다. 북한 핵 폐기의 구체적 방식과 속도, 이에 상응하는 대가 제공을 둘러싸고 계속 협상을 벌여야 하고 여기서 합의가 이루어지지 않으면 문제는 다시 원점으로 돌아가 버리기 때문이다. 그래서 그렇게 질질 끌지 말고 그야말로 초특급의 당근을 북한에 쥐서 한 번에 문제를 최종 해결해 버리자는 그랜드 바겐을 거론하는 경우가 많다. 하지만 아무리 훌륭한 당근을 제안해도 북한이 이를 믿을 수 없다는 신뢰의 문제가 여전히 남기 때문에 그랜드 바겐이 실현될 가능성은 높지 않다.

북한 핵 문제 해결이 이렇게 어렵기 때문에 현실의 대북정책은 일정한 범위 내에 머물 수밖에 없었다. 북한이 핵을 포기하면 대대적인 지원을 하겠다는 이야기를 거꾸로 뒤집으면, 북한이 비핵화에 협조하지 않을 경우 대규모 지원은 할 수 없다는 말과 같다. 강경노선 지지자들은 말할 것도 없고 햇볕정책 지지자들도 북한이 비협조적일 때에는 햇볕을 약하게 보낼 수밖에 없다고 생각한다. 바로 이런 제약 때문에 김대중 · 노무현 정부의 대북정책도 충분히 따뜻한 햇볕이 되지는 못했다.

반대로 북한이 말을 듣지 않는다고 해서 혼내 줄 수 있는 방법도 마땅치 않다. 흔히 봉쇄니 압박이니 하는 이야기를 하지만 남한과 미국이 북한을 봉쇄하기는 불가능하다. 북한은 가장 중요한 파트너인 중국과 경제적 거래를 지속할 수 있고 상당한 규모의 원조도 받을 수 있기 때문이다. 과거의 대북정책이 충분히 따뜻한 햇볕이 아니었기 때문에 남한이 햇볕을 거둔다고 북한이 그렇게 세찬 바람을 맞게 되는 것도 아니다. 물론 이명박 정부가 강경한 대북정책을 펴면서 북한이 남한으로부터 얻는 물자와 외화가 크게 줄어들었고, 북한 당국에게 이는 꽤 괴로운 일이었을 것이다. 하지만 그 정도 고통으로 북한이 손을 들고 나와 순순히 말을 들을 것이라고 기대하기는 어렵다. 게다가 북한을 압박할수록 그들은 더욱 체제 수호에 집착하고 핵 개발에 박차를 가하며 군사력을 과시하려고 할 것이다.

그렇다고 북한을 군사적으로 응징하기도 어렵다. 2010년 천안함과 연평도 사태에서 증명된 바 있듯이 북한은 핵무기 외에도 무시할 수 없는 군사력을 가지고 있어서 상대하기가 여간 까다로운 것이 아니다. 또한 전쟁만큼은 피해야 한다는 절대적 당위성 때문에 남한이 취할 수 있는 군사적 조치는 방어적인 수준에 머물 수밖에 없다. 결국 강경한 대북정책이라는 것도 사실은 그저 그런 수준의 약한 바람으로 그치고 마는 것이다.

어떤 사람들은 아직 북한이 핵을 포기하지 않은 상황에서도 우리가 먼저 햇볕다운 햇볕을 보내 보자고 말한다. 김대중·노무현 정부가 했던 것보다 더 유화적인 햇볕정책을 해 보자는 것이다. 그러다 보면 남북한의 사이가 좋아지고 북한도 점차 개혁 개방하며 결국에는 핵 문제도 풀리지 않겠냐고 말한다. 그리고 이런 것이 바로 남북이 한 가족이 되어가는 통일 과정이라고도 말한다. 과연 그렇게 일이 술술 풀릴 수 있을까?

흔히 햇볕정책을 친북적인 정책이라고 생각하는 사람들이 많지만, 정작 북한은 햇볕정책을 반북적인 정책으로 간주한다. 햇볕이건 바람이건 최종 목표는 같다. 북한의 옷을 벗기는 것이다. 남한은 북한을 자기가 생각하는 바람직한 방향으로 변화시킬 목적으로 햇볕을 보낼 뿐이다. 따라서 북한의 권력집단이 보기에는 햇볕정책도 커다란 정치적 위협으로 느껴진다. 핵 문제만이 남북관계의 걸림돌은 아닌 것이다. 어쩌면 남북 간의 교류 확대, 남한에 대한 개방이 더욱 위험할 수 있다. 그래서 그들은 자기들의 통치체제를 지키는 데 도움이 되는 한에서만 햇볕을 이용하려고 한다. 즉 이쪽에서 햇볕을 많이 보내려고 해도 북한이 이를 다 받아들이는 것도 아니다. 남한은 남한대로 자기 마음에 드는 햇볕만 보내려고 하고, 북한은 북한대로 자기 마음에 드는 햇볕만 쬐려고 하기 때문에 남북이 사이좋게 함께 사업하기란 대단히 어렵다는 이야기이다.

북한이라는 이웃과 함께 사는 법

　　　　　　　햇볕도 바람도 다 안 된다면 도대체 어떻게 해야 한다는 말인가? 북한이라는 골치 아픈 이웃은 어떻게 상대해야 하는 걸까? 거듭 강조하지만 나는 대북정책은 뾰족한 수가 없다는 점을 인정하는 데서 출발해야 한다고 생각한다. 뾰족한 수가 없는 것은 목표가 지나치게 높기 때문이기도 하다. 북한 문제에 대해서는 다들 원대한 비전을 이야기한다. 통일을 말하고 비핵화와 그랜드 바겐을 말하고 개혁 개방을 말하는 것이다. 안타까운 일이지만 이런 목표들은 앞으로도 오랫동안 달성하기 어려운 비현실적 비전으로 남을 가능성이 높아 보인다.

　하지만 목표를 낮춰 잡으면 전혀 방법이 없는 것은 아니다. 나는 조금 더 현실주의적으로 접근하면 과거보다 더 나은 대북정책을 만들 수 있다고 생각한다. 원대한 목표를 염두에 두긴 해야 하겠지만, 당장은 현실적으로 달성할 수 있는 중간 목표에 집중할 필요가 있다. 남쪽에서도 인정받을 수 있고 북쪽에서도 수용할 수 있는 교집합을 찾아내는 일이다.

대북정책의 최우선 목표는 전쟁 위험을 줄이는 것이다. 북한의 국력이 크게 기울었고 국제적 냉전도 종식된 마당에 북한이 남한과 미국을 상대로 전면전을 벌이기는 어려울 것이다. 하지만 국지적인 충돌은 언제든 일어날 수 있다. 지난 몇 년 동안 남북관계가 크게 악화되어 그런 위험은 더욱 커졌다. 국지적인 충돌이 뜻하지 않게 전면 전쟁으로 비화될 가능성도 완전히 배제할 수는 없다. 평화를 지키기 위해서는 양면적인 접근이 필요하다. 북한의 군사적 위협에 맞서 방어 태세를 굳건히 해야 하는 것은 당연하지만 군사적인 방법이 근본적인 대처방안이 될 수는 없다. 어렵지만 대화와 협상, 교류와 협력을 통해 평화적인 남북관계를 구축하고 유지하려는 노력을 더욱 중시해야 한다.

나는 평화적 남북관계를 만들려면 먼저 북한이 앞으로도 오랫동안 독립적 주권국가로서 존속할 가능성이 높다는 점을 인정해야 한다고 생각한다. 지금의 북한 정권은 결코 바람직한 정권은 아니지만 그렇다고 외부에서 압력을 가해서 없앨 수 있는 만만한 상대도 아니다. 또 아무리 북한 정권의 처지가 어렵다고 해도 그들이 남한이나 미국이 원하는 대로 순순히 따라올 것이라고 기대할 수도 없다. 따라서 일단은 국제사회에서 주권국가들이 다른 주권국가를 존중하듯이 남한과 국제사회도 북한을 존중하면서 국가 대 국가 간의 정상적 관계를 만들어가기 위해 노력하는 것이 바람직하다고 본다.

　이런 입장에 설 경우 북한의 비핵화는 남북관계를 풀기 위한 전제조건이 아니라 남북관계가 발전하는 과정에서 달성할 수 있는 장기적 목표로 설정할 수 있다. 북한이 비핵화에 협조하지 않고 군사적 위협만 가한다고 해서 남북관계를 끊어버리거나, 반대로 비핵화 목표를 단번에 달성하기 위해 그랜드 바겐을 추진하는 데 집착하는 것은 둘 다 지혜롭지 않다. 먼저 다른 분야에서 교류와 협력을 추진하고, 이를 통해 분위기가 조성되었을 때 스몰 바겐을 해서 핵 개발의 추가 진행을 중지시키려고 노력하는 것이 더 현실적인 방법이다. 설령 그 후의 협상이 깨져서 원점으로 돌아온다고 해도 핵 개발을 그냥 방치하는 것보다는 낫다. 최소한 핵 개발 속도를 늦출 수는 있기 때문이다.

　북한을 주권국가로서 존중하고 교류협력부터 추진하며 비핵화의 우선 순위를 뒤로 미루자는 이런 제안은 과거의 햇볕정책과 같은 것인가? 나는 그렇지 않다고 생각한다. 나는 교류협력에는 찬성하지만 교류협력이 북한의 개혁 개방을 이끌어 낼 수 있다고 믿지는 않는다. 교류협력은 평화를 지키는 데 도움이 되고, 남한 경제와 기업, 그리고 일부 북한 주민에게도 얼마간 도움이 될 수 있다는 점에서 가치가 있다. 하지만 북한 정권은 개혁 개방에 소극적일 가능성이 높으며, 남측과의 교류협력에서 얻은 경제적 자원을 자신들의 권력 강화에 이용하려고 할 것이다. 교류협력이 뜻하지 않게 북한의 나쁜 체제에 도움이 될 수도 있다는 말이다. 교류협력은 긍정적인 효과뿐 아니라 부정적인 효과도 가질 수 있으므로, 그 내용과 규모를 정할 때 신중을 기해야 한다.

교류협력의 우선적 과제는 인도적 지원이다. 즉 북한에 식량이나 의약품 같은 지원 물자를 보내는 것이다. 인도적 목적을 가지고 있다고 하면 언뜻 생각할 때 많이 보내는 것이 좋을 것 같다. 하지만 북한의 통치 집단이 지원 물자를 통제할 수 있는 권력을 갖고 있다는 점을 잊지 말아야 한다. 아무리 좋은 뜻으로 보내도 정작 필요한 사람들, 즉 취약계층에게 가기보다는 권력집단 자신들을 비롯해 비교적 형편이 좋은 지지계층이 차지할 가능성이 있다. 이 점을 고려해 지원 물자를 전달하는 기술적 방안을 세심하게 설계할 필요가 있다.

더 바람직한 것은 단순한 물자 전달 중심인 인도적 지원에서 탈피해 본격적인 개발협력 사업을 벌이는 것이다. 농업, 환경, 보건의료, 교육 등 북한 사람들의 생활수준 향상과 인적자원 개발에 기여할 수 있는 부문부터 사업을 시작하는 것이 좋다. 이런 부문의 개발협력은 인도적 목적에 부합하기 때문에 아직 북한 핵 문제가 해결되지 않은 상황에서도 충분한 지지와 공감을 얻을 수 있다.

인도적 지원과 개발협력은 국제사회에서 많은 저소득 개발도상국을 대상으로 오랫동안 계속해 온 사업이기도 하다. 그동안의 경험을 보면 국제사회의 개발협력, 즉 개발원조는 상당한 성과도 거두었지만 부작용도 많았음을 알 수 있다. 성과를 높이고 부작용을 줄이기 위해 국제사회는 원조사업의 관행을 계속 개선해 나가고 있다. 북한에 대한 개발협력에서도 국제사회가 오랜 경험을 통해 체득한 교훈을 충분히 참고해야 한다. 또 국제사회의 여러 원조 공여자들이 대북사업에 참여할 수 있도록 분위기를 조성하고 남북 간의 사업도 국제사회와 협력하여 추진하는 것이 바람직하다.

북한의 경제개발 지원을 위해 전력, 철도, 도로 같은 대규모 경제 인프라 건설 사업을 통 크게 하자는 의견도 흔히 나온다. 하지만 북한이 개혁 개방을 주저하는 한, 이런 사업은 돈만 들이고 별 성과를 내지 못할 가능성이 높다. 북한 경제가 망가진 가장 중요한 이유는 잘못된 경제체제와 경제정책에 있다. 그런 잘못된 체제와 정책이 바뀌지 않은 상황에서는 인프라를 건설해 주어도 제대로 활용되지 않는다. 공장을 지어 주고 생산 설비를 넣어 주어도 마찬가지이다. 지금의 북한은 공장을 제대로 경영할 능력이 없으니 자칫하면 무용지물이 될 가능성이 높다. 많은 저소득 개도국에서 그랬고 북한에서도 그랬다. 외부의 원조를 받아 지은 공장과 인프라 시설은 그냥 놀게 되는 경우가 많은 것이다.

북한의 경제 인프라는 남한 기업이나 중국 기업이 들어가 활용할 수 있을 때에만 의미가 있다. 개성공단이 대표적인 사례이다. 정부는 전력, 도로, 통신 등 개성공단의 각종 기반시설을 만들어 주었고 이들 시설을 남한 기업들이 잘 활용한 바 있다. 북한은 개성만이 아니라 다른 곳에서도 특구를 개발하는 데 상당한 관심을 보였고, 중국과 접경 지역 두 곳에서 비슷한 방식의 특구 사업을 추진하고 있다. 이런 특구 사업에 대해서는 경제 인프라 지원이 큰 의미를 가질 수 있다.

하지만 북한의 특구 정책은 대단히 불안정하다는 점에 주의해야 한다. 최근 개성공단 가동 중단 사태에서 보듯이 특구 사업이 장기적, 안정적으로 진행될 수 있을지 여부는 불투명하다. 상황이 좋아져 사업이 계속 진행되더라도 개발의 한계는 뚜렷하다. 개성에서도 북한은 단지 땅과 사람만 빌려주고 그 대가를 당국이 챙기는 방식의 사업만 허용했다. 북한 당국이 챙기는 외화는 통치자금의 일부가 될 것이고 그런 만큼 북한 체제 유지에 도움이 된다. 또 개성공단 같은 폐쇄적 특구는 북한 내부 경제와 아무런 연계도 없으므로 북한 체제와 북한 경제에 미치는 영향은 그리 크지 않다. 개성공단의 경우 남측 기업 관계자와 북측 근로자 사이의 접촉도 일정 범위 내로 제한되어 있었다. 북한이 다른 곳에 특구를 더 만든다고 해도 이런 제한적인 성격은 마찬가지일 것이다.

이런 문제들이 있지만 그래도 나는 남북 사이의 대화와 교류협력은 계속되어야 한다고 생각한다. 남북관계가 강경한 대립의 길로 나가는 것보다는 평화공존의 길로 나가는 것이 더 바람직하기 때문이다. 하지만 너무 통 크게 나가려는 생각은 버리는 것이 좋다. 북한이 나쁜 체제의 덫에 빠져 있다는 사실에 항상 유념하면서 신중한 정책을 펴야 한다. 열심히 퍼주거나 반대로 과격하게 압박하는 극단적인 정책은 모두 나쁜 체제를 더 강화시켜 주는 효과를 발휘할 수 있다. 북한 사람들은 어디까지나 스스로의 힘으로 나쁜 체제에서 빠져나와야 한다. 외부의 교류와 협력이 얼마간 도움이 될 가능성은 있지만 실제로 도움이 될 사업을 성사시키기는 정말 쉽지 않다.

북한이라는 이웃과 함께 사는 법에 모범답안이 딱 정해져 있는 것은 아니다. 나도 이런 저런 방안을 이야기해 봤지만, 실제로 그런 정책이 순조롭게 집행될 수 있을지는 미지수이다. 북한은 어려운 상대라서 함께 사는 법을 터득하려면 시행착오를 많이 겪을 수밖에 없다. 그래도 나는 희망이 있다고 생각한다. 시간이 아주 오래 걸리기는 하겠지만 북한도 서서히 변하고 있다. 아직까지는 개혁 개방의 전망이 밝지 않은 것이 사실이지만 이대로는 살 수 없고 뭔가 변화가 필요하다고 생각하는 새로운 세대가 자라나고 있다. 언젠가는 북한이 골치 아픈 이웃이 아니라 사이좋게 지낼 만한 좋은 이웃이 될 날을 기다려 보자.

실사구시
한국경제

우리 사회의 소득은 왜 불평등해졌는가?

강신욱 (한국보건사회연구원 연구위원)

날씨마저 양극화

우리 사회의 불평등이 심화되고 있다는 사실은 이제 더 이상 뉴스거리도 안 될 만큼 모두에게 익숙해졌다. 그 정확한 의미가 무엇이든 간에 사람들은 양극화라는 표현을 일상적으로 사용한다. 소득도 양극화, 일자리도 양극화, 소비도 양극화, 심지어는 여름에 휴가를 보내는 모습도, 부모가 갓난아이의 물건을 사 주는 양상도 점차 양극화되고 있다고 한다. 날씨마저 봄과 가을이 사라져 양극화로 치닫는다고 자조 섞인 농담을 하는 이들도 있다. 어떤 사람들은 쉽게 큰돈을 버는 반면 자신은 좀처럼 소득이 늘지 않고 생활은 점점 더 어려워진다고 생각하는 사람도 적지 않다. 이렇다 보니 우리 사회의 여러 가지 갈등 가운데 무엇이 가장 심각하냐는 질문에 이념이나 지역보다 계층 갈등이라고 응답하는 사람이 많은 것으로 나타난다.

그런데 우리 사회의 불평등이 예전부터 심한 것은 아니었다. 한국은 경제가 빠르게 성장하면서도 분배는 상대적으로 평등하게 유지되었던 나라의 대표 사례였다. 1960년대나 70년대의 고도성장기까지만 해도 저소득층은 교육을 받고 취업을 하면 중산층으로 살아갈 수 있다는 기대를 가지고 있었다. 하지만 요즘은 '양극화'라는 표현이 상징적으로 보여 주듯이 중산층이 점차 줄어들고 있다. 이러한 변화는 왜 생겨난 것일까?

대부분의 사람들이 우리나라의 소득 분배가 불평등해진 것은 1997년의 경제위기 때문이라고 생각한다. 전문가들의 생각도 이와 마찬가지이다. 미리 말하자면, 이러한 진단은 부분적으로는 맞지만 문제의 모든 측면을 설명하지는 못한다. 사실 불평등의 심화는 한국뿐만 아니라 다른 선진국들에서도 진행되고 있었던 현상이고, 그 원인도 한두 가지가 아니라 매우 다양하기 때문이다. 여기서는 이 각각의 원인들이 어느 정도, 또 어떠한 방식으로 작용하고 있는지를 살펴보고, 불평등이 더 심화되는 것을 막기 위해 어떠한 접근이 필요한지 짚어보려고 한다.

불평등의 심화: 불편한 진실에서 상식으로

우리 사회의 불평등이 심화되었다고 할 때 이는 단지 한두 해 잠시 나타나는 현상을 두고 하는 말은 아니다. 장기적으로, 또는 추세적으로 발견되는 현상을 두고 하는 이야기이다. 특정 시점, 예를 들어 1997년 외환위기를 기준으로 이전 10년과 이후 10년을 비교해 보면, 또 1990년대와 2000년대를 비교해 보면 뒤의 시기에 불평등이 악화되었다는 것이 누가 봐도 분명하게 나타난다는 뜻이다.

소득 불평등이 사회 문제로 본격적인 주목을 받기 시작한지는 그렇게 오래되지 않았다. 한 예로 우리 사회가 양극화되고 있다는 지적이 처음 제기되었을 때 또는 양극화란 표현이 사용되기 시작했을 때, 일부 언론에서는 이러한 문제 제기에 대해 다소 신경질적인 반응을 보이기도 했었다. 실제로 불평등이 악화되지 않았다고 주장하면서 사실 자체를 부인하려고 하거나, 불평등이 심해졌다고 하더라도 그것은 경기가 후퇴할 때면 늘 나타나는 현상일 뿐 결코 새로운 것이 아니라고 주장했다. 심지어 별로 대단하지도 않은 문제에 대해 정부가 계층 간 갈등을 부추기는 수단으로 이용하려고 한다는 주장까지도 제기되었다. 이와 같이 불평등의 심화는 당시로서는 드러내 놓고 논의하기 껄끄러울 정도로 낯선 주제였다.

한 사회가 불평등하다는 것은 왜 불편한 진실일까? 우선 한 사회가 불평등해지면 왜 나쁜 것일지 생각해 보자. 불평등, 특히 소득의 불평등은 어떤 현상의 결과일 수도 있고 원인일 수도 있다. 소득이 불평등해지는 것은 일자리를 얻을 기회가 불평등해지거나, 일자리의 질이 불평등해지거나, 같은 일을 하고도 보수가 불평등해질 때 발생할 수 있다.

1990년대 이후 한국의 노동시장 사정이 급속히 변화하면서 이른바 비정규직 노동자의 비중이 늘어나자 노동자들의 임금 소득이 불평등해지고, 이것이 나아가 전체 소득의 불평등으로 연결되고 있다. 비정규직 고용을 늘리는 것의 장점을 주장하는 측에서는 기업들이 경영 사정에 따라 쉽게 인력 채용 규모를 늘였다 줄였다 할 수 있게 되면 기업의 경쟁력이 강화되고 결과적으로 국민경제에 도움이 될 것이라고 강조했다. 그러나 그와 동시에 국민들의 삶이 불안해지고 불평등이 심해지는 문제가 본격적으로 발생하게 되었다. 결국 비정규직 증가는 득과 실이 있는 셈인데, 문제는 득을 보는 집단과 실을 떠안는 집단이 다르다는 것이다.

이러한 구체적인 이유를 논외로 하더라도 사회적으로 불평등은 좋지 않은 결과를 초래한다. 엄밀히 말해 사람들이 능력에 따라, 학식에 따라, 노력한 바에 따라 소득을 얻고 이에 따른 불평등이 발생하는 것은 모든 사회에서 자연스러운 일이다. 물론 개인의 노력 이외의 요인으로 인해 불평등이 생기는 것은 정의롭지 않지만, 노력에 비례하는 보수를 얻는 것은 자연스러운 일이라고 할 수 있다. 그러나 그것이 아무리 자연스러운 일이라고 하더라도 한 사회의 구성원들 간에 느끼는 이질감이 계속 커진다면, 그것은 사회의 정상적인 작동 자체를 위협하는 결과를 초래할 수 있다.

혹자는 우리 사회의 불평등은 사실 빈곤의 문제이므로, 빈곤에만 주목하는 것이 올바른 태도라고 주장하기도 한다. 물론 불평등과 함께 우리 사회의 빈곤이 증가한 것도 사실이다. 그러나 빈곤에만 신경 쓰고 불평등은 신경 쓰지 말라는 말은 고소득층이 어떻게 돈을 벌고 무슨 일을 하든지 정부가 신경 쓸 일은 아니며, 정부는 오로지 빈곤 구제만 하면 된다는 것과 같다. 하지만 앞서 말한 대로 사회의 통합은 절대적 수준의 궁핍뿐만 아니라 상대적 격차에 의해서도 크게 영향을 받는다. 하물며 상류층 소득의 빠른 증대가 저소득층의 소득이 좀처럼 늘지 않는 이유와 밀접한 관련이 있다면, 사회가 빈곤에만 주목하면 된다는 주장은 설득력이 높지 않다.

다행히 최근 들어 우리 사회의 분배가 점점 불평등해지고 있다는 점에 대해 이견을 제시하는 사람은 별로 없다. 다만, 그 정도가 얼마나 심하고 그 원인이 무엇인지 그리고 그 해법이 무엇인지에 대한 생각이 다를 뿐이다.

불평등을 측정하는 방법

이제 사회적 불평등을 구체적으로 어떻게 측정하는지 살펴보자. 불평등의 측정은 크게 두 가지 문제, 즉 무엇의 불평등인가와 그것을 어떻게 수치로 표현할 것인가의 문제로 구분된다.

먼저 첫 번째 문제부터 살펴보자. 우리가 불평등을 이야기할 때 재산의 불평등인지, 소득의 불평등인지, 소비나 지출의 불평등인지가 경우에 따라 달라질 수 있다. 어떤 경우는 소비 가운데에서도 구체적인 항목, 예를 들어 사교육비 지출의 불평등과 같은 데 관심이 집중되기도 한다. 그 밖에 건강의 불평등과 같이 쉽게 화폐가치로 표현하기 어려운 현상에 주목하는 경우도 있고, 기회의 불평등과 같이 다소 추상적인 개념이 논의되기도 한다. 이렇게 다양한 삶의 측면들 가운데 어떤 것에 주목하는가에 따라 우리 사회의 불평등은 심하다고 할 수도 있고 그렇지 않다고 할 수도 있다. 그런데 이 모든 영역에서 개인이 누리는 기회를 종합적으로 설명해 주는 것이 소득이다. 따라서 이하에서도 주로 우리 사회의 소득 불평등에 국한하여 이야기할 것이다.

불평등을 측정할 때는 그 단위도 문제가 된다. 우선 소득을 개인의 소득에 국한하여 개인 간 소득을 비교할 것인가, 아니면 가구 단위로 소득을 비교할 것인가에 따라 달라질 수 있다. 소득은 각 개인들이 경제 활동을 통해 벌어들이는 것이기는 하지만, 실제 그 소득으로 삶을 꾸릴 때에는 가구 단위로 이루어지기 때문에 이하에서는 가구별 소득 개인별 소득이 아닌 의 불평등에 대해 다룰 것이다. 소득을 가구 단위로 파악하게 되면 소득의 크기를 변화시키는 요인이 매우 다양할 수 있다. 한 가구 안에 몇 명이 존재하는가, 그 가운데 몇 명이 경제 활동을 할 수 있고 몇 명이 다른 가족의 부양을 받아야 하는가, 경제 활동을 하는 사람이 가구주인가 또는 배우자나 자녀인가 등의 요인에 따라 가구의 소득 수준이 달라질 수 있기 때문이다.

소득 불평등을 이야기할 때는 다양한 지표가 사용된다. 예를 들어 전체 인구 중 최상위 10% 계층의 평균 소득이 최하위 10% 계층의 평균 소득의 몇 배인지를 계산하여 상위 소득 계층과 하위 소득 계층의 소득 격차를 나타내기도 한다. 여기서는 여러 지표 가운데 불평등을 측정할 때 통상적으로 사용하는 지니계수를 기준으로 삼고자 한다.

지니계수는 한 사회의 구성원이 모두 똑같은 크기의 소득을 얻고 있는 가상적인 경우를 0으로 하고, 한 사회에서 오직 한 사람이 모든 소득을 다 가져가고 나머지 사람들은 소득이 전혀 없는 또 다른 극단의 가상적인 경우를 1로 하여, 실제 모습이 그 사이 어디에 있는지를 표현하는 방법이다. 즉 어떤 사회의 지니계수가 1에 가깝다면 그만큼 소득이 불평등하게 분배되어 있다는 뜻이고, 0에 가깝다면 그만큼 소득이 평등하게 분배되어 있다는 뜻이다. 참고로 2000년대 후반에 OECD 회원국의 지니계수는 평균 약 0.314였다.

그림 1은 한국의 2인 이상 도시 가구의 지니계수가 어떻게 변해 왔는지를 한 눈에 보여 준다. 1990년에 비해 2011년의 지니계수는 훨씬 커졌다. 지난 20년간 우리 사회의 소득 불평등이 그만큼 심화되었다는 의미이다. 특히 눈에 띄는 점은 1997년 외환위기를 겪으면서 한 차례 지니계수가 큰 폭으로 증가한 사실이다. 이후 2000년대 들어와서 지니계

그림 1. 한국의 불평등(지니계수)의 변화 추이(2인 이상 도시 가구)

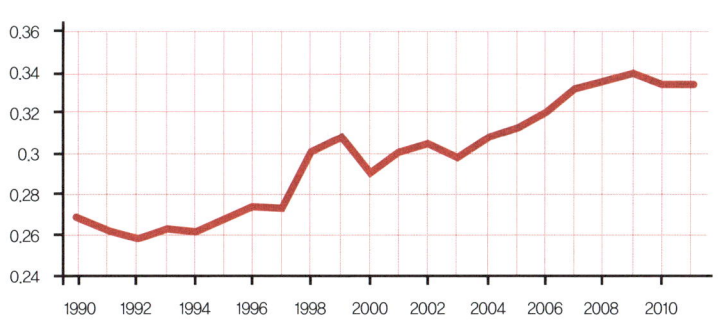

자료: 통계청, 「가계동향조사」.

수는 다시 낮아졌으나 외환위기 이전 수준까지 낮아지지는 못했다. 무엇보다도 심각한 것은 2000년대 이후 전반적으로 불평등이 심해지는 경향을 보인다는 점이다.

불평등의 원인을 둘러싼 논란

앞서 말했듯이 우리 사회의 불평등은 1997년 외환위기 이후부터 본격적으로 심화되었다. 물론 그 이전에도 불평등이 심해지거나 조금 완화되거나 하는 변동은 있었다. 하지만 외환위기 이후 소득 불평등은 그 이전 시기에 비해 급격히 심해졌다.

외환위기 직후에 소득 불평등이 심해졌을 때만 해도 그러한 현상이 계속되리라고 예측하기는 쉽지 않았다. 경제위기가 발생해도 정도의 차이가 있기는 하지만 대체로 시간이 지남에 따라 그 충격에서 벗어나게 마련이기 때문이다. 그리고 위기의 충격이 곧 해소될 것이라는 낙관적인 전망은 한국이 IMF로부터 받은 구제 금융을 수년 내에 상환하고, 경제가 다시 호황 국면에 접어듦에 따라 적중하는 것처럼 보였다.

예를 들어 국민들의 소득에 미치는 영향을 쉽게 예측할 수 있는 실업률이라는 지표를 생각해 보자. 외환위기 이전에는 한국의 실업률이 평균 2% 대였으나 외환위기의 충격이 최고조에 달했을 때 실업률은 7%가 넘었다. 그러나 2000년대 들어 경기가 좋아지면서 실업률은 다시 3% 대로 떨어졌다. 이와 같이 각종 경제지표가 좋아짐에 따라 불평등도 쉽게 누그러질 것으로 생각되었다. 1990년대에 경기가 안 좋았을 때

대개 불평등이 심해지던 경향은 이러한 생각을 더욱 뒷받침했다.

하지만 2000년대 중반부터 불평등은 다시 심화되기 시작했다. 이렇게 다른 경제지표는 좋아짐에도 불구하고 분배 지표가 개선되지 않자 이에 대해 다양한 해석이 제시되었다. 첫 번째는 외환위기를 거치면서 우리 경제가 전혀 다른 구조로 탈바꿈했기 때문에 이전과 같이 경기가 좋아진다고 해서 모든 소득 계층이 고루 그 혜택을 입지는 않을 것이라는 해석이다. 경제가 성장할 경우 그 성장의 혜택을 전 소득 계층이 고루 누리게 되는, 이른바 낙수효과trickle down effect가 어느 시점부터는 나타나지 않게 되었다는 것이다. 그 원인으로 지목된 것은 대기업과 중소기업의 양극화, 수출과 내수의 양극화, 정규직과 비정규직의 양극화 등등 경제의 각 부문 간의 단절과 격차를 설명하는 현상들이었다. 대기업이 수출을 해서 이윤을 크게 올리더라도 그것이 중소기업에게까지 미치지 못하고, 노동자 가운데에서도 주로 대기업에 종사하는 정규직 노동자에게만 혜택이 집중될 뿐이라는 주장이다.

우리 경제 내부의 구조적인 변화에서 불평등 심화의 원인을 찾으려는 접근과는 달리 외적 요인에서 그 원인을 찾으려는 설명도 있었다. 세계 경제의 개방이 확대되고 특히 중국과의 교역이 늘어나면서 한국의 중소기업이 직접 타격을 받게 되었다는 것이다. 그 결과 저소득층의 일자리가 줄고 보수가 줄어들게 되는 효과가 나타나기 시작했다는 주장이다.

물론 여전히 경제가 성장하면 불평등은 누그러질 것이라고 주장하는 사람들도 있다. 이들은 경제가 성장하지 않는 이유가 정부가 기업에게 각종 규제를 많이 가한 탓에 기업들이 투자를 하지 않았기 때문이라고 생각한다. 따라서 규제를 완화하고 기업의 활동을 적극 지원해 주면 경기가 좋아지고 불평등은 다시 줄어들 것이라고 주장한다.

이와 같이 원인에 대한 진단이 다른 만큼 각각의 주장들은 서로 다른 대응책들을 제시한다. 부문 간 양극화가 문제라고 보는 이들은 성장에 따른 이득을 더 가져가는 쪽에서 덜 가져가는 쪽으로 소득을 재분배해 주어야 한다고 주장한다. 성장의 둔화가 원인이라고 보는 사람들은 기업 규제를 완화하든가 투자를 촉진하는 등의 방법을 통해 경기를 진작시켜야 한다고 주장한다. 이와 같이 불평등이 심화되는 원인을 무엇으로 보는가에 따라 그에 대한 대응 방법이 완전히 달라진다.

그렇다면 정말 우리 사회의 불평등이 심해진 원인은 무엇일까? 이를 추적하기 위해 가구 소득의 불평등이 변화하는 과정을 분석해 보자. 좀 더 구체적으로 말하면 가구 소득에 영향을 미치는 각 요인들이 전체적으로 불평등을 증가시켰는지 감소시켰는지, 얼마나 증가 또는 감소시켰는지 등을 살펴보자.

아쉽게도 자료의 한계 때문에 1990년부터 2011년까지 도시에 거주하는 2인 이상 가구의 소득 불평등 변화를 추적하기로 한다. 즉 농어촌에 거주하거나 가구원이 1명인 가구는 논의에서 제외한다. 그런데 농어촌 가구와 1인 가구의 평균 소득은 도시 가구나 2인 이상 가구에 비해 낮으므로, 이런 점을 고려한다면 이들 집단까지 포함시킬 경우 우리 사회의 불평등은 더욱 심해지는 것을 염두에 두어야 한다.

노동시장에서의 소득 불평등

통상적으로 가구주란 가구의 주된 소득원이 되는 사람을 말한다. 따라서 가구 소득에서 가구주의 소득이 차지하는 비중은 상대적으로 클 수밖에 없다. 맞벌이가 늘고 자녀들이 취업하는 경우가 많아졌다고 하더라도 가구주는 가구의 생계를 주로 책임지는 사람이기 때문이다. 이때 가구주가 생산 활동을 하는 연령 25~64세 인지 아닌지는 매우 중요하다. 만일 가구주가 65세 이상이라면 그만큼 근로 능력이 약하고 노동시장에서 취업 기회를 얻지 못한다는 뜻이기 때문이다. 따라서 생산활동인구인 가구주와 그렇지 않은 가구주를 구분하고, 우선 가구주가 25~64세인 가구의 소득을 대상으로 삼았다. 참고로 말하자면 전체 가구 가운데 가구주가 이 연령대에 해당되는 가구의 비중은 지난 20년 동안 거의 10% 가량 줄어들었다. 고령화로 65세가 넘는 가구주가 많아졌기 때문이다. 가구주 고령화의 효과에 대해서는 뒤에서 다시 살펴볼 것이다.

생산 연령대 가구주의 구성을 보면, 직업 구분상 노동자와 자영업자 그리고 무직자의 비율이 대략 6 : 2.5 : 1.5이다. 이 가운데 가장 다수를 차지하는 노동자, 이른바 월급쟁이들에 대해 먼저 살펴보자.

가구주가 화이트칼라, 즉 사무직 노동자인 경우에 국한하여 보면, 이 집단에서 가구주 근로 소득의 불평등은 지난 20년간 다소 악화되었다. 사무직 노동자 가구주가 벌어들이는 소득의 불평등 수준이 1990년에 100이었다고 보면 2008년에는 약 105로 불평등이 심해졌다. 그런데 가구주를 사무직뿐만 아니라 노무직 블루칼라 노동자 중 상용직까지 합하면 소득 분배가 악화된 정도는 더욱 커져 약 127이 된다. 여기에 노무직 임시 · 일용 노동자 가구주까지 포함시키면 소득 불평등의 정도는 133으로 더욱 심해진다. 이러한 사실로부터 사무직 근로 소득의 불평등이 심화되었다는 점뿐만 아니라 사무직과 상용 노무직 사이의 불평등, 상용직과 임시 · 일용직 사이의 불평등이 더 빠른 속도로 확대되었다는 것을 확인할 수 있다.

그렇다면 자영업자까지 포함시킬 경우에는 불평등 지수가 어떻게 나타날까? 최근 들어 자영업자의 휴업이나 폐업이 잇따르면서 자영업자의 소득 실태가 관심의 대상이 되고 있다. 가구주가 자영업자인 경우, 그 주 소득원은 근로 소득이 아닌 사업 소득이 된다. 그러므로 노동자뿐만 아니라 자영업자를 포함시켜 취업하고 있는 모든 가구주들의 소득 불평등을 살펴보려면 노동자인 가구주는 근로 소득을, 자영업자인 가구주는 사업 소득을 따져 보아야 한다. 그 결과를 보면 어떠할까?

노동자와 자영업자 모두를 포함한 가구주 소득의 불평등은 마찬가지로 1990년의 사무직 노동자 불평등을 100으로 보았을 때 2011년 약 131로 나타난다. 이는 노동자 가구주만을 보았을 때의 불평등보다 다소 낮은 수치이다. 적어도 1997년 외환위기 이후에는 자영업자를 포함시키는 것이 소득 불평등을 낮추는 역할을 했다.

하지만 이러한 사실을 해석할 때에는 주의할 필요가 있다. 자영업자 가구는 노동자 가구에 비해 가구주의 평균 소득이 낮은 반면 자영업자 내부의 동질성이 노동자에 비해 상대적으로 높다. 즉 자영업자는 노동자에 비해 못살지만 비교적 고르게 못산다고 말할 수 있다. 이 때문에 노동자에다 자영업자까지 포함시키면 소득은 하향 평준화된다. 이러한 점에서 자영업자들이 소득 불평등을 완화시키는 현상은 결코 바람직한 것이 아니다.

배우자와 기타 가구원 취업의 효과

가구의 지출과 관련된 최근의 조사를 보면 의료, 교육, 주거 등과 관련된 지출의 비중이 지난 10년간 매우 크게 증가한 것으로 나타난다. 그런데 이러한 지출은 경직성이 있어서 가구 소득이 변한다고 해서 쉽게 지출을 늘리거나 줄이기 힘들다. 가구주의 소득이 빨리 늘지 않는 상태에서 가계의 지출 압박이 커지게 되면 가구주 이외의 가구원들의 취업이 늘게 된다. 맞벌이와 자녀 취업이 늘어나게 되는 것이다. 특히 배우자의 취업이 늘게 되는데, 그렇다면 배우자의 취업이 가구주 소득의 불평등을 완화시키는 효과가 있을까 아니면 반대로 증대시키는 효과가 있을까?

만일 배우자의 취업 증대가 주로 저소득층에서 일어난다면, 그리하여 배우자 소득이 낮은 가구주 소득을 보완하게 된다면 가구 소득의 불평등은 감소할 것이다. 그러나 만일 배우자의 취업이 저소득층과 고소득층에서 동시에 일어난다면 불평등은 오히려 심해질 수 있다. 고소득층의 배우자가 저소득층의 배우자에 비해 고소득 일자리에 취업할 가능성이 높기 때문이다. 통념상 가구주가 고소득층이면 고학력, 고숙련자일 가능성이 높고, 그런 사람들의 배우자 역시 고학력자일 가능성이 높다. 이러한 현상을 동류혼 또는 동족혼이라고 하는데, 쉽게 말해 끼리끼리 결혼한다는 뜻이다. 끼리끼리 결혼이 흔할수록 맞벌이가 늘어나면 가구 소득의 불평등도 늘어난다.

그렇다면 우리 사회의 경우는 어떠한가? 1990년대 초반에는 배우자의 취업이 가구주 소득의 불평등을 완화시키는 효과가 있었으나 그 이후로는 가구 소득 불평등에 기여하는 모습을 보인다. 앞에서 2011년 시점에서 취업한 가구주의 소득 불평등, 즉 노동자와 자영업자 가구주의 소득 불평등은 약 131이라고 했다. 같은 방식으로 계산했을 때 가구주뿐만 아니라 취업한 배우자까지 고려한 소득 불평등은 약 146에 이른다. 소득이 높을수록 배우자의 소득이 높은 경향이 뚜렷하게 나타났다.

가구주와 배우자를 제외한 기타 가구원, 대표적으로 자녀의 취업에 대해서도 배우자의 취업과 동일한 질문을 던질 수 있다. 자녀의 취업은 가구 소득의 불평등을 완화시키는 효과가 있을까 아니면 그 반대일까? 결론적으로 말하면, 자녀의 취업은 가구주와 배우자의 소득만을 고려했을 때에 비해 소득 불평등을 완화시키는 효과가 있다. 자녀의 취업이 가구의 소득에 보탬이 되는 정도가 아무래도 저소득층에서 크게 나타나기 때문이다. 특히 그 효과는 2000년대 중반 이후 더 커졌다.

이와 같이 한 가구가 노동시장에서 획득하는 소득의 불평등은 여러 요인에 의해 달라진다. 현상을 종합하면, 전체 가구 소득의 가장 큰 부분을 차지하는 가구주 소득, 그 가운데에서도 노동자 가구주의 근로 소득이 점점 불평등해지는 경향을 보이고 있는 가운데, 상용직과 임시·일용직 노동자의 존재는 그 경향을 더욱 가속화시켰다. 또한 배우자의 취업도 불평등화를 심화시킨 요인으로 나타났다. 반면 자영업자로 인한 하향 평준화와 자녀의 취업 증가는 가구 소득의 불평등을 누그러뜨리는 효과를 보이고 있다.

인구 구조 고령화의 효과

우리 사회의 인구 구조는 급속히 고령화되고 있다. 앞서 언급했듯이 가구주의 연령만을 보더라도 2인 이상 도시 가구에서 65세 이상 고령자 가구주가 차지하는 비중은 지난 20년간 약 10% 넘게 늘어났다. 아마도 혼자 사는 1인 가구까지 포함한다면, 그리고 농어촌까지 포함한다면 고령자 가구는 더 늘어날 것이다. 이와 같이 고령자 가구가 증가하면 소득 분배에 어떤 영향을 미칠까?

일반적으로 고령층은 노령이나 은퇴 등의 이유로 경제 활동을 하지 않는 계층이다. 고령자 가구주의 비율이 많아진다는 것은 그만큼 무직자 가구주의 비중이 높아지는 것을 의미한다. 가구주가 소득이 없는 저소득 가구가 늘면 당연히 소득 불평등에는 악영향을 끼칠 것이다.

실제로 한국의 가구 소득 불평등을 분석해 보면 노인 가구를 포함하지 않았을 때보다 포함했을 때에 불평등이 큰 폭 약 12%으로 증가한다. 그리고 그 증가 폭도 점차 커지는 추세이다. 이러한 현상은 앞서 언급한 것처럼 주로 노인 가구의 비중이 늘어난 데에서 비롯되었다. 특히 노인 가구 가운데에서 저소득층에 속하는 노인 가구의 비율이 급속히 늘고 있다. 노인 가구의 전체 비중이 증가하면서 동시에 그 노인 가구가 주로 저소득층에 분포하다 보니 인구 고령화가 소득 불평등을 심화시키는 강력한 요인으로 작용한 것이다. 고령화는 앞으로도 계속 진행될 것이므로 소득 불평등 역시 계속 심해지리라는 우려를 낳는다.

정부의 정책과 불평등 완화

정부의 개입은 일반적으로 불평등을 완화시키는 결과를 가져온다. 정부가 가계 소득에 직접적으로 영향을 주는 방법은 크게 두 가지인데, 직접 현금을 지원하거나 아니면 세금을 걷는 것이다. 건강보험료나 국민연금 보험료는 세금은 아니지만 정부가 가구 소득에서 공제해 가는 것이기 때문에 크게 보아 세금과 유사한 효과를 지닌다. 이때 정부는 현금 지원은 주로 저소득층을 중심으로 하고 세금은 주로 고소득층에게 많이 거둔다. 따라서 정부의 개입은 소득 분배를 좀 더 평등하게 만드는 효과가 있다.

한국은 지난 외환위기를 전후하여 복지제도를 확충하고 복지에 투입되는 예산도 계속 늘려왔다. 그만큼 저소득층에 대한 지원이 늘었다. 그리고 건강보험이나 국민연금 등 사회보험의 적용 범위도 확대되었다. 실제로 이러한 재분배 정책은 가구 소득의 불평등을 완화시키는 것으로 나타난다. 전체 소득 계층을 10개로 나눈다면, 하위 3개 계층에서는 정부의 개입이 가구의 소득을 증대시키는 반면, 나머지 계층에서는 가구 소득을 감소시킨다. 정부가 주는 것보다 세금이나 사회보험료 등으로 거두어 가는 것이 많기 때문이다. 더구나 이러한 소득 재분배 효과는 외환위기 이후 2000년대 들어 훨씬 강력해졌다.

이처럼 정부의 개입이 불평등을 완화시키는 것은 분명하지만, 정부 개입 이전에, 즉 시장에서 발생하는 불평등의 경향을 완전히 상쇄시키기에는 역부족이다. 1990년과 2011년을 비교해 보면 시장 소득의 불평등은 약 24% 심해졌고 가처분 소득의 불평등은 약 16% 심해졌다. 가처분 소득의 불평등 역시 시장 소득 불평등만큼 빠른 속도는 아닐지라도 분명히 심화되고 있다. 이는 정부의 재분배 정책이 시장에서의 불평등을 다소 누그러뜨리는 역할은 하지만 완전히 상쇄하는 역할은 하지 못한다는 것을 의미한다.

시장에서의 소득 격차를 줄이자

이제까지 우리 사회의 소득 불평등이 지난 약 20년간 어떻게 변했는지, 그리고 어떤 요인들이 작용했는지를 살펴보았다. 몇 년 전만 하더라도 소득 불평등을 악화시킨 요인은 1997년의 외환위기에 따른 충격이라고 보는 견해가 지배적이었다. 그러나 2000년대 중반 이후 외환위기의 거시경제적 충격이 가셨다고 여겨지던 시기에도 소득 불평등은 계속 악화되었다. 경제가 더디기는 하지만 꾸준히 성장하고 있는데도 불평등은 심해지는 것이다. 이러한 현상은 경제가 성장하면 불평등은 자연스럽게 완화될 것이라는 일부 주장이 더 이상 설득력이 없다는 것을 보여 준다.

소득 불평등을 초래하고 있는 요인은 매우 다양하다. 우선 일차적으로 노동시장에서 근로 소득의 불평등 경향이 분명히 나타나고 있다. 상용직과 임시직, 일용직 사이의 근로 소득 격차는 이러한 불평등을 더욱 심화시킨다. 배우자의 취업 역시 개별 가계에는 도움이 되겠지만 사회 전체적으로 불평등을 심화시키는 효과가 있다는 것을 알 수 있었다. 또한 인구 구조의 고령화는 매우 강력한 불평등 촉진 요인으로 작용하고 있었다.

반면 자녀의 취업과 특히 정부의 개입은 불평등 경향을 완화시키는 것으로 나타났다. 특히 복지정책이 확대된 시기에 정부 개입의 효과는 커진 것으로 나타났다. 하지만 지난 20년간의 경향을 통해 볼 때 노동시장에서의 불평등 효과와 고령화 효과가 워낙 강력해서 결과적으로 우리 사회의 불평등은 계속 심해지고 있는 것으로 나타난다.

이와 같은 사실들은 불평등을 줄이기 위해 어디에서부터 답을 찾아야 하는지를 알려 준다. 정부가 고소득층에게 세금을 더 걷고 저소득층에게 지원을 늘리는 것은 불평등을 줄이는 분명한 방법이다. 특히 한국이 다른 선진국에 비해 국민소득에서 조세 수입이 차지하는 비중이 작고, 따라서 정부의 개입이 불평등을 낮추는 정도 역시 낮다는 점을 본다면 정부의 역할이 더욱 확대되어야 할 필요성이 있다.

하지만 이러한 방법만으로 시장에서 벌어지고 있는 소득 격차에 대응하기에는 한계가 있다. 문제가 발생하기 이전에 미리 막는 것이 문제가 발생한 후에 수습하는 수고와 부담을 줄일 수 있다. 따라서 시장에서의 소득 격차에 직접 주목하고 그것이 더 이상 확대되지 않도록 하는 조치가 필요하다. 시장에서의 불평등은 계속 확대되도록 방치하면서 세금이나 정부 지원에 의해 그것을 줄이겠다는 것은 소 잃고 외양간 고치는 격일뿐만 아니라 돈 세금도 매우 많이 드는 방법이다. 근로 소득 불평등을 심화시키는 이른바 비정규직의 문제를 어떻게 줄여 나갈 것인가, 중소기업의 위축에 따라 줄어드는 중간층 일자리를 어떻게 되살릴 것인가 등의 문제에 대해서도 해답을 찾아야 한다. 이 문제에 대한 답을 찾지 못한다면 소득 불평등 문제를 해결하기는 어려울 것이다.

불과 수년 전까지만 하더라도 불평등의 심화가 사실인가 여부를 두고 논란을 벌이기도 했고, 정부가 복지정책을 늘리는 것을 가지고 이념적 대립의 양상까지 나타나기도 했었다. 그러나 요즘 들어 이러한 문제에 대해서 적어도 표면적으로는 크게 논란이 되지 않는 듯이 보인다. 이제는 심화되는 불평등에 대처하려는 노력에 대해 좀 더 근본적이고 폭넓은 시각의 접근이 필요하다. 복지를 통해 불평등을 부분적으로 줄이는 것도 중요하지만, 애당초 불평등이 심해질 소지를 없앨 수 있는 다양한 방법을 찾는 것 역시 결코 지나칠 수 없는 숙제이기 때문이다.

실사구시
한국경제

우리 사회 일자리 문제의 해결을 위하여

김혜원 (한국교원대학교 교육정책전문대학원 교수)

대통령부터 군수까지, 모든 정치가들의 공통 공약 '일자리 창출'

지난 10년간의 설문조사에서 정부와 정치권의 최우선 과제로 손꼽힌 것은 일자리 창출이었다. 실제로 노무현 정부에서는 대통령 직속 일자리위원회를 만들고 일자리 창출을 국정 과제로 추진했으며, 이명박 정부 역시 출범 당시 제1의 과제로 일자리 창출을 꼽았다. 2012년 치러진 대통령 선거에서는 모든 대선 후보가 자신이 일자리 창출을 가장 잘 할 수 있다고 주장했다.

그렇다고 일자리 창출이 늘 최우선의 목표였던 것은 아니다. 돌이켜보면 1980년대와 1990년대에는 선진화, 세계화가 국정의 최우선 과제였으며 더 거슬러 올라가서 1970년대에는 수출 증대가 가장 중요한 목표였다. 일자리 창출이 중요한 과제가 된 것은 2000년대 이후의 새로운 현상이다. 왜 2000년대에 들어서 일자리 창출이 주목받게 된 것일까?

2000년대를 그 이전 시대와 구분 짓는 중요한 사건은 1997년 말 한국을 엄습한 외환위기이다. 외환위기 이전에는 높은 경제성장률과 더불어 일자리 창출이 활발했고 실업률도 매우 낮게 유지되었다. 1990년부터 1997년 사이의 평균 실업률은 2.4%로 경제학에서 정의하는 완전고용에 가까운 상태를 유지했다. 게다가 일자리는 계속 늘어나서 전체 인구 중에서 일자리를 가진 사람의 비율, 즉 고용률이 지속적으로 증가했다. 고용률은 1985년 54.3%에서 꾸준히 증가하여 1997년 60.9%로 최고점을 기록했다.

그런데 1997년 하반기 들어 외환보유고가 바닥나자 우리 정부는 그해 12월에 IMF에 구제 금융을 신청하게 된다. 외환위기는 금융위기로 이어져 금융기관의 부실이 드러났고 금융 경색이 지속되어 수많은 사업체들이 도산했다. 실물경기도 곤두박질치면서 1998년 1사분기 국민소득이 전년도 1사분기에 비해 7.2%나 감소하는 극심한 경기침체를 겪게 되었다. 이러한 경기침체는 대량 실업 사태로 이어져 실업자 수가 최대 178만 명까지 늘어났고 실업률은 1998년 3분기 8.1%까지 치솟았다. 결과적으로 외환위기를 겪으면서 실업률이 3배 가까이 증가하여 1998년 7.0%, 1999년 6.3%로 높아졌고, 고용률도 1998년 56.4%로 크게 하락했다.

2001년 8월, 우리 정부는 IMF로부터 받은 구제 금융 195억 달러를 모두 상환함으로써 공식적으로 IMF 관리체제에서 벗어나게 되었다. 그러나 구제 금융을 모두 갚았다고 해서 외환위기 이전으로 돌아간 것은 아니었다. 2002년부터 2007년 사이 평균 실업률은 3.3%로서 외환위기 이전과 비교할 때 높은 수준에서 실업이 유지되었다. 고용률도 외환위기 이전의 추세를 회복하지 못하고 10여 년 동안 느린 속도의 증가에 그쳐 2011년 현재 60%에 못 미치는 수준에 머물러 있다.

실업률만 떨어지면 일자리 문제는 해결되는가?

일자리 창출이 둔화된 것과 더불어 2000년대 한국의 노동시장을 상징하는 또 다른 문제는 일자리의 불안 정화이다. 외환위기 시기에 대규모 일자리 파괴가 나타난 이후 새롭게 만들어지는 일자리는 주로 비정규직 일자리였다. 임시직과 일용직은 상용직과 대비하여 고용이 불안하고 임금이 낮은 하위의 비정규직 일자리로 여겨진다. 최악의 경기침체에서 벗어나며 고용이 회복되는 것과 더불어 임시직과 일용직의 비중이 빠르게 증가했다. 1999년에는 전체 노동자의 50% 이상이 임시직과 일용직이라는 충격적인 결과가 나타났으며 그 이후에도 2000년대 중반까지 임시직과 일용직의 비중은 높은 수준을 유지했다.

근로 소득의 불평등 역시 심화되었다. 저숙련 노동자의 임금은 느리게 증가하는 데 비해 고숙련 노동자의 임금은 빠르게 증가하여 노동자들 간의 임금 격차가 크게 벌어졌다. 임금 격차는 하위 10%의 임금 수준 대비 상위 10%의 임금 수준의 비율로 판단할 수 있는데, 외환위기 직전인 1997년 3.7 수준에서 10년이 지난 2007년에는 4.5 정도까지 증가했다. 이러한 변화는 임금 격차가 1980년부터 1990년까지 지속적으로 하락해 왔고, 1990년대 초중반에도 거의 일정하게 유지되었다는 점과 뚜렷이 대조된다.

이를 통해 알 수 있듯이 일자리 창출이란 단순히 일자리의 개수를 얼마나 늘리느냐의 문제가 아니다. 실업률이나 고용률과 직결된 일자리 개수도 늘려야 하지만 이와 함께 비정규직으로 대표되는 고용의 불안정 문제와 근로 소득의 불평등이 심화되는 문제도 완화시켜야 한다. 일자리 창출을 열망하는 국민들의 목소리에는 이 모든 것이 담겨 있다.

일자리 문제가 화두가 된 것이 우리만의 일은 아니다. 미국과 캐나다를 비롯하여 유럽의 선진국들은 우리보다 20여 년 먼저 일자리 문제를 겪었다. 우리는 이들의 경험으로부터 많은 것을 배울 수 있다. 선진국들은 제2차 세계대전이 끝나고 1950년대와 1960년대 빠른 경제 성장과 함께 실업률이 낮아지고 고용률이 높아지는 황금기를 구가했다. 이와 함께 근로 소득 불평등도 빠르게 완화되었고 빈곤률이 줄어들어 중산층이 다수를 차지하게 되었다. 정부는 완전고용의 달성을 주요한 정책 목표로 제시했으며 이런 목표 달성이 가능할 수 있다는 기대가 조심스럽게 퍼졌다. 하지만 1970년대 대불황은 이러한 기대를 무너뜨렸고 이후 선진국들은 높은 실업률과 심화되는 불평등 문제로 고통받게 되었다.

일자리 문제를 야기한 전 세계적 충격들

선진국에서 일자리 문제가 대두된 원인으로는 기술 변화, 세계화 그리고 경제의 서비스화의 세 가지를 꼽을 수 있다. 먼저 기술 변화에 대해 살펴보자. 20세기 중반 기술 변화는 숙련 편향적인 방향으로 진행되었다. 극소전자기술과 정보통신기술이 발전하고 확산되면서 고도의 지적 능력을 가진 사람들에 대한 수요는 늘어난 반면, 과거에 필요했던 전통적 숙련에 대한 수요는 크게 줄어들었다. 그 결과 한편으로는 고임금의 일자리가 늘어나고 다른 한편으로는 중간 수준의 숙련에 대한 수요가 줄어들며 저임금의 일자리가 늘어나 사회 전체적인 양극화 압력이 나타났다는 것이다.

다음으로 세계화의 진전으로 인한 국제 경쟁의 격화에서 그 원인을 찾을 수 있다. 중국이나 인도와 같이 인구가 매우 많은 국가들이 세계 시장에 본격적으로 진출하면서 과거와 다른 차원의 국제 경쟁이 시작되었다. '세계의 공장'이라고 불리는 중국의 성장으로 각국의 제조업 경쟁력이 크게 약화되었고 관련 산업의 고용은 축소 압력을 받게 되었다. 인도는 정보통신 서비스의 아웃소싱 기지로 부상하면서 선진국의 화이트칼라 고용을 위협했다. 중국과 인도뿐 아니라 옛 소련과 동구권 공산주의 국가들도 시장경제 전환과 함께 세계 시장에 참여하게 되면서 중저위 상품에 대한 국제 경쟁은 더욱 격화되었다. 또한 관세 및 무역에 관한 일반협정GATT을 대신하여 등장한 WTO에서 관세 및 비관세 무역 장벽을 낮춤에 따라 세계 시장의 크기는 대폭 늘어났고, 이것은 국가 간 무역 경쟁을 한층 더 높은 수준으로 끌어올렸다.

마지막으로 경제의 서비스화가 진전된 것도 한 원인이다. 전후 선진국의 황금기를 이끌었던 산업은 제조업이었다. 제조업은 대규모 설비 투자를 필요로 하며 이에 대응하여 중간 숙련을 가진 노동자가 하나의 사업장에 대규모로 집적된다는 특징을 갖는다. 이러한 환경 속에서 노동자들은 노동조합을 통해 조직되었고 임금협상에서 발언권이 커졌다. 그리고 평등 지향성을 갖는 노동조합의 임금 구조 개선 요구에 따라 노동자 간 임금 격차가 줄어들었다. 그런데 제조업 생산성이 다른 산업에 비해 빠르게 증가하여 과거보다 적은 수의 노동자로 상품을 생산할 수 있게 됨에 따라 제조업 고용 비중이 점차 낮아지게 되었다. 대신에 생산성 증가가 더딘 서비스업의 비중이 늘어나고 더 많은 이들이 서비스업에 종사하게 되면서 경제의 서비스화가 빠르게 진행되었다. 그런데 제조업과 달리 서비스업은 소규모 사업장이 많고 자본 투자의 크기가 작은 데다 노동자 간 이질성도 커서 노동조합의 역할이 줄어들게 되었다. 이러한 변화는 노동자의 분배 몫을 줄이고 노동자 간 임금 격차를 확대시키는 결과를 가져왔다.

　우리 역시 이러한 전 세계적인 변화의 영향을 받지 않을 수 없었다. 한국 경제는 1970년대 중화학공업화와 1980년대 3저 호황을 거치면서 전통적 제조업 중심으로 빠르게 성장했지만 1990년대 이후에는 전 세계적인 정보통신기술 혁명의 흐름에 동참하여 첨단 산업 중심으로 재편되었다. 그리고 정보통신기술이 확산되면서 전통적 산업 내에서도 숙련 노동자를 더 많이 필요로 하게 되었다. 또 옆 나라 중국의 부상과 함께 세계화의 충격을 직접적으로 경험하기도 했다. 다만 한국은 경제

개발 초기부터 수출 중심의 성장 전략을 채택하여 상대적으로 국제 경쟁이 강화되는 환경에 조금 더 쉽게 적응했고 중국의 빠른 경제 성장을 또 다른 도약의 계기로 삼을 수 있었다. 1980년대 후반부터는 제조업 고용 비중이 감소하였고, 1990년대 이후 경제의 서비스화도 본격적으로 진행되었다.

같은 충격에도 나라별로 다른 결과가 있다

기술 변화, 세계화 그리고 경제의 서비스화는 모든 나라가 공통적으로 겪고 있는 전 세계적인 변화이다. 그래서 대부분의 선진국이 실업의 증가, 고용의 불안정화 그리고 노동 소득 불평등의 증가라는 부정적 변화 압력을 받고 있다. 그러나 나라별로 어떤 문제가 보다 심각하게 나타나는지는 차이가 있다. 예를 들어 유럽의 경우 취업자 간 임금 격차는 그다지 확대되지 않았으나 많은 이들이 일자리를 얻지 못하는 고실업의 문제로 고통받고 있다. 이에 비해 미국은 실업자 수를 통제 가능한 수준으로 유지할 수 있었으나 임금 격차가 확대되었고, 특히 저임금 노동자의 실질 소득이 하락하는 문제를 겪었다.

이처럼 심각한 일자리 문제가 나라별로 다르게 나타나는 이유는 무엇 때문일까? 그것은 나라별로 제도와 정책이 다르기 때문이다. 유럽은 강력한 노동조합과 높은 고용보호 수준을 보장하는 노동체제, 사회민주주의적 정치체제 그리고 높은 수준의 복지제도를 갖추고 있다. 이에 비해 미국은 약한 노동조합과 낮은 고용보호 수준으로 대표되는 유연한 노동시장체제, 보수적 정치체제 그리고 낮은 수준의 복지제도를 갖추고 있다. 이러한 대조적인 두 제도의 차이로 인해 노동시장의 성과가 상이하게 나타난 것이다. 물론 제도가 영원히 불변인 것은 아니다. 제도는 정치적 선택과 정책적 결정을 통해 변화할 수 있다. 각 나라는 전 세계적 변화에 대응하여 나름의 제도적 혁신과 정책 전환을 꾀하여 왔으며 이 역시 노동시장이 다르게 변화하는 데 영향을 미쳐 왔다.

그렇다면 우리는 유럽과 미국 중에서 어느 쪽에 가까울까? 임금 불평등과 실업률 측면에서 보면 미국과 유사하다. 우선 임금 불평등에 대해 살펴보자. 외환위기 이후 한국의 노동시장에서는 임금 격차가 큰 폭으로 확대되었으며 저임금 노동자의 비중이 매우 높게 유지되고 있다. 노동자 간 임금 격차를 보여 주는 대표적인 지표는 저임금 노동자의 비중이다. 저임금 노동자는 노동자를 임금 순으로 줄 세운 후 한가운데에 있는 사람이 받는 임금중위임금의 3분의 2 이하를 받는 자로 정의된다. OECD 국가들의 저임금 노동자 비중을 비교해 보면 한국은 2007년 기준 25.6%로서 4명 중 1명이 저임금 노동자임을 알 수 있다. 한국은 비교 대상 18개 국가 중에서 저임금 노동자 비중이 가장 높은 나라이며, 다음은 미국으로 24.6%이다. 이에 비해 독일은 17.6%로서 OECD 평균 수준이다.

다음으로 실업률 측면을 살펴보자. 글로벌 금융위기의 여파로 미국의 실업률이 급등하여 최근 연도의 실업률을 비교하는 것은 적절하지 않다. 그래서 글로벌 금융위기 직전 9년간, 즉 2000~2008년 사이의 실업률을 나라별로 비교해 보기로 하자. 한국은 이 기간 평균 실업률이 3.6%로 비교 대상 34개국 중 다섯 번째로 낮다. 이에 비해 미국은 5.1%로 13번째로 낮고, 프랑스, 독일은 각각 8.7%, 9.2%로서 상위권에 속한다.

한편 한국은 미국과 비슷한 점도 많지만 미국과 다른 점도 적지 않다. 노동시장 제도 측면에서 가장 큰 차이는 고용보호의 수준이다. 미국은 해고의 자유가 보장되는 나라이다. 하지만 한국은 정당한 사유의 해고인지 여부를 따지는 고용보호와 관련된 법제도가 비교적 엄격하게 작동하고 있다. 미국 영화에서 부서장이나 사장이 '넌 해고야'라고 외치면 황색 종이 상자에 짐을 챙겨서 집으로 쓸쓸히 돌아가는 샐러리맨 주인공을 종종 보게 된다. 만약 한국에서 이렇게 소리치고 윽박지르는 사장이 있다면 그 주인공은 집이 아니라 노동위원회를 찾아갈 것이고 과연 이 해고의 사유가 정당한지, 절차는 적절했는지 등등을 꼼꼼히 따질 것이다. 그리고 이런 식으로 해고 통보를 받은 주인공이 정말 해고될 가능성은 그리 높지 않다. OECD에서는 각국의 고용보호 수준을 지수화하여 비교하는 자료를 공개하고 있는데 이 자료에 따르면 미국은 비교한 30개 국가 중에서 고용보호 수준이 30위로 가장 낮고 한국은 18위로 중간 정도의 위치에 있다. 참고로 프랑스는 6위, 독일은 9위로 상위권을 차지하고 있다.

고용보호 수준을 낮추기는 정말 어렵다

일자리 문제가 부각되면서 우리 사회 일각에서는 미국식의 해고의 자유를 보장하는 방향으로 노동시장 제도를 바꾸어야 한다는 주장이 제기되고 있다. 이러한 주장에 따르면 고용보호로 인해 기업이 한번 채용하고 나면 쉽게 해고할 수 없기 때문에 일자리 창출이 원활하게 되지 않는다. 만약 해고의 자유를 보장하면 기업이 경영상의 어려움이 있을 때 쉽게 해고할 수 있으므로 신규 채용을 늘리는 데 장애가 없게 될 것이라는 논리이다.

이러한 논리는 일자리 창출 측면에서는 맞지만, 그 반대편에 숨어 있는 일자리 파괴를 고려하면 '해고의 자유＝일자리 증가'의 등식은 성립하지 않는다. 해고의 자유가 보장되면 새로운 일자리 창출이 용이해지지만 동시에 기존 일자리가 쉽게 사라진다. 즉 신규 채용이 늘어나는 반면 해고도 늘어나므로 일자리 전체의 양이 어떻게 될지는 확실하지 않다. 여기에 대량의 일자리 파괴는 대량 실직이라는 또 다른 사회 경제적 문제를 수반한다는 점에서 조심스럽게 접근할 필요가 있다.

해고의 자유가 노동시장 전체의 일자리를 늘릴 가능성이 전혀 없는 것은 아니다. 실업자의 비중이나 노동시장에 참여하는 사람의 비율을 따져 볼 때, 미국의 노동시장이 유럽보다 더 좋은 성과를 보여 준 것은 이러한 가능성의 증거로 볼 수 있다. 그리고 대량 실직이 있더라도 유연한 노동시장 덕분에 실직된 이들이 빨리 재취업을 할 수 있다면 실직의 사회 경제적 문제는 생각보다 작을 수 있다. 그러나 해고의 자유를 도입할 경우 노동시장 성과가 확실히 개선된다고 하더라도 해고의 자유 도입을 진지하게 검토하고 논의하기 힘든 또 다른 이유가 있다. 그것은 이러한 개혁의 성공 가능성이 낮다는 점이다.

노동시장 유연화를 위해서는 근로기준법, 비정규직 보호 관련 법 등 고용보호와 관련된 법 개정이 필요하다. 그런데 고용보호 관련 법의 개정은 사회적 의제 설정과 공론화 과정 그리고 국회의 논의를 거쳐 통과되어야 한다. 그리고 이러한 과정에서 엄청난 사회적 갈등과 비용을 치러야 할 것이다. 게다가 그러한 갈등과 비용에도 불구하고 실제 법이 개정될 가능성은 높지 않다. 우리는 외환위기를 전후하여 정리해고 관련 법 개정을 둘러싼 사회적 갈등이나 비정규직 규제 관련 입법을 둘러싼 기나긴 논의 과정과 사회적 갈등을 잘 기억하고 있다. 예를 들어 정리해고에 대한 법은 1996년 말 여당 단독으로 통과되었으나 1997년 초 2년간 시행이 유보되었고, 결국 외환위기라는 국가적 위기를 겪고 나서야 노사정 합의 과정을 거쳐 어렵게 시행되었다.

고용보호법의 개혁이 난항을 겪는 것은 우리만의 문제가 아니다. 1970년대 석유파동과 함께 찾아왔던 세계적인 대불황 이후 고실업 문제로 몸살을 앓고 있던 유럽 여러 국가에서도 고용보호 수준을 낮추어 노동시장을 유연화하려는 수많은 시도가 있었다. 하지만 고용보호법을 개정하여 노동시장 유연화를 촉진하려는 시도는 대부분의 나라에서 실패했다.

왜 고용보호 관련 법의 개정은 대부분의 나라에서 실패한 것일까? 민주주의 사회에서 법과 제도의 변화는 정치적 과정을 통해 이루어진다. 즉 국회에서의 토론과 투표를 통해 결정되며, 이때 국회의원들은 유권자의 의향을 반영한다. 따라서 장기적으로 사회에 이득이 되는 개혁이라도 현재 시점에서 과반수 이상의 유권자들이 동의하지 않을 경우에는 그러한 개혁은 불가능하다.

한편 고용보호 수준을 낮추어 노동시장 유연성을 높이는 방안은 취업자와 실업자에게 상이한 영향을 줄 것이다. 일자리를 구하는 실업자 입장에서는 해고가 자유로워지면 당장 신규 일자리가 늘어나 재취업 기회가 확대되므로 이득이 될 수 있다. 하지만 취업자 입장에서는 당장 실직의 위험이 높아지기 때문에 손해이다. 노동시장이 유연화되어 장기적으로 개혁 전보다 일자리가 늘어나서 재취업 기회가 확대된다면 취업자도 더 좋아질 수 있지만 지금 당장은 손해임이 분명하다.

이처럼 실업자는 고용보호 수준을 낮추는 법 개정에 찬성할 수 있지만 취업자는 반대할 가능성이 높다. 그런데 실업자보다는 취업자가 훨씬 더 많다. 한국의 실업률은 3% 중반으로 경제활동인구 100명 중에 3명만이 실업자이고 나머지는 취업자이다. 물론 적극적으로 구직활동을 하지 않는 비경제활동인구도 고려해야 하는데, 경제활동인구가 100명이면 비경제활동인구는 60명 가량 된다. 비경제활동인구는 취업자의 소득에 의지하여 살고 있으므로 취업자의 실직 위험을 높이는 법 개정에 역시 반대할 가능성이 크다. 따라서 1인 1표에 따라 법 개정 여부가 결정된다면 고용보호법 개정안은 통과되기 어렵다. 이처럼 다수의 투표자가 반대하는 개혁은 정치적으로 실현 가능성이 낮다. 이러한 이유로 인해 유럽에서 고용보호 수준을 낮추려는 대부분의 개혁은 성공하지 못했다.

정규직 고용보호의 또 다른 얼굴, 비정규직

          그렇다고 전혀 변화가 없었던 것은 아니다. 변화가 집중된 것은 비정규직과 관련된 고용보호 수준이었다. 지금까지 고용보호법이 모든 일자리에 적용되는 것처럼 말했으나 이는 정규직 일자리에 해당하는 이야기이다. 정규직 일자리에는 고용보호법이 적용되어 함부로 해고할 수 없고 해고할 경우에는 해고 수당을 지급해야 한다. 하지만 계약직이나 일용직 일자리의 경우에는 계약 기간이 만료되면 해고 수당을 지급할 필요 없이 계약을 해지할 수 있다. 세계적 경쟁 압력이 증가하고 고용 불안정이 심화되면서 유럽에서도 비정규직이 확대되거나 비정규직의 고용보호 수준이 약화되었다.

  그렇다면 정규직의 고용보호를 약화시키는 것은 정치적으로 불가능했는데, 비정규직의 고용보호를 약화시키는 것은 어떻게 정치적으로 가능했을까? 제2차 세계대전 이후 유럽 각국에서는 경제 성장과 함께 노동자 정당의 세력이 강화되었다. 이와 함께 취업자의 대다수였던 정규직의 고용보호도 강화되었다. 이런 상황에서 고용주들은 고용량을 유연하게 조정할 수 있기 위해 비정규직 활용을 늘리기를 원했다. 실직자였던 이들에게 고용보호가 낮은 비정규직을 제공하는 것은 취업 기회를 늘린다는 점에서 환영받을 수 있었다. 정규직 취업자들 역시 비정규직이 일정 비율 존재하게 되면 정규직에 대한 고용 조정 압력이 줄어들어 자신들의 실직 확률을 낮출 수 있다는 점에서 신규 채용되는 비정규직 확대에 찬성했다.

  하지만 비정규직 규제가 무한정 완화될 가능성은 높지 않다. 왜냐하면 비정규직 비중이 지나치게 늘어 정규직 취업자들의 비중이 과반수 이하로 줄어들게 되면 정치적으로 정규직에 대한 고용보호가 위협받을 수 있기 때문이다. 이 경우 정규직 취업자들이 비정규직 규제 완화가 일정 수준 이상 넘어서지 않도록 비정규직에 대한 재규제를 요구하게 될 것이다. 실제 유럽에서 비정규직에 대한 규제는 완화되기만 한 것이 아니라 역으로 강화되기도 했다.

　유럽의 경험은 우리의 경험을 해석하는 데 있어서 도움이 된다. 한국의 경우 유럽과의 차이점은 애초부터 비정규직에 대한 규제가 거의 존재하지 않았고 광범위하게 비정규직을 활용하고 있었다는 것이다. 그러다가 1990년대 중반 이후 비정규직 문제가 심각해졌고 2000년대에 들어 사회적 의제가 되면서 비정규직 규제에 대한 논의가 비로소 시작되었다.

　비정규직을 엄밀히 정의하고 그 규모를 객관적으로 측정하기는 어렵다. 비정규직은 정규직이 아닌 것으로 정의되는데 단시간 근로, 기간제 근로, 용역 근로, 호출 근로 등 다양한 형태로 존재한다. 한국의 경우 많은 이들이 임시직과 일용직을 비정규직의 대명사로 생각해 왔다. 근로 계약 기간이 정해지지 않거나 1년 이상의 근로 계약 기간을 가지며 퇴직금 등의 법정 부가급여가 적용되는 일자리가 상용직이며, 이에 비해 1년 미만의 계약 기간을 갖는 일자리가 임시직, 1개월 이하의 계약 기간을 갖는 일자리가 일용직이다. 다행히 임시직과 일용직에 대한 통계는 오랫동안 통계청에서 축적하고 있어 비정규직의 규모 추이를 가늠해 볼 수 있다.

30년간의 장기적인 흐름을 볼 때 임시·일용직은 두 번 크게 증가했는데, 첫 번째는 1980년대 중반, 두 번째는 1990년대 중후반이었다. 앞서 언급한 것처럼 한국의 노동자 중 임시·일용직의 비중은 1970년대 중반 45% 수준으로 매우 높았다. 이후 그 비중은 1982년 30% 수준으로 감소한 뒤 1986년까지 단기간에 45% 수준까지 급증하고 1990년까지 높은 수준을 유지했다. 이후 1992년까지 소폭 감소한 뒤 1990년대 중반 내내 그 비중이 다시 증가했다. 그리고 외환위기를 겪으면서 더욱 증가하여 결국 1999년에는 전체 노동자의 50% 이상이 임시·일용직이라는 충격적인 결과가 발표되었다. 그 이후에도 2000년대 중반까지 임시·일용직의 비중은 높은 수준을 유지했지만 감소 추세가 이어졌다.

양적으로 비정규직의 비중이 높아진 것뿐만 아니라 정규직과 비정규직 사이의 임금, 노동 조건의 격차가 심화된 것도 문제였다. 2000년대 초반 비정규직 문제는 정치적, 사회적 의제로 부각되었으며, 2002년부터 본격적으로 논의된 끝에 2006년 국회에서 비정규직 보호법 제정으로 일단락되었다.

1990년대 임시·일용직의 비중이 확대된 시기는 정규직에 대한 보호가 강화된 시기 뒤에 위치한다. 당시 대기업 정규직을 중심으로 노동조합이 조직되고 그 활동이 강화되면서 기업이 경제적 사정에 따라 고용 조정을 하는 것이 점점 어려워졌다. 이때 계약직 노동자를 규제하는 법적 제약이 없었으므로 기업들은 고용 유연화의 대안으로 비정규직을 적극적으로 활용하기 시작했다. 정규직 취업자들 역시 비정규직을 활용하는 것에 적극적인 반대를 표하지 않았다고 볼 수 있다.

그러나 외환위기 이후 정규직에 대한 고용 조정이 본격화되면서 정규직 내부에서 고용 불안감이 확산되었다. 그리고 임시 · 일용직이 50%를 넘어서는 등 비정규직의 규모가 지나치게 늘어나자 정규직들 역시 비정규직 남용의 기업 문화와 비정규직 활용의 무규제 상황을 위험한 것으로 인식하기 시작했다. 그 결과 비정규직에 대한 규제가 정치적 쟁점이 되었고 비정규직 활용 규제에 대한 입법이 논의되었다.

그런 의미에서 고용보호는 실직의 위험에 대응한 노동자 집단의 자연스러운 정치적, 제도적 대응의 결과이다. 비정규직은 엄격한 정규직 고용보호의 또 다른 얼굴이라고 할 수 있다. 따라서 모든 이를 정규직화해서 비정규직을 없앤다거나 아니면 고용보호를 철폐하여 모든 이를 비정규직화한다거나 하는 정책 제안은 비현실적이다. 실업자와 정규직 그리고 비정규직 사이의 적절한 균형점을 찾는 것이 현실적인 해결책이다. 그리고 그것은 정규직 고용보호의 적절한 수준과 비정규직 규제의 적절한 수준을 찾는 것에 한정되지 않는다. 실직자의 생계를 보장하는 실업보험제도도 적절한 정치적 균형점에 기여할 것이며 저임금 노동자의 임금보조금도 그러할 것이다. 나아가 이러한 지출을 뒷받침하는 조세 부담 수준과 세율의 구조 역시 마찬가지이다.

저임금 노동자를 줄이는 것에서부터 시작하자

앞에서 한국의 노동시장 성과를 살펴보고 평가하면서 한국의 노동시장은 유럽 국가들보다는 미국에 가깝다고 언급했다. 한국의 노동시장은 미국과 마찬가지로 임금 격차가 확대되고 있으며 저임금 노동자의 비중이 매우 높다. 이런 점에서 한국의 일자리 문제는 일자리 양의 문제보다는 일자리 질의 문제에 더 집중되어 있다. 일자리를 구하기가 어렵다기 보다는 구할 수 있는 일자리에 대한 임금이나 부가급여 등의 노동 조건이 매우 열악하다는 것이 문제이다. 따라서 일자리 문제를 해결하려면 우선적으로 저임금 노동의 문제에 천착할 필요가 있다.

저임금 노동의 문제는 빈곤 문제와 밀접한 관련을 맺고 있다. 빈곤 문제는 노동 능력이 있는 가구의 빈곤과 노동 능력이 없는 가구의 빈곤으로 나뉜다. 독거노인의 빈곤처럼 노동 능력이 없는 이들만 있는 가구의 문제는 국가의 기초생활보장 정책 외에는 다른 대안이 없어 보인다. 이에 비해 노동 능력자가 있는 가구에서 발생하는 빈곤의 해법은 국가의 기초생활보장보다는 노동력 보유자가 열심히 일하는 것에서부터 시작될 필요가 있다. 그런데 열심히 일하더라도 최저생계비에 미치지 못하는 저임금을 받는다면 빈곤 문제는 해결될 수 없다.

빈곤 문제는 저임금 노동자의 비중을 줄이면 효과적으로 해결할 수 있다. 실제로 저임금 노동자가 적은 나라일수록 빈곤율도 낮다. 유럽의 복지 선진국에서 빈곤율이 낮은 이유는 단순히 빈곤층에 대한 기초생활보장제도가 잘 발달해 있기 때문이 아니다. 이들의 기초생활보장제도는 우리가 예상하는 것보다 재정 규모도 크지 않고 포괄하는 대상자도 의외로 적은 편이다. 오히려 복지 선진국에서는 저임금 노동자의 규모를 줄이는 정책과 제도를 통해 빈곤의 위험을 줄이고 있다. 결과적으로 기초생활보장제도가 돌봐야 할 빈곤 가구는 많지 않다.

마찬가지로 빈곤 문제를 해결하기 위해서는 빈곤 가구에 대한 사후적 지원에 초점을 맞출 것이 아니라 빈곤에 빠지지 않도록 예방하는 것이 중요하다. 여기서 저임금 노동을 줄이는 정책이 예방적 성격을 가질 수 있다. 남성 가장이 유일한 소득원일 경우 그가 실직하거나 임금이 대폭 삭감될 경우 중산층 가구에서 빈곤층 가구로 전락할 가능성이 높다. 하지만 가구 내 여성과 고령자가 지속적으로 노동시장에 참여하고, 지나치게 낮지 않은 급여를 받는다면 남성 가장의 실직이 가구 전체의 빈곤으로 이어지는 가능성을 크게 낮출 수 있다.

그렇다면 어떻게 저임금 노동을 줄일 것인가? 저임금 문제는 근본적으로 노동자의 낮은 생산성에 기인한다. 임금은 대체로 노동자의 생산성을 반영하기 때문이다. 따라서 저임금 노동자의 숙련 수준을 높이고 생산성을 높이는 것이 가장 단순하면서도 효과적인 해결책이다. 이를 위해서는 교육과 훈련에 투자하는 것이 필요하다. 그런데 교육은 수년 간의 지속적인 투자가 필요하며 그 효과 역시 장기적으로 나타난다. 훈련은 단기간에 이루어지는 경우가 많으나 그만큼 훈련의 효과에 대해 논란이 많다.

교육과 훈련 이외에도 저임금 노동자에 대한 여러 가지 지원 수단을 생각해 볼 수 있다. 최저임금을 대폭 인상하는 것도 하나의 수단이 될 수 있고 저임금 노동자에 대한 임금보조금을 늘리는 것도 또 하나의 방안이 될 수 있다. 또한 저임금 노동자에게 실업급여를 넉넉하게 지급하는 것도 생각해 볼 수 있다. 각각의 방안은 장점과 단점이 공존하므로 현명한 선택 또는 조합이 필요하다.

우선 최저임금을 인상하는 것은 저임금 문제를 해결하는 강력한 직접적 수단이다. 최저임금 제도란 일정 수준 이하로 임금을 지급하지 못하도록 정부가 규제하는 것이다. 저임금 노동자는 중위 임금의 3분의 2 이하를 받는 사람으로 정의되므로, 최저임금을 중위임금의 3분의 2 수준으로 정하면 논리적으로 저임금 노동자는 한 명도 없게 될 것이다. 물론 최저임금 규제가 100% 적용되기는 어려울 수 있고, 일부에서는 규제를 위반하면서 최저임금에 못미치는 임금을 지불하려고 할 것이다. 어쨌거나 최저임금의 인상은 저임금 문제를 직접적으로 해결할 수 있는 방안이다.

한편 최저임금 인상은 고용 측면에서 부정적 효과를 수반한다. 최저임금을 높게 되면 저임금 노동자 중에서 실직자가 늘어나게 된다. 최저임금 제도는 최저임금보다 낮은 임금에서 일할 의향이 있는 노동자와 최저임금을 줄 수 없는 경영이 어려운 기업 사이의 자발적인 거래를 방해한다. 이런 점에서 최저임금 제도는 일자리를 줄이고 새로운 재분배 효과를 갖는다. 일자리를 계속 유지할 사람들에게는 최저임금 인상이 소득을 높이는 좋은 정책이지만 일자리 기회의 감소로 일자리를 잃을 사람에게는 소득을 0으로 만들어버리는 나쁜 정책으로 여겨질 수 있다.

반면 최저임금 인상이 오히려 고용을 늘릴 가능성도 있다. 수많은 기업이 경쟁하는 상황에서도 개별 기업이 직면하는 노동 공급은 시장 임금 수준에서 완전히 고정되어 있지는 않기 때문에 적게나마 임금 수준을 조정할 수 있다. 즉 임금을 약간 낮춘다고 모든 노동자가 기업을 떠나지는 않으며 임금을 약간 높인다고 모두 그 기업으로 몰려오지도 않는다. 노동자가 직장을 옮기는 것은 여러 면에서 어렵고 신중한 판단을 요하는 결정이고 비용이 소요되기 때문이다. 이처럼 임금 수준을 조정할 수 있고 임금 수준에 따라 노동 공급량이 소폭이나마 변화하는 상황에서 기업은 노동자에 대해 일종의 독점력을 갖게 되며 완전경쟁적 상황에 비해 개별 기업이 정하는 임금 수준은 낮고 고용량도 적을 수밖에 없다. 이러한 상황에서 최저임금의 인상은 임금도 높이면서 고용량도 늘릴 수 있는 방안이다.

이처럼 이론적으로 최저임금 인상은 고용량에 대해 부정적 영향을 줄 수도 있고 긍정적 영향을 줄 수도 있다. 그리고 지나치게 높은 인상은 확실히 고용량에 대해 부정적 영향을 줄 수 있다. 현실의 최저임금이 어떤 수준에 있으며 고용량에 어떤 영향을 주는지 여부는 상황에 따라 다를 것이다. 이에 대해서는 실증적으로도 최저임금이 고용에 부정적 효과를 미친다는 연구도 있고 부정적 효과가 없다는 연구도 있어 명확한 답을 내기 어렵다.

저임금 노동을 줄이는 방안은 다양하다

저임금 노동자에 대한 임금보조금은 실제 노동자가 집에 가져가는 임금도 높이고 동시에 고용 기회도 늘리는 일석이조의 효과가 있다. 임금보조금 제도란 특정 노동자를 채용하는 기업에게 보조금을 주는 것이다. 예를 들어 장애인 임금보조금은 장애인을 채용하는 기업에게 장애인 1인당 일정액의 보조금을 주는 제도이다. 기업주 입장에서는 저렴한 비용으로 노동자를 채용할 수 있으므로 보조금을 받기 이전보다 노동 수요가 늘어난다. 늘어난 노동 수요는 저임금 노동자에 대한 임금을 높이는 힘으로 작용한다. 노동자 입장에서는 이전보다 높은 임금이 보장되므로 더 많은 이들이 취업을 희망하게 되어 노동 공급이 늘어나게 된다. 이와 같이 임금보조금은 저임금 노동자와 이를 채용하는 기업 모두에게 이득을 가져다준다.

하지만 임금보조금은 하늘에서 뚝 떨어지는 것이 아니다. 누군가 임금보조금 지급에 소요되는 돈을 세금으로 지불해야 한다. 경제학에서 세금은 늘 효율성 측면에서 부정적인 효과를 낳는다는 것이 상식이다. 세금 부과는 거래를 위축시켜서 세금이 없었을 때에 비해 사회 전체의 부가가치 생산을 줄이는 결과를 낳는다. 가장 좋은 세금은 경제 활동을 가장 적게 위축시키는 세금이다. 만약 소득세를 부과한다면 소득세 부과에도 행동을 바꿀 가능성이 가장 낮은 측에 부과하는 것이 제일 좋다.

그렇다면 기업에 대한 법인세, 자본에 대한 과세 그리고 고임금 노동자에 대한 과세를 후보로 생각해 볼 수 있다. 자본 이동과 해외 직접투자의 장벽이 대폭 낮아진 국제투자환경에서 법인세나 자본 소득 관련 세금을 높일 경우 기업과 자본이 해외로 빠져나갈 가능성이 크다. 상대적으로 노동자는 이주에 따른 비용이 높으므로 세금이 약간 높아진다고 해서 해외로 이주할 가능성은 낮다. 또한 임금 수준이 높을수록 임금 수준의 약간의 변동이 있더라도 노동 시간을 줄이거나 늘릴 여지가 적다. 이에 비해 임금 수준이 낮을 경우에는 임금 수준에 따라 노동시장 참여 여부에도 큰 변화가 있고 노동 시간도 달라질 수 있다. 이런 점에서 고임금 노동자에 대한 세금 인상을 재원조달 방법으로 삼아 저임금 노동자에 대한 임금보조금을 늘리는 것을 진지하게 검토할 필요가 있다.

실업급여의 보장성을 강화하는 것도 저임금 노동자에게 도움이 될 것이다. 저임금 노동자는 고임금 노동자에 비해 해고당할 위험이 크다. 또한 비정규직일 가능성도 높으므로 계약 기간 만료에 따라 주기적인 실업을 경험할 가능성도 크다. 따라서 실업급여 수준을 높이는 것은 저임금 노동자가 실직할 경우에만 도움을 주는 것이 아니라 취업 시 저임금 노동자의 임금 수준을 높이는 데 기여할 수 있다. 그 이유는 다양하게 설명될 수 있다.

첫째, 실직되더라도 넉넉한 실업급여를 받을 수 있게 되면 노동자와 기업의 임금 협상에 있어서 노동자 측의 협상력이 커지게 된다. 임금 협상이 결렬되어 회사를 나가더라도 높아진 실업급여가 든든하게 받쳐주므로 노동자의 협상력이 강화되어 더 높은 임금을 받을 수 있다. 둘째, 실업자 입장에서 실업급여가 증가하게 되면 직장을 찾으려는 구직 활동의 강도를 줄이게 될 것이다. 구직자의 구직 노력이 감소하면 노동 시장에서 사람 구하기가 어려워지고 이로 인해 시장 임금 수준이 높아지게 될 것이다.

하지만 임금보조금과 마찬가지로 실업급여의 보장성 강화를 위해서는 누군가가 늘어난 실업급여 지출에 필요한 돈을 지불해야 한다. 실업급여는 기업과 노동자 전체가 내는 보험료로 운영되며 일반적으로 보험료 액수는 노동자 임금액의 일정 비율로 산정된다. 따라서 실업급여 수준을 올리기 위해서는 보험료가 인상되어야 하며 보험료 인상은 기업 노동비용을 높여 일자리 창출을 저해한다. 여기에 앞서 언급한 실업자의 구직 노력 감소로 인해 실업 기간이 장기화되는 부작용이 나타날 수 있다.

실업급여액 인상에 따른 실업 증가 효과는 여러 실증 연구에서 확인되지만 실업 증가 폭은 미미한 것으로 알려지고 있다. 앞서 언급한 것과 같은 실업 증가 압력이 있지만, 급여액 인상으로 인한 구직 노력 감소 폭과 임금 상승 폭도 그리 크지 않아 실제 실업에 미치는 영향은 미미할 수 있기 때문이다. 게다가 실업급여는 취업하여 일정 기간 동안 실업 보험료를 납부한 사람만 받을 수 있기 때문에 실업급여액 인상으로 일자리를 구하려는 이들이 늘어나는 부수적 효과도 발생한다.

우선 사회보험의 사각지대를 없애야

한국은 미국과 저임금 노동자의 비중은 비슷하지만, 미국과 달리 사회보험 및 조세 당국에 포착되지 않는 비공식 노동자의 비중이 높다. 한 연구에 따르면 한국의 노동자 중에서 최저임금 미만을 받는 노동자의 비중은 2010년 기준 11.5%로 추정된다. 실업급여를 받으려면 고용보험에 가입되어 있어야 하고 임금보조금 역시 고용보험 사업장 노동자에게만 제공되는 것이 일반적인 관례이다. 전체 노동자 중 고용보험 미가입자 비중은 2011년 기준 29%로서 400만 명에 이르고 있다. 이런 점에서 비공식 부문에서 일하는 이들을 줄이는 것이 선차적인 과제이다.

앞서 언급한 최저임금제나 임금보조금, 실업급여는 모두 공식 부문에서 일하는 노동자가 받는 혜택으로, 사회보험에 가입하지도 않고 세금을 내지도 않는 비공식 부문 노동자들은 이러한 제도적 개선과 정책적 노력의 혜택을 받지 못한다. 비공식 부문에서 일하는 노동자는 사회보험에도 가입되지 않거나 최저임금을 받지 못하기도 하고 최저근로기준을 보장받지 못할 수도 있다.

비공식 부문을 줄이는 것은 특히 국가 재정을 책임지는 당국 입장에서 중요하다. 비공식 부문에서 일하는 노동자들은 국세 행정에서 벗어나 있지만 세금으로 지출되는 공공서비스 및 인프라의 이익을 무임승차하여 누리고 있기 때문에 이들을 적발하여 조세 정의를 확립하는 것이 중요하다. 이 때문에 비공식 부문에 대한 연구는 주로 조세 연구자들에 의해 주도되어 왔다. 비공식 부문은 지하경제라고도 불린다. 조세가 아닌 고용의 관점에서 볼 때 이 영역에서 활동하는 노동자는 우선 사회보험에 가입되어 있지 않고 실직이나 고령 등의 위험에 대한 대비책을 갖지 못하는 소외자이다. 다른 한편으로 이들은 공공근로사업이나 기초생활보장제도의 비용은 내지 않고 그 혜택만 누리는 무임승차자이기도 하다.

왜 일부 노동자는 사회보험에 가입하지 않고 비공식 영역에서 활동하는가? 그 이유에는 비자발적인 측면과 자발적인 측면이 혼재되어 있다. 첫째, 사업주가 사회보험을 제공하지 않기 때문이다. 노동자가 가입을 원함에도 불구하고 사업주가 사회보험료 비용 부담 때문에 제공하지 않아 가입하지 못하는 경우이다. 둘째, 노동자가 현재 손에 쥐는 임금 수준이 보험료 때문에 낮아지는 것을 원치 않아 자발적으로 보험 가입을 거부하는 측면도 있다. 사회보험료가 월급의 18% 내외의 수준임을 고려하면 사업주와 담합하여 사회보험공단에 18%를 내지 않는 대신 실수령 임금을 조금 높여 받는 데 합의할 수 있다. 영세 사업장일수록 그리고 저임금 노동자일수록 사회보험에 가입하지 않고 비공식 부문에서 일하게 될 가능성이 높다.

이러한 상황에서 사회보험 가입률을 제고하기 위한 방안은 크게 두 가지가 있다. 하나는 저임금 노동자의 사회보험료를 정부가 지원해 주는 것이다. 사회보험료를 정부가 지원할 경우 노동자 입장에서 사회보험 혜택 대비 본인 부담 비용이 줄어들므로 사회보험 가입을 희망하게 된다. 이러한 취지로 2012년 7월부터 10인 미만 영세 사업장에서 일하는 125만 원 미만 월급을 받는 노동자에 대해 국민연금과 고용보험료의 최대 2분의 1을 지원하는 사회보험료 지원 사업이 시작되었다.

다른 하나는 사회보험 미가입 사업장과 노동자에 대한 단속을 강화하는 것이다. 사업주들은 경쟁 사업체가 사회보험료를 내지 않는 상황에서 자신만 사회보험료와 세금을 납부하게 되면 경쟁력이 떨어지게 된다는 점을 내세워 가입에 소극적일 수 있다. 남이 내지 않으면 나도 내지 않겠다는 것인데 이를 뒤집어 보면 남이 낸다면 나도 낼 수 있다는 이야기이다. 단속이 강화되면 사업주 입장에서는 경쟁 조건이 동일해지므로 규제 순응도가 높아질 수 있다.

그런데 저임금 노동자의 사회보험료를 지원하려면 누군가가 그 돈을 부담해야 한다. 사회보험의 원리상 보험 가입자 내부에서 비용을 분담하는 것이 자연스러우며, 따라서 고임금 노동자의 사회보험료 부담을 높일 필요가 있다. 복지의 관점에서 말하자면 고임금 노동자가 희생하여 저임금 노동자에게 나눠 주는 재분배 성격을 갖는다. 앞에서 언급한 것처럼 기술 변화, 세계화 그리고 서비스화의 추세에 따라 임금 격차가 심화되고 저임금 노동자가 늘어나는 상황을 완화하기 위한 정책적 대응이 필요한데, 저임금 노동자의 사회보험료 지원은 한국의 과도한 비공식 고용 비중을 줄임과 동시에 저임금 노동자의 실질소득을 높이고 임금 격차를 줄이는 이중의 의의를 갖는다.

효율성 측면에서 고임금 노동자의 세금 및 사회보험료 인상이 반드시 문제인 것은 아니다. 누진세율 구조하에서는 임금이 높아질수록 세율이 높아져 실수령 임금의 증가 폭이 점점 낮아진다. 임금이 사업주와 노동자 간의 협상에 의해 결정된다고 할 때, 세율이 인상되면 협상 임금은 줄어들게 된다. 임금이 낮아진다는 것은 다른 한편으로 고용을 늘릴 수 있는 여지가 커진다는 것을 의미한다. 낮아진 임금은 이윤의 증가를 의미하고, 이윤의 증가를 예상하여 더 많은 일자리와 기업이 창출될 수 있기 때문이다. 따라서 과도한 세금 인상은 경제에 부담을 줄 수 있으나 적절한 누진세율과 저임금 노동자 지원 정책의 조합은 저임금 노동자의 고용도 늘리고 고임금 노동자의 고용도 늘리는 일석이조의 효과를 기대할 수 있다.

저임금 노동자에 대한 사회보험료 지원이 저임금 노동을 조장하고 늘리는 나쁜 정책이라는 비판도 있다. 저임금 노동자가 있는 기업에 보조금을 주는 것이므로 저임금 고용을 늘리는 측면이 있는 것도 사실이다. 그러나 임금보조금이 없던 상황에 비해 임금을 더 낮추는 것은 아니라는 점에서 긍정적인 측면이 있다. 또한 저임금 일자리를 늘리는 측면이 있으나 이것이 중위임금이나 고임금 일자리를 파괴하면서 저임금 일자리를 늘리는 것은 아니다. 기존의 중위 또는 고임금 노동자가 밀려나서 내려오는 것보다는 노동시장에 참여하고 있지 않던 비경제활동인구나 비공식 부문에서 일하던 노동자나 영세 자영업자가 공식 저임금 부문으로 유입되어 들어오는 것이다.

정답은 디테일한 설계, 제도의 혁신, 정책 현장에서

이 글은 최근 우리 사회에서 최우선 순위의 국정 과제로 불리는 '일자리 창출'이 과연 무엇인지를 다각도로 분석해 보는 것에서부터 이야기를 시작했다. 일자리 창출이라는 용어는 지나치게 일자리의 양적 측면만을 강조하는 선입견을 주지만 시대적 과제로서의 일자리 창출이라는 의제는 일자리의 질적 측면, 즉 고용의 불안정성과 비정규직 그리고 저임금과 늘어나는 임금 격차의 문제를 포함하고 있음을 알 수 있었다. 그리고 일자리 문제가 우리만이 겪는 독특한 것이 아니라 전 세계적인 변화의 산물이며 공통의 과제임을 확인했다. 실업과 불평등 그리고 고용의 불안정성 중 어떤 문제가 더 부각되는지 그리고 일자리 문제를 풀어가는 방식이 어떠한지는 각 나라마다 다르며 그것은 각국의 노동시장 제도와 정책, 정치체제 그리고 사회보장제도와 정책에 차이가 있기 때문이라는 것도 확인했다. 그리고 이런 점에서 제도와 정책의 변화와 혁신이 중요하다는 것을 알 수 있었다.

그렇지만 제도와 정책의 고정된 유형에 따라 일자리 문제의 정답이 주어져 있는 것은 아니다. 이를테면 일자리 문제에 대해 신자유주의라는 해답과 사회민주주의라는 해답 중 우리는 양자택일을 하면 되는 것일까? 나는 그렇지 않다고 생각한다. 과감한 일반화로 두세 가지 유형을 만들 수는 있으나 우리의 현실이 유형에 딱 들어맞는 경우는 거의 없다. 우리에게 필요한 것은 현실에서 작동 가능하며 정치적으로 실현 가능하고 일정한 성과를 낼 수 있는 해결책이다. 그러한 해결책은 유형론에서 나오는 것이 아니라, 제도 설계의 디테일과 창조적 제도 혁신 그리고 정책 현장에서 찾을 수 있다고 생각한다. 보다 나은 내일의 일자리 성과를 위해 우리의 제도 및 정책 운영 경험과 다른 나라의 그것으로부터 배우면서 제도적, 정책적 개선 노력을 지속할 필요가 있다.

실사구시
한국경제

청년 실업 문제의 해법 찾기

홍장표 (부경대학교 경제학부 교수)

청년 실업자 100만 명 시대

한국의 젊은이들은 교육 기간만 따지면 세계 최고 수준이다. 한국에서 대학에 진학하는 젊은이의 비율은 80%를 넘는다. 그중 상당수가 취업에 대비해 재학기간 중 어학연수를 다녀오거나 휴학을 한다. 따라서 대학을 졸업하는 데 최소 5~6년이 걸리고, 군 복무까지 해야 하는 남학생은 고등학교를 졸업한지 7~8년이 지나야 사회에 나오게 된다. 대학을 졸업해도 고시 준비나 공무원 시험 준비, 취업 재수에 매달리는 경우도 허다하다.

이렇게 긴 시간 동안 취업 준비에 몰두해도 막상 괜찮은 일자리를 찾기란 하늘의 별 따기이다. 2011년 한국의 실업률 통계를 보면, 청년 실업률은 7.6%로 전체 실업률의 두 배에 이른다. 하지만 이마저도 현실을 제대로 반영한 것이 아니다. 실제 청년 실업자는 실업률 통계에 나타난 것보다 훨씬 많다. 졸업 후 취업을 준비하거나 취업이 어려워 아예 구직 활동을 단념한 청년들은 통계상 실업자로 집계되지 않기 때문이다. 사실상 실업 상태에 놓인 사람까지 포함한 청년 체감 실업률은 공식 실업률의 세 배에 가까운 21.9%이다. 대학을 졸업해도 다섯 명 중 한 명은 백수가 되는 것이 현실이다. 게다가 청년 인구 중 취업자 비율을 나타내는 청년 고용률은 2000년대 중반부터 하락세를 보여 2011년에는 40.5%에 머물렀다. 일할 기회조차 갖지 못하는 젊은이들이 갈수록 늘어나고 있는 것이다. 2011년 말 현재 한국의 사실상의 실업자 309만 명 가운데 109만 명이 청년이다.

경제가 성장하면 일자리가 늘어나지만, 성장이 둔화되면 일자리가 부족해진다. 초고속 성장을 거듭하던 한국 경제는 1997년 외환위기를

표 1. 청년(15~29세) 고용 추이

(단위: %)

연도	'00	'05	'08	'09	'10	'11
청년 실업률	8.1	8.0	7.2	8.1	8.0	7.6
청년 체감 실업률			20.7	22.2	22.2	21.9
청년 고용률	43.4	44.9	41.6	40.5	40.3	40.5

자료: 통계청(KOSIS).
　　이준협·김광석(2012), 「글로벌 경제위기 이후 고용 한파 지속: 사실상 실업자 300
　　만 시대의 5대 특징」, 『현안과 과제』, 현대경제연구원.
주: 청년 고용률＝청년 취업자/청년 인구

맞으면서 경제성장률이 낮아졌다. 그렇지만 한국 경제는 2000년대 들어 다시 연평균 4% 정도의 성장률을 기록했다. 과거에 비해서는 분명 낮아졌지만, 성숙기에 들어간 선진국에 비하면 결코 낮은 수치가 아니다. 하지만 일자리 증가는 성장률에 크게 못 미쳤다. 2000년대 들어 일자리는 성장률의 4분의 1인 1.2% 늘어나는 데 그쳤다. 경제는 성장했는데 고용이 늘지 않았다는 것은 성장이 일자리를 창출해 내는 능력 자체가 떨어졌다는 것을 의미한다. 게다가 늘어난 일자리는 대부분 비정규직과 중소기업과 같은 안 좋은 일자리였고, 좋은 일자리는 오히려 예전보다 줄어들었다. 종업원 300인 이상의 대기업, 금융회사, 공무원과 같은 좋은 일자리 수는 1995년 413만 여 개로 최고 수준을 기록했다가 1998년 외환위기를 맞으면서 312만 여 개로 급감했다. 그 후 경제가 회복되면서 2009년에는 406만 여 개로 늘어났지만 아직도 과거의 숫자를 완전히 회복하지 못하고 있다. '청년 실업'은 경제 문제를 넘어 미래 세대의 꿈과 희망을 앗아간다는 점에서 심각한 사회 문제이다. 청년 실업 문제를 어떻게 볼 것이며, 그 해법은 어디에서 찾아야 할까?

새로운 산업을 키우면 일자리 문제가 해결될까?

그동안 한국 경제는 꾸준히 성장해 왔는데 일자리는 왜 늘어나지 않았을까? 경제학자들은 흔히 산업 구조가 고도화되고 노동 생산성이 향상되면 고용은 줄어든다고 말한다. 기술이 발달하고 생산 방법이 개선되면 그만큼 노동 사용량은 줄어들기 때문에 주력 산업의 성장만으로는 더 이상 고용을 유발할 수 없다는 것이다. 이런 인식은 고용을 유발하는 새로운 산업이나 사업을 찾아야 한다는 주장으로 자연스럽게 이어진다. 우리 경제가 제조업 중심으로 성장하면 고용 없는 성장이 나타날 수밖에 없기 때문에 서비스업이 성장해야 고용도 함께 증가한다는 것이다. '주력 제조업으로는 일자리 창출이 되지 않으니 금융허브도 만들어야 하고 문화관광산업도 키워야 한다.' 재계가 추진하는 신성장 동력 산업, 신수종 사업에 대해 정부의 지원을 정당화하는 논리는 대부분 이런 식이다. 거짓으로 드러났지만, 이명박 정부가 4대강 사업을 강행할 때에도 이런 논리를 구사했다.

그런데 새로운 산업을 발굴해 일자리를 만들어야 한다는 이야기는 이명박 정부만 했던 것이 아니다. 2012년 12월 대통령 선거를 앞두고 여당과 야당 후보 모두 친환경 에너지 산업, 사회 서비스 산업, 과학과 인문이 융합된 복합 산업 등 새로운 산업을 육성해 일자리를 창출하겠다는 공약을 내놓았다.

그러나 에너지 전환과 재생에너지 산업 육성으로 일자리 수를 늘리겠다는 공약은 잘못된 것이다. 화석에너지를 저탄소 녹색에너지로 바꾸는 재생에너지 산업을 육성하면 분명 새 일자리가 생긴다. 반면에 에너지 전환으로 화석에너지가 퇴출되면 그 분야에 종사하는 사람의 일자리는 사라진다. 새로 창출되는 일자리 수는 크게 부각시키지만, 사라지는 일자리에 대해서는 아무런 이야기를 하지 않는다. '녹색성장이 일자리에 미치는 효과'에 관한 노동연구원의 2010년 보고서에 따르면, 2020년 기후변화협약에 대응하여 신재생에너지 산업을 육성하면 2만

4,000개의 일자리가 늘어난다고 한다. 하지만 이는 화석에너지 감축에 따라 사라지는 4만 4,000개의 일자리에 턱없이 모자란다.

이보다는 덜 심각하지만, 사회 서비스업 육성으로 일자리를 창출한다는 공약 역시 오해의 소지가 있다. 서비스 산업 중 사회 서비스 분야는 보육, 교육, 요양 서비스 등 인력을 가장 많이 필요로 하는 업종의 하나이다. 한국 사회에서 복지 수요는 증가 추세에 있기 때문에 사회 서비스업의 일자리는 앞으로도 계속 늘어날 것이다. 문제는 늘어나는 일자리가 대부분 안 좋은 일자리라는 데에 있다. 청년들이 취직을 하더라도 얼마 안 가서 '정당한 대우를 받지 못해서', '보수가 낮아서', '근로환경이 열악해서' 등등의 이유로 대부분 이직하는 직장이 바로 사회 서비스업종이다. 인력을 많이 필요로 하는 산업을 키운다고 해서 일자리 문제가 해결되지는 않는 것이다. 이런 나쁜 일자리를 계속 만드는 것이 해법이 될 수는 없다. 물론 사회 서비스업을 육성하되 나쁜 일자리를 만들어 내는 민간위탁 방식을 바꾸어야 한다는 의견도 있다. 하지만 이런 의견 역시 새로운 사업을 벌여야만 일자리 문제가 해결된다고 본다는 점에서는 다르지 않다.

한국 사회에서 사회 서비스업과 친환경 에너지 산업을 육성하는 일은 대단히 중요한 과제이다. 그런데 사회 서비스업 육성이나 에너지 전환은 늘어나는 복지 수요나 환경 수요에 부응하기 위한 것이고, 일자리 창출은 이러한 본연의 기능을 수행하는 과정에서 파생되는 부수적인 이익일 뿐이다. 사회 서비스업이나 친환경 에너지 산업을 육성하는 것은 그 자체의 고유한 사회적 목적 때문인데, 일자리 창출을 위해 육성

한다고 하면 이는 본말이 전도된 것이다. 물론 복지도 필요하고, 환경도 중요하다. 하지만 이것을 일자리 창출을 위한 해법이라고 포장해서는 안 된다.

주력 성장 산업에서는 일자리 창출을 더 이상 기대할 수 없다는 말도 따져 봐야 할 여지가 있다. 산업 구조가 고도화되고 기술이 발달하면 미숙련 생산직 노동 수요는 줄어들지만 그 대신 고숙련 지식 노동에 대한 수요는 늘어난다. 게다가 주력 성장 산업과 관련 산업 간의 연계가 잘 이루어지면 관련 산업 분야의 일자리가 늘어난다. 그런데 한국의 제조업과 서비스업 사이의 연계는 꾸준히 확대되어 왔다. 한국은행이 발간한 2007년도 「산업연관표」를 보면, 서비스 산출의 11.7%가 제조업에 투입되고 제조업 산출의 8.2%가 다시 서비스업에 투입되었다. 이러한 산업 연관 관계 속에서 제조업의 성장으로 물류, 유통, 소프트웨어 산업도 성장할 수 있었고, 서비스업의 일자리가 늘어났다. 문제는 이렇게 성장한 서비스업에서 그동안 만들어진 일자리의 질이 좋지 않다는 데 있다.

사실 일자리의 수도 문제이지만 일자리의 질이 더 큰 문제이다. 한국은 낮은 실업률에도 불구하고, 저임금 노동자 비율, 비정규직 비율 등 노동의 질 면에서 선진국에 비해 대단히 열악하다. 2009년도 한국의 전체 노동자 가운데 저임금 계층이 차지하는 비중은 25.7%로 OECD 평균인 16.3%를 훨씬 웃도는 1위를 기록하고 있다. 또 한국의 노동시장은 대기업, 중기업, 소기업, 정규직, 비정규직으로 나누어져 있고 계층별 임금 격차는 세계 어디에서도 그 유래를 찾을 수 없을 정도로 극심하다. 고용노동부 자료에 따르면, 2010년 말 현재 500인 이상 대기업의 연평균 임금은 4,823만 원이지만 10~29인 소기업의 연평균 임금은 2,857만 원으로, 중소기업 임금은 대기업 임금의 절반 수준에 머물러 있다. 기업들이 대기업에서 1, 2, 3차 하도급 업체로 이어지는 수직적인 먹이사슬로 연결되어 있는 것처럼 정규직과 비정규직 노동자도 먹이사슬의 고리에 얽혀 있다.

한국의 노동시장은 상층부의 좋은 일자리에서 하층부의 나쁜 일자리까지 서열이 매겨져 있고, 위쪽의 좋은 일자리는 적고 아래쪽의 나쁜 일자리는 많은 피라미드 구조이다. 이런 노동시장 구조에서는 경제가 성장해도 좋은 일자리는 좀처럼 늘어나기 어렵고 안 좋은 일자리만 늘어나기 쉽다. '나쁜 일자리'가 대량으로 만들어지는 계층화된 노동시장 구조가 형성되어 있는 것이다. 격차가 이 상태로 지속되면 심지어 새로운 신분사회가 만들어질 수밖에 없다는 비관적인 전망까지 나오고 있다.

중소기업의 극심한 구인난 속에 청년들이 겪고 있는 실업대란은 우리 노동시장의 또 다른 문제점을 보여 준다. 청년 구직시장에서는 수급 불균형이 극심하다. 대기업에 입사하면 대졸사원 초봉이 3,500만 원부터 시작하는데 2,500만 원 받고 누가 중소기업에 취업하겠다고 선뜻 나서겠는가? 이 때문에 요즈음 젊은이들이 사람을 못 구해 아우성치는 중소기업은 거들떠보지도 않고, 대기업 취업과 공무원 시험 준비에만 몰두한다고 탓할 수만도 없다. 일자리 이야기가 나오면, 흔히들 대기업 노조의 이기주의나 대학 졸업자의 눈높이 불일치를 탓한다. 하지만 이런 것들은 그 속에 들어가 있는 개별 주체들이 취하는 합리적인 행동일 뿐이다. 고학력의 청년들에게 눈높이를 낮추어 낮은 임금과 열악한 노동환경을 제시하는 중소기업이나 비정규직에 취업하라고 억박지르기에는 한국의 노동시장은 너무나 큰 문제를 안고 있다.

성장에도 불구하고 왜 젊은이들이 바라는 좋은 일자리, 괜찮은 일자리는 늘지 않고 안 좋은 일자리만 계속 늘어났는가? 이렇게 질문을 던져야 제대로 된 답을 구할 수 있다.

왜 안 좋은 일자리만 늘어날까?

경제학 교과서를 보면, 중소기업은 시장경제에 활력을 불어넣고 지역에 많은 일자리를 제공하는 국민경제의 중추적인 기능을 담당한다고 한다. 중소기업이 시장경제에 생기를 불어넣는 '활력 있는 다수vital majority'라고 불리는 이유도 여기에 있다. 한국 경제에서도 중소기업은 사업체 수나 고용 면에서 절대적인 비중을 차지하고 있다. 중소기업은 2010년 현재 전체 사업체 수의 99.9%, 종사자 수의 86.8%에 이르고 있다. 그런데 중소기업이 생산액이나 부가가치에서 차지하는 비중은 절반 수준이고 생산성은 대기업의 3분의 1에 불과하다. 이처럼 중소기업은 외형에 비해 내실이 매우 취약한 것이다.

한국의 주력 산업은 소재·부품 분야가 상대적으로 취약한 가공조립형 산업인데, 글로벌화로 부품이나 중간재의 수입이 계속 늘어났다. 이런 상황에서 대기업은 정규직 고용에 따르는 인건비 부담을 줄이기 위해 비정규직을 고용하고 중소기업에 외주를 늘렸다. 그러나 대기업이 자신의 부담을 중소기업에 떠넘기는 고질적인 병폐로 인해 중소기업에서는 좋은 일자리가 만들어지기 어려웠다. 대기업은 납품 단가를 결정할 때에 중소기업이 실제 지급하는 것보다 낮은 임금을 적용하고 인건비가 올라도 납품 단가에는 반영해 주지 않았다. 게다가 대기업은 납품 단가를 수시로 내리기까지 했다. 이에 따라 중소기업에서는 이 차이를 보전하기 위해 비정규직을 고용하거나 다시 외주를 주는 연쇄작용이 일어났다. 중소기업 사이에 인건비를 줄이는 '아래로 향한 질주race to the bottom'로 임금 격차는 더욱 벌어졌다. 대기업이 이런 식으로 자신의

그림 1. 기업 규모별 종사자 수 비중 변화(1994~2009)

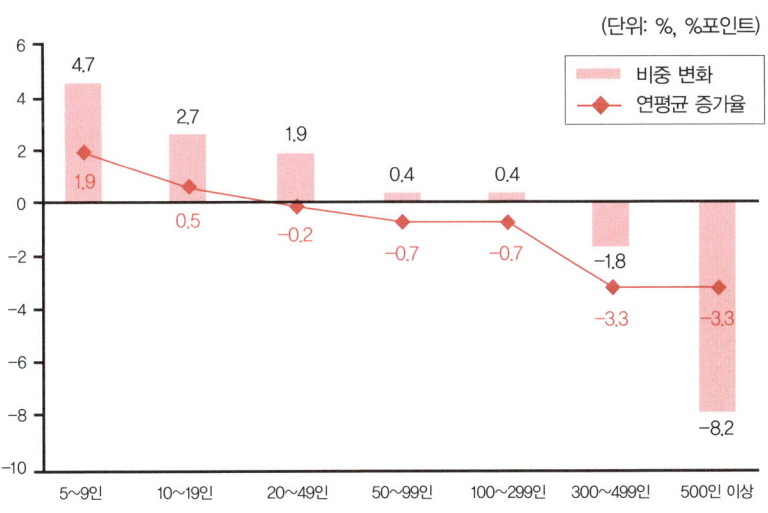

자료: 조덕희(2011), 「영세 소기업 편중 현상의 원인과 시사점」, 산업연구원.

고용 부담을 회피하고 비용을 절감하면서 성장했기 때문에 대기업의 일자리는 줄었고 근로 조건이 나쁜 비정규직과 영세 소기업의 일자리만 계속해서 늘어난 것이다. 다시 말해 대기업들은 비정규직을 고용하거나 외주를 활용해 중소업체에 고용 부담을 떠넘겼으며, 이로 인해 중소기업들은 제대로 된 일자리나 임금을 제공할 여력을 잃게 된 것이다.

과거 개발 독재 시절에는 재벌과 수출 대기업의 성장이 중소기업의 성장을 유발하고 고용 확대와 근로 조건의 개선으로 이어지는 이른바 낙수효과가 그런대로 잘 작동했다. 당시 수출 대기업들은 재벌이라는 비판을 받으면서도 급속하게 성장하는 한국 경제를 이끄는 엔진 역할을 담당했다. 이때에는 대기업과 중소기업의 임금 차이도 크지 않았다. 그런데 이렇게 성장한 재벌이 우월한 경제력을 이용해 중소기업에 부담을 전가하고 '나 홀로 성장'에 몰두하면서 중소기업은 활력을 잃어가기 시작했다. 그러는 동안 대기업과 중소기업의 임금 격차는 벌어졌고 대기업은 좋은 일자리, 중소기업은 나쁜 일자리로 갈렸다. 비대해진 재벌이 중소기업과 노동자, 자영업자의 이익을 침해하면서 나쁜 일자리는 계속 늘어만 갔고 국민들도 성장의 온기를 느낄 수 없게 되었다.

비즈니스 프렌들리business-friendly를 표방한 이명박 정부는 이러한 재벌의 '나 홀로 성장'을 더욱 부추겼다. 이명박 정부는 매년 7%씩 성장해 10년 안에 1인당 국민소득 4만 달러를 달성하고 세계 7위의 경제 대국으로 도약한다는 '747공약'을 내걸었다. 집권 초기부터 기업 규제 완화에 드라이브를 걸었다. 재벌 총수의 황제 경영과 선단식 문어발 경영을 막는 출자총액제한제도를 폐지하라는 전경련의 요구를 수용했고, 재벌이 은행을 갖지 못하도록 한 금산분리 원칙도 훼손시켰다. 대불공단의 전봇대를 뽑아버렸고 부자 감세 정책도 내놓았다. 국민경제에 물가상승 부담을 떠안기면서 저금리, 고환율 등 수출 대기업에 유리한 경제정책에 올인했다. 비즈니스 프렌들리 정책은 재벌 총수와 대기업의 규제 완화에 주력한 친재벌 정책이었다. 그러면서 재벌이 잘되면 중소기업과 자영업도 잘되고 국민도 잘살게 된다는 낙수효과로 이를 정당화했다.

이명박 정부 집권 5년 동안의 친재벌 정책이 어떤 결과를 초래했는지는 재벌 대기업의 총자산 변화 추이를 보면 알 수 있다. 한국의 국민총생산에서 30대 재벌의 자산이 차지하는 비중은 1997년 최고 수준인 90%에 도달했다가 외환위기로 크게 감소했지만, 이후에는 계속 늘어나 지금은 외환위기 직전의 최고 수준을 완전히 회복했다. 이 가운데 최상위 재벌의 경제력 집중 현상이 두드러졌으며, 삼성, 현대자동차, SK 등 국내 10대 그룹의 매출 규모는 2011년 현재 국내총생산의 80%를 차지하고 있다.

재벌의 문어발식 사업 확장은 이명박 정부 5년 동안 가장 극심했다. 재벌들은 제조업은 물론, IT 서비스업, 운송업, 유통업 등 중소기업 중심의 서비스 업종에 대거 진출하여 사업 확장에 나섰다. 그룹 계열사의 구매 비용을 절약한다는 명목으로 소모성 자재 구매 대행 업체를 설립했고 관련 중소기업들은 설자리를 잃었다. 그런가 하면 대형 마트들은 초저가 제품과 기업형 수퍼마켓SSM을 앞세워 골목시장을 잠식했다. 재벌의 사업 확장은 재벌 2~3세에 부를 대물림하는 방편으로도 활용되었다. 개인회사를 만들어 회사 지분을 2세나 3세에게 물려주고 내부 거래로 몸집을 키운 뒤 상장했다. 이런 일감 몰아주기는 시스템 통합SI, 물류, 유통업 분야에서 전형적으로 나타났다.

이처럼 재벌의 몸집과 이익은 늘어났지만, 고용, 투자, 세금 등 국민경제에 대한 기여는 기대에 미치지 못했다. 감세로 부자와 재벌의 지갑은 두툼해졌지만, 예상했던 투자나 소비 증가는 나타나지 않았다. 감세로 고소득층의 가처분소득은 늘어났지만, 소비 증가는 없었다. 법인세 인하로 대기업들의 세 부담은 크게 줄었다. 국세청 발표에 따르면, 과세표준 2억 원 초과 기업의 법인세 실효세율은 2008년 20.9%에서 2010년 17.0%로 크게 줄었다. 하지만 기대했던 대기업의 투자는 나타나지 않았으며 재정 수입만 줄어들었다.

그 사이 재벌 대기업과 중소기업 간 격차는 더욱 벌어졌다. 2008년 글로벌 경제위기 이후 재벌 대기업들은 사상 최대의 경영 실적을 달성했지만 중소기업의 회복세는 미미했다. 납품 단가 후려치기, 기술 탈취, 인력 탈취로 대변되는 대기업의 불공정 하도급 거래 행위는 좀처럼 줄어들지 않았으며, 중소기업들은 원자재 가격 상승, 납품 단가 인하로 수익률이 나빠졌다.

비즈니스 프렌들리로 재벌은 비대해졌지만 약속했던 낙수효과는 나타나지 않았다. 중소기업들은 삼성동물원, LG동물원이라는 대기업이 만들어 놓은 약육강식의 기업 생태계 속에 갇혔다. 이런 기업 생태계 속에서 노동시장은 대기업과 중소기업, 정규직과 비정규직으로 뚜렷하게 갈라졌다. 게다가 재벌의 문어발식 사업 확장과 경제력 집중은 중소기업을 질식시키고 골목상권을 황폐화시키면서 서민들의 삶을 위협했다. 수출 대기업과 일부 부자들만 더 부자가 되는 빈익빈 부익부 현상이 심화되면서 재벌에 대한 국민들의 인식은 싸늘하게 식어만 갔다. 이명박 정부의 친기업 정책은 일자리 창출의 해법이 될 수 없고 재벌의 '나 홀로 성장'으로 양극화만 심화되었다는 것을 여실히 보여 준 것이다.

이명박 정부는 재벌 대기업에 대한 규제 완화와 노동시장 유연화가 더 높은 성장을 가져올 것이라고 약속했다. 그리고 시장에서 더 많은 경쟁이 경제적 성과를 개선시키고 일자리를 늘리기 때문에 시장 경쟁이 유발하는 불평등을 감내해야 한다고 했다. 그 결과 노동조합이 약화되고 노동시장은 더 유연해졌지만, 기대했던 좋은 일자리는 늘지 않았다. 오히려 서민들의 지갑은 더욱 얇아졌고, 노동자들은 고용 불안에 시달렸다. 한국 사회가 겪고 있는 경제적 양극화 현상은 그동안 '나 홀로 성장'을 추구해 온 재벌에 커다란 책임이 있음을 말해 주고 있다.

낙수효과가 사라지고 친재벌 정책의 부작용이 완연히 드러난 오늘날, 재벌에 대한 각종 특혜를 철폐하고 좋은 일자리를 창출해야 한다는 목소리가 그 어느 때보다 높다. 경제 민주화와 일자리 창출이 여야를 막론한 정치권의 가장 중요한 화두로 등장했다. 재벌의 '나 홀로 성장'과 계층화된 노동시장에서는 더 이상 좋은 일자리가 만들어지기를 기대할 수 없다면, 청년 실업 문제의 해법은 어디서 찾아야 할 것인가?

첫 번째 해법, 나쁜 일자리를 괜찮은 일자리로 바꾸기

국제노동기구ILO 와 유엔무역개발회의UNCTAD 같은 국제기구에서 권고하는 좋은 일자리 창출 정책은 근로 빈곤층의 임금 소득을 보전하고 노동시장을 개혁하는 데에 초점을 두고 있다. 유럽 국가들이 재정위기를 겪고 있는 극심한 불황을 타개하려면 역내 시장을 확대시켜야 하는데, 그러기 위해서는 최저임금의 상향 조정, 근로 시간 단축과 일자리 나누기, 노동조합의 교섭력을 높이는 임금 소득 증진 대책을 EU 회원국들이 공통적으로 채택해야 한다는 것이다. 임금 소득이 늘어나고 소득 불평등이 완화되면 역내 소비지출이 늘어나 불황을 극복하는 데 도움이 되고 생산성도 높아져 경제 성장에도 긍정적인 영향을 미친다. 신자유주의 시대에 만연된 '이윤 주도 성장profit-led growth' 을 고용 친화적인 '임금 주도 성장wage-led growth' 으로 바꾸어 일자리의 질을 높여야 한다는 것이 정책 권고의 핵심 사항이다.

한국은 일자리의 질 측면에서 유럽보다 훨씬 심각하다. 나쁜 일자리를 괜찮은 일자리로 바꾸는 노동시장 개혁은 더욱 절실하다. 이런 측면에서 우리나라의 좋은 일자리 창출 해법도 이와 크게 다르지 않다. 우선 일자리의 질을 개선해야 한다. 최저임금을 높이고 근로 시간을 줄여 좋은 일자리를 만들어야 하는 것이다. 그런데 국제노동기구가 EU 국가들에게 제안한 해법을 한국에도 그대로 적용하기는 곤란하다. 수출 의존도가 대단히 높은 우리 실정에서 경제 전 부문에 걸친 임금 상승으로 시장을 키우기란 쉬운 일이 아니다. 임금 상승은 내수 시장에서 수요를 늘리는 데는 효과적이지만, 그 대신 수출 경쟁력을 약화시켜 수출 수요를 감소시키는 부작용이 따른다. EU처럼 회원국들이 함께 임금을 올리면 그런 부작용은 적겠지만, 우리는 사정이 다르다. 이런 점을 고려할 때, 경제 전반의 임금 수준을 높이는 방안을 당장 추진하기보다는 중장기적으로 내수 시장을 키워 지나치게 높은 수출 시장 의존도를 낮추도록 경제 체질을 개선해야 할 것으로 보인다.

국제기구의 정책 제안 가운데 당면 대책으로 우리가 주목할 부분은 노동시장의 차별과 격차를 줄이면 괜찮은 일자리, 좋은 일자리를 만들 수 있다는 점이다. 정규직과 비정규직, 대기업과 중소기업의 차별과 격차를 줄여 일자리의 질을 개선하면, 고용율과 노동 소득 분배율이 개선되고 경제 성장에도 기여할 수 있다. 그 첫걸음은 100만 명이 넘는 청년들에게 괜찮은 일자리를 만들어 주는 데에서 시작할 수 있다. 청년들이 기피하는 일자리인 중소기업을 괜찮은 일자리로 탈바꿈시키는 것이다.

현재와 같은 극심한 격차와 차별이 있는 노동시장을 그대로 둔 채 눈앞의 성과만 앞세워 일자리 수만 늘린다고 해서 청년 실업 문제가 해결될 리는 만무하다. 이명박 정부에서는 청년 실업 대책으로 '청년 인턴제'를 시행했다. 하지만 단기적이고 일시적인 저임금 일자리 창출에 불과하다는 문제점을 드러냈다. '청년창업지원' 대책도 마찬가지이다. 청년창업지원 대책은 엔젤투자시장, 창업선도대학, 청년 전용 창업자금 조성 등 벤처기업이 성장할 수 있는 생태계를 조성하는 것이었다. 마치 김대중 정부 시절의 '벤처기업 육성'을 연상케 한다. 과거 벤처 육성 정책이 버블로 끝났다면, 청년 창업은 이보다 더 큰 위험이 따른다. 청년들의 아이디어와 창의를 활용하자는 취지에는 공감할 수 있다.

그런데 사업 경험은 물론 사회 경험조차 일천한 청년들을 창업이라는 험난한 가시밭길로 내몰 것인가? 아이디어 제공을 넘어 사업을 직접 경영하도록 하는 것은 사회 첫걸음부터 실패자로 만들 공산이 크다.

일자리 창출, 이런 식으로 계속 문제의 핵심을 비껴가서는 곤란하다. 노동시장 개혁, 쉽지 않은 과제이지만 정공법으로 가는 것이 옳다. 불합리한 노동시장의 차별과 격차를 시정하고 청년들이 차별받지 않고 자신의 능력에 따른 정당한 보수를 받도록 하는 것이다.

우선 그동안 직접 고용을 회피해 온 대기업들에게 '고용 없는 성장'의 책임을 묻는 방법이 있을 수 있다. 대기업이 매년 일정 비율로 청년 고용을 늘리도록 책임을 부과하는 청년 고용 할당 제도를 시행하는 것이다. 그런데 대기업에 고용 책임을 묻더라도 이행한다는 보장이 없고, 설령 이행한다고 하더라도 대기업에서 만들어질 수 있는 일자리 수는 한정되어 있다. 그래서 우리나라 전체 일자리의 87%를 차지하는 중소기업의 일자리를 괜찮은 일자리로 바꾸는 일에 눈을 돌리지 않을 수 없다.

현재 중소기업이 새 일자리를 만들면 정부가 지원을 하고 있다. 신규 채용 중소기업에 대해 세액을 공제해 주고 고용 장려금도 지급한다. 그런데 중소기업에 청년 채용을 장려하는 방법으로는 큰 성과를 기대하기 어렵다. 중소기업이 채용을 꺼리는 것이 문제가 아니라 청년들이 중소기업을 기피하는 것이 문제이기 때문이다. 청년들이 도전할 만한 괜찮은 중소기업 일자리를 많이 만들어 주어야 한다. 따라서 청년들이 납득할 수 있을 만큼 임금과 근로 조건 차이를 줄여야만 문제가 풀린다.

중소기업 취업 시 불리한 보수 조건을 보정해 주어야 하는 것이다. 그래야만 청년들이 중소기업에 문을 두드릴 것이다.

중소기업 취업을 조건부로 하여 대학 장학금을 전액 지급한다거나 중소기업에 취업하면 임대 주택 입주 시 우대 혜택을 주어도 좋다. 중소기업 취업자에게 공공기관이나 공기업이 관리하고 있는 레저 휴양시설을 저렴하게 활용할 있도록 혜택을 주는 것도 좋은 방법이다. 주말 레저의 가치를 대단히 높게 평가하는 청년 세대들에게는 꽤 괜찮은 제안이다. 중소기업의 임금 지불 여력이 취약하므로 보수 차액의 일부를 정부가 보조해 줄 수도 있다. 물론 중소기업 청년 취업자의 임금을 정부가 직접 보조해 주기란 말처럼 쉽지 않을 것이다. 중소기업 취업자의 사회 보험료를 감면해 주거나 연금 수급 시 혜택을 부여하면 임금 보조와 유사한 효과를 얻을 수 있다. 또 중앙정부와 지방정부가 함께 출연해 중소기업 기술인력 지원센터를 각 시도별로 만들어서 청년들을 고용하는 방법도 있다. 센터에 소속된 청년들을 중소기업에 일정 기간 파견 근무하도록 하고, 이후 청년들이 원하는 중소기업을 택해서 취업하도록 하는 것이다. 실제로 현재 몇몇 국공립 연구소에서 이런 방법으로 청년을 채용하고 있다. 작정하면, 방법은 얼마든지 찾을 수 있다.

이쯤해서 청년 임금 보조를 위한 재원이 걱정될 법하다. 하지만 재원 조달에는 그다지 어려움이 없을 것 같다. 지난 10년간 정부가 정책금융을 통해 중소기업에 지원한 돈이 135조 원이다. 꽤 많은 자금이 지원되었지만 중소기업의 사정은 별로 나아지지 않았다. 최근에는 정부 지원금으로 부실 기업의 수명만 연장시켰다는 말도 나오고 있다. 정부의 지원에도 불구하고 중소기업은 청년들이 더욱 기피하는 일자리가 되어 버린 것이다. 중소기업에 사람이 안 들어가는데 기술개발은 누가 하는 가? 청년들이 기피하는 한, 한국 중소기업의 미래는 없다. 중소기업 지원 정책도 경영자금 지원에 집중된 과거의 방식에서 벗어나 기술개발 투자와 인력개발 투자에 초점을 맞추어야 할 때이다. 중소기업의 기술개발을 활성화시키는 것이 정책의 근본 취지라면, 유능한 청년 인재를 유치하고 키우는 것이 가장 시급한 일임은 틀림없을 것이다.

두 번째 해법, 상생과 협력의 기업 생태계 만들기

청년 취업자에게 근로 조건이나 보수 차이를 줄이는 것만으로는 나쁜 일자리가 좋은 일자리로 바뀌지 않는다. 유능한 청년 인재들이 중소기업에 들어가더라도 기업 생태계가 건강하지 않다면, 중소기업은 성장할 수 없고 만들어진 일자리가 유지될 수 없다. 노동시장에서의 차별과 불평등을 유발하는 기업 생태계가 달라져야 한다. 재벌 대기업이 중소기업에 부담을 전가하고 '나 홀로 성장'을 추구하는 약육강식의 기업 생태계가 바뀌어야 한다.

재벌 대기업이 오늘날의 글로벌 기업으로 성장한 것은 칭찬받아 마땅하다. 하지만 이런 성장이 자신의 노력에 따른 것이 아니라 우월한 경제력을 사용한 결과라면 이는 고쳐져야 한다. 공정한 시장경제 질서와 건강한 기업 생태계에서 수출 대기업의 성장이 내수 중소기업과 노동자로 확산되는 성장이 '좋은 성장'이다. 하지만 재벌의 성장이 약육강식의 기업 생태계 속에서 중소기업의 이익을 희생시킨 결과라면, 이는 '나쁜 성장'이다. 약육강식의 기업 생태계에서 재벌 대기업의 이윤 독식은 경제 전체의 효율성을 저하시키고 시장경제의 활력을 소진시킨다. 재벌 대기업이 단기적인 이익만 쫓으면, 결과적으로 경제 전체의 장기적인 경쟁력도 떨어지게 된다.

한국의 재벌 대기업들은 끊임없이 중소 하청업체나 비정규직에게 자신의 부담을 전가시켜 왔으며, 중소기업들은 제대로 된 일자리나 임금을 제공할 여력을 잃었다. 재벌의 중소기업과 골목상권 침범 문제가 심각한 수준에 이르자, 이명박 정부도 중소기업 보호에 나섰다. 대기업과 중소기업의 합의에 의해 중소기업 적합 업종과 품목을 선정하도록 하고, 선정된 업종과 품목에 대해 대기업의 진입 자제와 자율적인 사업 이양을 유도했다. 적합 업종에 진출한 대기업이 퇴출하면 동반성장 지수에 가점을 주어 자발적인 퇴출을 유도한다는 것이다. 하지만 중소기업 적합 품목 선정에서 대기업과 중소기업 사이에 이해관계가 첨예하게 대립되는 가운데 자발적인 합의는 대단히 어려웠다. 게다가 설령 합의에 이르더라도 대기업의 합의 이행을 강제할 수단도 없다.

대기업의 중소기업 적합 업종 진입 규제를 자율 합의에만 맡겨서는 곤란하다. 대기업이 눈앞의 이익을 포기하고 중소기업 업종에서 자발적으로 철수하거나 대기업이 중소기업과 공생의 길을 스스로 선택하기를 기대할 수는 없는 노릇이다. 약육강식의 기업 생태계와 중소기업 활력 저하는 기업의 자율적인 시정이나 시혜적 조치로는 해결되기 어렵다. 상생과 협력을 기업 자율에 맡기고 총수들의 인식이 바뀌기를 기다릴 것이 아니라 법과 제도로 풀어야 한다. 비록 사적 계약의 영역일지라도 공정한 시장경제 질서를 구축하고 불공정 거래를 막는 정부의 개입은 불가피하다. 대기업과 중소기업 간 상생과 협력의 동반성장을 위해서는 재벌의 사익 추구를 방임하는 시장만능주의 사고에서 벗어나 시장의 결함을 시정하는 조치가 필요하다.

재벌 대기업들이 문어발식 확장을 넘어 지네발식 확장으로 중소기업의 밥그릇까지 뺏는 것을 막기 위해서는 민간 자율에 맡긴 중소기업 적합 업종 제도를 개편하여 법률로 대기업의 시장 잠식을 막아야 한다. 대기업은 중소기업 업종이나 골목상권을 침범할 것이 아니라 기업가 정신을 되살려 세계 시장을 선도하는 기업을 상대로 경쟁하는 것이 마땅하다.

제조업과 서비스업 분야 가운데 중소기업이 주로 영위하고 있고 중소기업에 적합한 업종에 대해서는 대기업이 진입하지 못하도록 해야 한다. 적합 업종에 이미 진출한 대기업에 대해서는 사업 이양을 권고하고 이를 이행하지 않을 경우에는 적절한 규제 조치를 취할 수 있어야 한다. 진입 규제나 사업 이양이 법적 강제력 없이 자율시정에만 의존해서는 효과를 보기 어려운 만큼, 강제 명령이나 과징금 부과와 같은 처벌 규정이 필요하다. 지정된 적합 업종에 대해서는 중소기업의 경영 안정과 판로 개척을 위해 경영 지원, 중소기업 제품에 대해 공공구매 비율을 높이는 것도 도움이 될 것이다.

대기업의 부당한 단가 인하와 부담 전가 행위를 차단하고 갑과 을의 관계를 바꾸려면, 법과 제도 정비가 필요하다. 과거 일본에서도 납품 단가 인하, 대금 결제 지연과 같은 불공정 거래가 심각한 문제로 대두되자 정부가 강력한 법 시행과 행정조치 발동으로 불공정 행위를 강력히 규제했으며, 그 결과 오늘날과 같은 공존공영의 협력적 성장 체제가 성립될 수 있었다. 일본의 경험에 비추어 볼 때 중소기업에 부담을 전가시키는 대기업의 불공정 행위를 근절시키려면 이에 대한 강력한 법적 제재가 필요하다. 현재 대기업의 중소기업 기술 탈취 행위에 대해서만 손해액의 최대 3배까지 배상 책임을 묻는 징벌적 손해배상 제도가 적용되고 있는데, 적용 범위를 기술 탈취뿐 아니라 단가 인하, 부당 물품 수령 거부 등 하도급 거래법과 공정거래법상 불공정 행위 전반으로 확대해야 한다. 불공정 거래 행위를 사전 예방하기 위해서는 사회적 감시망도 필요하다. 낮은 납품 단가 문제는 기업 간 양극화를 유발하는 주된 요인인 만큼, 공정거래위원회가 조사한 하도급 거래 정보에 대해서 공표 의무를 부과하여 공개하도록 함으로써 불공정 거래를 사전 예방해야 할 것이다. 필요하다면 노사정 합동 감시단을 구성해 법 위반 의심 업체에 대해 조사권을 부여해야 한다.

한편 대기업의 교섭력 우위로 납품 단가를 가능한 낮게 결정할 수 있는 수요 독점적 시장 구조하에서 법적 규제만으로 거래의 공정성이 확보되기를 기대하기는 어렵다. 교섭력이 취약한 다수의 중소기업이 공동으로 대기업과 협상하도록 하면 교섭력 불균형을 줄일 수 있다. 중소기업의 원자재 가격 상승분이 납품 단가에 적절하게 반영되도록 중소기업을 대신해 중소기업협동조합이 단가 협상에 나서도록 하는 것이다. 일본과 타이완에서는 중소기업이 사업조합 단위로 공동 구매, 공동 납품,

공동 기술 개발과 같은 공동 행위를 할 수 있도록 제도적으로 보장하고 있다. 독일에서는 중소기업의 취약한 교섭력을 보완하기 위해 중소기업의 공동 교섭까지 허용하고 있다. 중소기업의 교섭력이 대기업에 비해 현저히 취약한 한국의 현실에서는 중소기업에 적정 수준의 납품 단가가 보장되도록 공정거래법상의 담합 금지 규정에 예외를 인정하고 협동조합에 납품 단가 조정권을 부여하는 방안이 마련되어야 한다.

중장기적으로는 대기업과 협력 중소기업 사이의 이익 배분 제도를 개선하는 작업도 필요하다. 현재는 납품 단가를 결정할 때 협력 중소기업의 이익 마진은 원가의 일정 비율로 정하고 계약 기간 중 원가에 연동하여 단가가 변경되는 원가 연동 가격 방식cost-plus pricing을 이용하고 있다. 그런데 이 방식에서는 중소 협력업체는 거의 고정된 기본 이익 마진만 얻고, 대기업은 불확실성을 부담하는 대가로 이익을 독식하게 된다. 여기에다 납품 단가가 인하되면 중소 협력업체는 기본 이익 마진을 얻는 것조차도 어려워진다. 이런 납품 단가 결정 방식에서는 협력 사업이 성공하면 대기업은 막대한 이익을 내지만, 중소기업은 이로부터 배제된다. 대기업이 막대한 이익을 내도 중소 협력업체는 이에 참여할 수 없으며, 협력업체의 기여분에 대해서도 제대로 보상받기 어려운 것이다. 이런 이익 배분 제도에서는 협력업체의 기술혁신 활동이 위축될 수밖에 없으며 세계적인 경쟁력을 갖춘 강소기업hidden champion으로 성장할 수 없다.

오늘날과 같은 글로벌 경쟁 시대에 대기업과 중소기업 간 상생 협력과 동반 성장은 세계적인 흐름으로 자리잡고 있다. 미국이나 유럽 등 선진국의 글로벌 기업들은 협력업체를 전략적 파트너로 삼고 협력 사업의 이익을 기여도에 따라 나누는 이익 공유제 profit sharing 를 도입하여 그들의 협력업체를 세계적인 경쟁력을 보유한 전문업체로 성장시켰다. 우리나라에서도 세계적인 전문업체가 나오려면 협력업체의 정당한 몫이 인정되어야 한다. 2012년 초 동반성장위원회에서 '협력 이익 배분제'라는 이름으로 이익 공유제의 시행이 합의되었지만, 대기업의 자율적 판단에 맡겨 실제 제도 시행은 대단히 불투명한 상황이다. 우월한 경제력과 교섭력을 바탕으로 단기적 이익을 추구하는 재벌 대기업의 자율 선택에만 맡겨서는 시행이 어렵다. 이익 공유제의 법적 근거를 마련하고 정부기관과 공기업이 제도 시행을 이끌고 건강한 기업 생태계를 조성하는 데 나서야 한다.

새 사업을 자꾸 벌인다고 좋은 일자리가 만들어지는 것은 아니다. 일자리 창출, 더 이상 우회할 수 없다. 노동시장에서 납득할 수 없는 보수 차이와 부당한 차별을 줄여야 한다. 중소기업에 청년들이 가야 기술개발도 할 수 있다. 그래야만 한국 청년과 중소기업의 미래가 열릴 수 있다. 노동시장에서 차별과 격차를 줄이고 상생과 협력의 기업 생태계를 만들어야 좋은 일자리가 생길 수 있다. 이것이 청년 실업을 줄이는 진정한 일자리 창출의 해법이 아닐까?

실사구시
한국경제

사교육에 갇힌
한국 교육

남기곤 (한밭대학교 경제학과 교수)

자녀 교육을 위해서라면 모든 것이 용서되는 사회

우리는 자녀 교육에 대해서만큼은 정말 특별한 사회에 살고 있다. 장관들의 인사청문회에서는 자녀 교육을 위한 위장전입이 빠지지 않고 단골 메뉴로 등장한다. 지난 정부 시절에는 심지어 추상같이 법을 집행해야 할, 그리고 이를 위해 한평생을 바쳐 왔을 경찰청장, 검찰총장, 법무부 장관 후보의 경우도 다르지 않았다. 사실 대통령부터 자녀들의 교육 문제로 다섯 차례나 위장전입을 했다고 고백한 경우도 있으니, 이 문제는 별로 특별한 이슈도 아니다. 그들은 어떤 생각을 했었을까? 위장전입이 법에 위배된다는 사실을 몰랐을까? 아니면 불필요한 법이라고 생각하거나, 잘못된 법이라고 생각했을까?

위장전입은 실정법상 3년 이하의 징역 또는 1,000만 원 이하의 벌금형을 받아야 하는 명백한 범죄 행위이다. 그러나 놀랍게도 과거에 그러한 범죄 행위를 했다는 사실이 밝혀진 후에도 "진심으로 죄송하다."라고 사과 한마디만 하면 경찰청장이 되고 검찰총장이 되고 법무부 장관이 되는 데 큰 지장이 없었다. 실제로 여론도 부동산 투기를 위해 위장전입을 했다면 용서할 수 없지만, 자식 교육 잘 시키겠다고 위장전입을 한 경우는 눈감아 줄 수 있지 않느냐는 것 같다. 아마도 이것이 흔히들 이야기하는 '국민 정서'가 아닌가 싶다.

국민들은 이러한 범죄 행위를 왜 용서하는 것일까? 너그러워서일까? 물론 그럴 수도 있다. 하지만 보다 중요하게는 국민들 스스로가 자기 자녀의 교육을 위해서라면 어떠한 희생도 감수할 수 있다고 생각하기 때문일 것이다. 인사청문회의 대상인 몇몇 고위층뿐만이 아니라 대부분의 국민들 또한 자녀 교육을 위해서라면 불법적인 위장전입조차도 할 수 있다고 각오하고 있는지도 모른다.

또 하나의 예를 들어보자. 1980년대 제5공화국의 서슬 퍼렇던 시기에 대학을 다녔던 사람은 몰래바이트라는 용어를 기억할 것이다. 모든 학원과 과외가 불법이던 그 시절에 몰래 아르바이트 과외를 한다고 해서 붙여진 이름이다. 당시 정부는 과외 교사는 구속 수사하고, 학생은 학사 징계, 학부모는 면직 또는 세무 조사를 하겠다고 발표했다. 실제로 당시 수백 명을 처벌하기도 했다. 그럼에도 불구하고 몰래바이트는 사라지기는커녕 성행했다고 당시의 언론들은 보도하고 있다.

더욱이 불법이다 보니 과외 가격은 위험수당까지 더해져서 매우 높았다. 이에 따라 과외에 의존하는 학생의 수는 크게 감소했지만 불법 과외는 뿌리 깊게 존재했다. 불법 과외를 받았던 학생의 학부모 역시 경제적으로 여유가 있었다는 점을 제외한다면, 대부분 그저 평범한 국민이었다. 불법적인 몰래바이트를 시켜서라도 자녀의 성적을 높이고자 하는 욕심, 이는 대부분의 국민들이 공통적으로 보유하고 있는 유전자일지도 모른다.

사교육을 줄이겠다는 허황된 공약들

자녀 교육을 위해서라면 심지어 불법적인 일이라고 할지라도 주저하지 않는 우리 국민의 교육열을 감안할 때, 자녀의 사교육에 지나칠 정도의 비용을 지출하는 것은 너무나 자연스러운 일이다. 불법적인 일도 아니니 말이다. 많은 부모들은 자녀의 성적 향상에 실제 도움이 되기만 한다면 빚을 내서라도 투자하고 싶은 욕심을 가지고 있다. 이러한 욕심 때문에 한국의 부모들은 한없이 자녀의 사교육에 투자하고, 그렇다 보니 가계 생활은 계속 쪼들리고 있다. 젊은 세대들도 자녀 교육에 대한 욕심은 마찬가지여서, 하나만 낳아 남부럽지 않게 투자하거나 부족하게 교육시키느니 아예 아이를 낳지 않으려고 하는 경향까지 생겨났다.

이런 상황에서 정부는 무엇을 할 수 있을까? 사실 사교육 문제는 1960년대부터 이미 사회적 이슈였고, 사교육비를 줄이기 위해 많은 정책들이 시행되어 왔다. 하지만 제5공화국에서처럼 감옥에 보내는 방법을 제외하면 지금까지 어떤 정책도 사교육비를 줄이는 데 성공하지 못했다.

지난 이명박 정부가 제시했던 '사교육비 절반, 공교육 만족 두 배'라는 공약 역시 예상했던 대로 실패로 끝났다. 통계청 발표에 따르면 학생 1인당 월평균 사교육비는 2007년 22.2만 원에서 2012년 23.6만 원으로 6.3% 증가했다. 전국 2인 이상 가구를 대상으로 한 가계소득지출조사 결과를 보면, 학원 교육비가 2007년 13.7만 원에서 2012년 17.0만 원으로 이 기간 동안 무려 24.1%나 증가했다. 어떤 자료가 보다 신뢰할 수 있는지에 대해서는 좀 더 꼼꼼히 따져 볼 필요가 있지만, 어쨌든 이명박 정부하에서 사교육비가 절반 근처에도 얼씬거리지 못했다는 사실은 분명해 보인다.

물론 사교육비를 줄이기 위한 프로그램이 없었던 것은 아니다. 자율형 사립 고등학교 자사고를 전국에 100개 만들겠다든지, 입학사정관 제도를 통해 입학생을 선발하도록 대학을 유도하겠다든지 하는 정책이 이명박 정부의 대표적인 사교육비 절감 방안이었다. 우수한 고등학교가 많이 생겨 고등학교 교육의 질이 높아지면 사교육이 감소하고, 또 대학에서 학업 성적이 아닌 학생의 잠재력을 기준으로 입학생들을 선발하면 점수 올리기 전략을 추구하는 사교육이 줄어들 것으로 보았다. 그러나 자사고가 학생들에게 인기를 끌지 못하고 입학사정관 제도 역시 대학에서 활용 비율이 저조한 상태에 머물면서, 이 제도들은 그 존재감 자체가 사라져 버렸다.

사교육비 측면에서 본다면 오히려 이것은 다행스러운 일일 수 있다. 만약 자사고가 인기를 끌어 경쟁률이 치솟았다면, 이러한 고등학교에 입학하기 위해 중학교 단계에서의 사교육이 더욱 기승을 부렸을지도 모른다. 또한 입학사정관 제도를 채택하는 비율이 높았다면, 이러한 전형에 대비하는 새로운 형태의 사교육이 창궐했을 수도 있다. 노무현 정부 시절 내신을 강화해서 학교 수업에 충실하도록 유도하고자 했던 정책이 오히려 내신 대비 사교육을 폭발적으로 증가시켰던 뼈아픈 경험을 한 바 있다. 그러나 이명박 정부는 과거의 경험으로부터 교훈을 얻고자 하지 않았다.

사교육은 효과가 없을까?

사교육 문제를 해결하기 위해서는 어떻게 해야 하는가? 한국 사회에서 사교육은 숙명이고 어쩔 수 없는 현상으로, 그저 체념하고 받아들여야 하는가?

우선 원론으로 돌아가 보자. 한국의 학생과 학부모들은 왜 사교육에 매달릴까? 비싼 돈과 아까운 시간을 투자해 가며 사교육을 받는 것은 이를 통해 얻을 것으로 기대되는 이득이 있기 때문이다. 사교육을 받으면 학업 성적이 높아지고, 그러면 명문 대학에 입학하고 그 결과 좋은 직장을 잡게 되어 평생 소득이 높아지게 될 것이라고 생각한다. 그런데 정말 그럴까?

먼저 첫 번째 단계의 연결고리, 즉 사교육을 받으면 학업 성적이 높아진다는 관련성에 대해서는 사실 의견이 분분하다. 사교육에 참여하는 사람들은 그렇다고 예상하고, 그에 따라 사교육에 투자한다. 물론 이러한 기대에는 상당 정도의 거품이 있다. 부모에게 등 떠밀려 학원과 과외를 왕복하는 학생들은 학원 수업에도 집중하지 않는 경우가 많다. 또한 사교육 시장에서 활동하는 교사들의 수준이 모두 높은 것도 아니다. 밤늦도록 학원 수업에 시달린 학생들은 다음 날 학교에서 수업에 집중하기 어렵다. 반복해서 내용을 듣다 보니 지겹기도 해서 건성건성 수업에 임해 주의력이 산만해진다. 스스로 문제를 해결하려는 자기주도력을 상실하는 경향도 있다.

이러한 문제점과 부작용은 교육학자가 아니더라도 다 알 수 있다. 그럼에도 불구하고 정말 소신이 있는 학부모나 교과서만 공부하고도 항상 일등만 한다는 극히 일부 특수한 학생을 제외한다면, 대부분의 학부모와 학생은 학원을 선택한다. 그 이유는 사교육이 실제 도움이 될 수 있기 때문이다. 학생 본인만 노력하고 잘 따라간다면 소규모 학급에서 수준이 비슷한 학생들을 대상으로 한 집중 교육, 학교에서 배울 내용을 미리 선행하여 공부하고 배운 내용을 반복해서 학습하는 방식 등이 성과를 내지 않는다고 보기 어렵다. 물론 앞서 설명한 경우들처럼 그 효과가 반감되는 경우도 있겠지만, 사교육의 효과는 분명히 존재한다고 보아야 한다.

기존의 몇몇 연구들에서는 사교육을 많이 받은 학생들이 실제 성적이 높아지지 않았다는 분석 결과를 제시하곤 한다. 하지만 나는 아직까지 '정말 그렇구나!' 하는 느낌이 들 정도로 신뢰가 가는 연구 결과를 보지 못했다. 사교육을 받는 학생과 그렇지 않은 학생은 서로 인적 특성이 다르다. 이번 학기에 사교육을 받았다고 해도 바로 학기말 시험에 반영되지 않을 수도 있고, 누적 과정을 통해 효과가 나타날 가능성도 있다. 설령 평균적인 수준에서 오차 범위를 벗어나는 차이를 발생시키지는 못한다고 하더라도, 현재 내 자녀의 성적을 0.1점이라도 향상시킬 가능성이 있다면 사교육에 대한 투자가 바람직한 선택일 수 있다. 지방에 살고 있는 사람도 중한 병에 걸리면 서울에 있는 대형병원으로 가서, 몇 개월씩 기다려서 수술을 받는다. 평균적으로 본다면 지방에 있는 병원이나 서울에 있는 병원이나 수술의 성공 확률은 비슷할 것이다. 그럼에도 불구하고 조금이라도 더 유명한 병원을 찾는 것은 0.1%라도 성공 확률이 높을 것이라고 기대하기 때문이다. 그리고 공교롭게도 그 0.1%가 자신의 생사를 가를 수 있을지도 모른다고 생각한다. 이와 마찬가지로 아무리 적은 점수 차이라고 하더라도 사교육이 효과가 있을 수 있다면 학부모들은 투자를 마다하지 않는다. 이는 지극히 합리적인 행동이다.

마태 효과, 한국 대학의 불평등한 현실

다음으로 두 번째 연결고리, 즉 학업 성적이 높아져 좋은 대학에 입학하면 사회적 지위가 높아지고 평생 소득이 높아질 것이라는 관련성을 살펴보자. 물론 그 정도가 어떠한지에 대해서는 의견이 다를 수 있지만, 한국 사회에서 좋은 대학을 나오면 보다 잘살 수 있다는 사실은 자명한 명제이다.

"무릇 있는 자는 더욱 받아 넉넉하게 되되 없는 자는 그 있는 것도 빼앗기리라." 마태복음 13장 12절의 이 구절은 컬럼비아 대학교의 저명한 사회학자인 로버트 머튼Robert K. Merton이 빈익빈 부익부 현상을 설명하면서 처음으로 사용했던 소위 '마태 효과Matthew Effect'의 기원이 되는 구절이다. 마태 효과는 사회적 우위가 더 나은 우위로 연결되고 사회적 열위가 더 못한 열위로 이어짐으로써, 시간이 지날수록 가진 자와 못 가진 자 사이의 격차가 심화되는 현상을 의미한다. 단순히 경제적 불평등에 국한되지 않고, 문화적인 것이든 개인적인 것이든 가치 있는 자산의 불평등한 분배 상태가 증폭되는 경향을 가리킨다.

우리나라에서는 일 년에 한 차례 치르는 수학능력시험 성적 수능 성적에 의해 대학의 당락이 바뀐다. 물론 공부를 잘하는 학생은 수능 성적이 높은 경향이 있다. 하지만 유사한 실력대의 학생들 내에서 2~3점의 점수 차이는 시험 당일 컨디션이나 운과 같은 요인에 의해 좌우된다. 그러나 이 정도의 성적 격차로도 입학할 수 있는 대학 이름이 바뀔 수 있다. 좀 낮은 수준이라고 평가되는 대학에 입학하더라도, 대학에 들어가서 열심히 공부하면 되지 않을까? 물론 그렇다. 그렇지만 좋은 대학에 입학하면 자신의 능력을 향상시킬 수 있는 기회가 더 많다는 것 또한 사실이다.

대학알리미 자료를 이용해 2010년 기준 재학생 1인당 교육비 자료를 분석해 보면 포항공대 7,259만 원, 카이스트 5,649만 원, 서울대 3,308만 원 순으로 나타나고 있다. 언론사에서 발표하는 대학 랭킹과 일치하는 순위이다. 10위권에 드는 서울 소재 사립대학의 경우 1인당 교육비는 1,675만 원, 지방 국립대 1,015만 원, 지방 사립대 890만 원, 전문대학 602만 원으로 나타났다. 물론 국공립 대학과 사립대학 간에 예산을 보고하는 방식의 차이가 있어 오차가 있을 수 있으나, 대체적인 추세는 여기서 크게 벗어나지 않을 것이다. 학생들이 서로 들어가려고 경쟁하는 대학일수록 학생에게 투자되는 교육비가 높다.

교수의 역량도 차이가 있다. 유명한 대학일수록 보다 우수한 능력을 가진 교수의 비율이 높다. 연구 실적에도 차이가 있으며, 프로젝트의 수주 금액 등에서도 차이가 있다. 능력이 우수한 학생들이 모여 있다는 것 자체만으로도 또래집단 효과peer group effect를 발생시킨다. 졸업 후 선후배와 동료들로 엮이는 인적 네트워크는 우리나라 사회에서 중요한 사회적 자본social capital을 형성한다.

꼭 서울대와 연세대, 고려대와 같은 최상위 대학에서만 이러한 효과가 나타나는 것은 아니다. 지방에서 거점 국립대학에 입학하는 것과 중소 사립대학에 입학하는 것, 또는 4년제 대학에 입학하는 것과 전문대학에 입학하는 것은 매우 큰 차이이다. 어느 수준에서나 조금이라도 우수한 대학에 입학하면 교육의 질이 보다 높아지고, 졸업 후 기대되는 이득도 커진다. 우리나라의 모든 학부모들은 이런 상황을 누구보다도 잘 알고 있다. 직접적으로 또는 간접적으로 경험해 보았기 때문이다. 그래서 무리에 무리를 해 가면서 어깨가 축 처진 힘들어하는 자녀를 학원으로 내몰고 있는 것이다.

무엇이 문제인가?

우리나라에서 사교육은 개인의 매우 합리적인 선택이다. 그리고 학생들이 공부를 열심히 한다는 것은 잘못된 일이 아니라 오히려 칭찬하고 북돋워 주어야 할 일이다. PISA나 TIMSS와 같은 국제적인 시험에서 한국 청소년의 성적은 항상 최상위권이다. 미국의 오바마 대통령마저도 한국의 교육 성과에 대해 부러움을 표현했다. 석유 한 방울 나오지 않는 나라에서 어릴 때부터 열심히 공부하고 전 국민의 능력을 향상시키는 것은 경제 발전을 위해 어쩔 수 없이 치러야 하는 희생일 수 있다. 아니, 학원을 돌며 열심히 공부하는 것이 꼭 불쌍한 모습은 아닐 수도 있다. 매스컴에서 과장해서 보도하고 있는지도 모른다. 우리의 자녀들은 새로운 내용을 학습해 가면서 보람을 느끼고, 다른 사람과 경쟁하면서 행복감을 느끼고 있을 수도 있다. 열심히 공부하는 것을 트집 잡는 것이 과연 정당한가?

경제학의 게임이론에서 자주 인용되는 아이스하키 선수들의 사례를 한 번 생각해 보자. 선수들에게 헬멧 착용을 자유롭게 선택하도록 하면 헬멧을 쓰지 않으려고 한다. 헬멧을 쓰지 않으면 아무래도 시야가 더 넓어지고, 소리도 조금 더 잘 들을 수 있으며, 몸놀림도 좀 더 자유로울 수 있다. 물론 헬멧을 쓰지 않으면 부상당할 위험이 커진다. 하지만 그런 위험보다도 헬멧을 쓰지 않음으로써 경기에서 다른 선수들보다 유리할 수 있다는 이득이 더 크다면, 선수들은 헬멧을 벗기 시작한다. 선수들의 선택은 개인적으로 합리적인 판단이다. 그런데 문제는 나만 그렇게 생각하는 것은 아니라는 점이다. 모든 선수들이 그렇게 생각할 것이고, 따라서 모두 다 헬멧을 쓰지 않고 경기에 임하게 된다. 그렇게 되면 헬멧을 벗음으로서 추가적인 이득을 얻는 사람은 아무도 없게 되고, 모든 선수들이 위험에 노출될 확률만 높아진다. 개인적으로 모두 합리적인 선택을 했지만, 전체 집단의 측면에서 본다면 손해만 발생하게 된다. 이러한 상황이라면 모든 선수들에게 헬멧을 착용하도록 강제하는 것이 누구의 이득도 감소시키지 않으면서 모든 선수들의 부상 위험을 줄일 수 있는 좋은 방법이 될 수 있다.

동의하는가? 그렇다면 우리나라의 사교육은 어떠한가? 자녀를 학원에 보내는 이유는 성적을 높여 좋은 대학에 입학시키기 위해서이다. 내 자녀만 학원에 다니면 상대적으로 높은 성적을 받아 유리해질 것이다. 하지만 모든 학생들이 학원에 다니기 시작하면, 그래서 모든 학생들의 성적이 함께 올라가게 되면, 어떤 학생도 학원을 다님으로써 추가적인 이득을 얻지는 못한다. 학생들의 수능 성적 평균값이 올라간다고 해서 명문 대학의 입학 정원이 늘어나는 것은 아니다. 반면 모든 학생들이 학원을 다니기 때문에 발생하는 경제적인 비용과 시간 투자, 그리고 스트레스는 막대하다. 물론 모든 선수들이 헬멧을 벗고 아이스하키 경기를 했을 때 사회 전체적으로 얻을 수 있는 이득은 거의 없는 반면, 모든 학생들이 학원을 다녀 평균적인 성적이 향상되면 사회적으로 바람직한 효과가 발생할 수 있다. PISA 점수도 올라갈 것이고, 기초가 보다 튼튼해서 대학 과정에서 공부를 더 잘할 수도 있다. 또한 노동시장에 진입해서도 보다 높은 성과를 보일 수 있다. 그런데 과연 그럴까? 우리 주위에서 보이는 일반적인 학원에서의 교습 방식으로 공부를 해서 학생들의 수능 성적이 평균적으로 높아진다고 했을 때, 개인적으로는 아니라고 하더라도 사회 전체적으로 이득이 되는 부분이 발생할 수 있을까?

그럴 수 있다. 그렇다면 결국 이 문제는 사회 전체적인 비용 – 편익의 관점에서 판단할 수밖에 없다. 내 판단으로는 사교육을 인위적으로 억제하는 정책은 막대한 비용을 절약할 수 있다는 편익이 있는 반면, 이로 인해 학생들의 성적이 평균적으로 하락할 위험 그리고 이에 따른 부작용은 그리 크지 않다고 생각된다. 그렇기 때문에 나는 학원 교습 시간을 현행 밤 12시까지에서 10시까지로 단축하자는 정책에 대해 찬성하며, 선행 학습을 금지하자는 시민단체의 제안에 대해서도 원칙적으로 동의한다.

물론 이러한 정책은 학원의 영업 자유를 억제하며, 교육 소비자들의 자유로운 선택을 제한한다. 하지만 우리가 살고 있는 자본주의 사회는 모든 사람들의 모든 자유를 100% 보장할 수 없다. 더불어 살아야 하는 공동체이기 때문이다. 사회 전체의 이익을 위해서는 아주 심각한 정도가 아니라면, 일부 자유를 제한하고 구속할 수 있다. 그 기준은 사회 전체적인 편익과 비용이다. 지금과 같은 사교육에 대한 지나친 과잉 투자 경향을 막기 위해서는 사교육에 일부 규제를 가하는 것이 바람직하다.

규제보다는 유인 정책으로

문제는 그 규제가 어디까지 정당화될 수 있는가 하는 점이다. 더욱 복잡한 문제는 그러한 규제가 과연 성공할 수 있는지, 오히려 부작용을 낳는 것은 아닌지 하는 점이다. 규제는 모든 사람이 지켜야만 효과가 있다. 그렇지 않을 경우 규제를 지키지 않는 사람은 사교육을 통해 개인의 성적 순위를 향상시키는 추가적인 이득을 얻을 수 있다. 학원의 교습 시간을 제한하고 학습 내용을 제한한다고 하더라도, 개인적인 과외를 통제하는 것은 불가능하다. 그래서 학원에 대한 규제는 개인 과외를 주로 이용하는 부유층에게 보다 좋은 기회를 제공할 수 있다. 다른 부작용도 있을 수 있다. 학교에서의 수업 내용을 따라가지 못해 자발적으로 오래 공부하고 싶고, 미리 선행 학습을 하고 싶은 학생들은 어떻게 할 것인가? 이러한 점들을 감안할 때 우리 사회에서 사교육을 적정 수준으로 연착륙시키기 위해서는 일방적인 '규제' 보다는, 규제와 함께 '유인'의 방법을 택하는 것이 바람직하다.

앞에서도 보았듯이 학부모들이 사교육에 과도한 투자를 하는 것은 성적 향상이 대학의 당락에 영향을 미치고, 이를 통해 사회적 지위와 평생 소득이 달라진다고 보기 때문이다. 이 연결고리를 끊어야 한다. 아니, 끊는다는 것은 불가능한 일이고 약화시켜 나가야 한다. 사실 학업 성적에 따라 대학의 당락이 결정되는 구조는 바꾸기 어렵다. 내신 성적의 비중을 높이거나 입학사정관 제도를 도입하거나 또는 본고사를 보거나 등등 여러 가지로 입시 형태를 변경할 수 있고 또 그렇게 해 왔다. 그러나 어쨌든 특정 대학의 정원은 한정되어 있고, 일부 학생에게만 합격증을 줄 수밖에 없다. 어떤 식으로 합격증을 배분하든 이를 위한 경쟁은 피할 수 없다. 경쟁의 내용만 바뀔 뿐, 치열한 경쟁 그 자체를 완화시킬 수는 없다. 괜히 어설픈 배분 방식은 오히려 공정하지 못하다는 비판에 직면할 수도 있다. 이처럼 대학 입시 제도를 학생들의 경쟁을 완화시키는 정책 도구로 사용하려는 것은 잘못된 생각이다. 대학 입시 제도는 고등학교 과정에서 대학 입학을 위해 어떠한 측면에 초점을 맞추어 공부를 해야 하는지를 제시해 주는 신호 역할을 하는 데 사용해야 한다.

반면 어떠한 대학에 입학하느냐에 따라 직장과 평생 소득이 결정되는 연결고리는 우리의 의지에 따라 약화시킬 수 있다. 즉 어떠한 대학에 입학하더라도 대학 과정에서 열심히 노력하는 사람이 충분히 보상을 받을 수 있도록 교육 구조를 변화시켜야 한다.

실제 현실은 어떠한가? 우선 학습 시간에 대한 자료를 보자. 2009년 통계청의 생활시간조사에 따르면 1주일간 학습 시간이 초등학생은 44시간, 중학생은 52시간, 고등학생은 64시간이었다. 우리나라 성인들의 법정 근로 시간은 주당 40시간이며, 특별한 사정이 없는 한 52시간까지만 연장할 수 있다. 2011년 현재 농업과 어업을 제외한 전산업 5인 이상 사업장에 근무하는 노동자의 주당 평균 근로 시간은 41.9시간이다. 우리나라에서는 초등학생조차도 어른이 일하는 시간보다 더 많은 시간 동안 공부한다. 고등학생의 학습 시간 64시간은 1970~80년대 한국 노동자들의 장시간 노동 시간보다 더 길다. 그렇다면 대학생은 어떨까? 대학생의 주당 평균 학습 시간은 26시간이다.

고등학교 때 일주일에 64시간씩 공부하다가 대학생이 되면 주당 26시간씩 공부하는 사회, 과연 정상적인가? 고등학교 시절에는 온갖 사교육에 매달리면서 장시간 공부를 한다. 그렇게 해서 성적을 올리면 조금이라도 좋은 대학에 입학할 수 있고, 그러면 평생 소득이 높아진다고 기대하기 때문이다. 그만큼 유인이 있으니까 공부를 하는 것이다. 반면 대학에 들어오면 초등학생보다도 공부하는 시간이 적다. 왜 그럴까? 해답은 대칭적이다. 유인이 없기 때문이다. 대학이 한 번 결정되면 아무리 공부를 해 봐야 인생이 별로 달라지지 않을 것이라고 생각한다. 대학생들이 잘못 생각하고 있는 것일까? 몇십 년 동안 이러한 현상이 지속되어 온 것을 감안한다면, 비합리적인 판단이라고 보기는 어렵다. 앞에서 설명한 것과 같이 보다 좋은 대학일수록 교육비 투자도 많고, 교수진도 우수하며, 유능한 동료와 선후배와 연결될 가능성이 크다는 점을 감안하면, 어쩌면 당연한 현상이다. 일단 대학에 입학하면 개인의 노력으로는 뛰어 넘을 수 없는 벽이 있다. 더군다나 정말 게으름을 피우지 않는 이상은 이 울타리로부터 쫓겨날 위험도 없다. 고등학교 때까지 공부하느라 얼마나 힘들었는데, 이런 상황에서 누가 또 대학에서까지 학업에 집중하겠는가?

진짜 승부는 대학에서

학창시절에는 공부를 해야 한다. 경쟁도 해야 한다. 그것도 치열하게 해야 한다. 부족한 부분이 있으면 사교육도 받을 수 있다. 그런데 클라이맥스는 대학교에서 이루어지도록 하자. 예선전에서 열심히 노력하여 막상 본선에 올랐는데 예선 성적으로만 순위가 매겨진다면 선수들의 기량이 향상되겠는가? 오히려 어렸을 때에는 다양한 경험을 쌓고 체력을 다지도록 하고, 대학에 들어가서

여한 없이 서로 경쟁하도록 하는 것이 국민의 인적 자원을 극대화하는 데 보다 효율적일 수 있다. 또 그렇게 하는 것이 보다 의미 있는 경쟁이 될 수 있다. 중·고등학교 시절에는 한정된 교과과정 내에서 순위를 나누다 보니 누가 조금이라도 더 암기를 잘하는지 또는 누가 덜 실수하면서 문제를 푸는지 등과 같은 지엽적인 측면에서 경쟁이 이루어지는 경향이 있다. 대학 과정에서 해당 학문 세계를 중심으로 경쟁이 이루어지면, 누가 보다 폭넓고 깊이 있는 사고력을 가지고 있는지 그리고 누가 체계적인 지식을 갖추고 있는지가 평가 기준이 될 수 있다. 경쟁을 하지 말자는 것이 아니라 경쟁의 시기를 늦추자는 것이 나의 핵심적인 제안 사항이다.

이를 위해서는 대학을 평준화해야 한다. 여기서 평준화는 학생들을 추첨으로 배정하자는 것이 아니라, 대학 교육의 질을 균질화하자는 것이다. 평판이 좋은 대학은 교육비 투자도 많고 교수진도 우수한 구조, 그래서 마태 효과가 발생할 수밖에 없는 구조를 바꿔야 한다. 지금까지 정부는 반대로 갔다. 선택과 집중이라는 논리로 우수한 대학을 더 지원하는 정책을 펴 왔다. 우리나라 굴지의 대기업부터 개인 자선독지가까지, 우수한 대학과 뛰어난 학생들 지원에 집중해 왔다. 지금과 같은 상황을 그대로 두면 자동적으로 격차는 확대될 수밖에 없다.

따라서 인위적으로 정부가 나서야 한다. 우수하지 못한 학생들이 집중되어 있는 대학, 평판이 좋지 못한 대학에 집중적으로 지원해야 한다. 그런 대학에 보다 많은 교육비를 투입하고, 보다 우수한 교수가 채용될 수 있도록 유도해야 한다. 그냥 지원만 하는 온정적인 정책이 아니라 교육의 질이 높아질 수 있도록 강제해야 한다. 상위권 대학뿐만 아니라 하위권 대학에서도 일정 수준에 도달하지 않는 학생에 대해서는 졸업이 유보되도록 해야 한다. 대학 입학의 문은 넓게, 그리고 어느 대학에 입학하든지 교육의 질은 유사하게, 또한 어느 대학에서든 혼신의 힘을 다해 공부하지 않으면 졸업할 수 없도록 하는 정책이 필요하다. 그래서 어느 대학에 입학했더라도 졸업장을 가지게 된다면 그 학생이 충분한 능력을 쌓았음을 보여 줄 수 있도록 유도해야 한다.

그러기 위해서는 우선 대학이 변화해야 한다. 학생들의 능력을 향상시키기 위해 더욱 노력해야 하고, 이를 위해 서로 치열하게 경쟁해야 한다. 물론 지금도 대학들은 경쟁한다. 그러나 경쟁의 내용과 목표가 지금과는 완전히 달라져야 한다. 대학이란 학생들의 지적인 능력을 향상시키는 곳이지 직장을 알선하는 기관이 아니다. 건강보험 내역에 국세청 자료까지 뒤져서 대학별로 학과별로 취업률 자료를 만들고, 1등부터 꼴등까지 순위를 매겨서 대학을 경쟁시키는 나라, 역사상 이런 나라가 또 있었을까?

이와 같이 모든 대학이 취업률을 높이기 위해 경쟁하면, 우리나라 전체 대학 졸업생 취업률이 높아지는가? 대학이 노력한다고 해서 대학생들이 취업하고 싶어 하는 대기업 일자리가 늘어나고 공공부문 일자리가 증가하는가? 학생들의 눈높이를 낮추어 3D 업종이라도 취업하도록 유도하는 것이 대학 본연의 임무인가? 청년층의 고용 문제는 기획재정부나 고용노동부가 고민할 일이지, 대학과 교육부가 떠안을 일은 아니다. 대학은 노동시장에 진입하는 졸업생들이 직장에서 요구하는 능력을 충분이 갖추도록 교육시켜야 하고, 이에 대해서 책임을 져야 한다. 우수한 능력을 갖추게 해서 졸업을 시켰음에도 불구하고 일자리가 없어 취업을 못했다면, 그것은 대학의 책임이 아니라 국가의 책임이다.

대학에 재직하고 있다고 해서 팔을 안으로 굽힐 생각은 없다. 나는 현재의 대학이 본연의 임무이자 막중한 책임인 학생들의 인적자원 향상 업무를 성공적으로 수행하고 있다고 보지 않는다. 물론 열심히 노력하고 훌륭한 성과를 내고 있는 부문도 얼마든지 있다. 여기서의 이야기는 모두 평균적인 수준에서의 평가이다. '초등학생보다도 더 적은 대학생의 학습 시간', 이 지표가 현재 대학의 교육 성과를 압축적으로 표현해 준다. 공부를 하지 않는데 어떻게 인적 자원이 향상되겠는가? 나는 지금까지 어느 대학을 막론하고 정말 열심히 노력했는데 졸업을 못했다거나, 졸업하는데 7~8년씩 걸렸다고 하소연하는 대학 졸업생들의 이야기는 거의 들어 보지 못했다. 학생은 대충 공부하고 교수는 적당히 학점을 줘서 졸업시키는 담합 구조인 것이다. 그나마 도서관에서 밤늦게 공부하는 학생들은 전공과는 별로 관련 없는 토플 시험 준비나 공무원 시험 준비에 시간을 보내는 경우가 많다. 또 기업들도 대학에서 이 사람이 어떠한 과목을 수강했고 어느 정도의 성적을 받았는지는 관심을 두지 않는다. 그저 이런 대학에 입학할 정도면 원래 똑똑했으려니, 또는 좋은 대학 출신이니 아는 사람도 많으려니, 그렇게 생각하면서 수능 성적 순위로 사람을 선발한다.

대학에서는 학생들에게 공부를 시키는 데 더 집중하자. 대학들이 누가 더 학생들을 열심히 공부하도록 만들었는지를 놓고 서로 경쟁하도록 만들자. 그리고 정부는 이를 위해 강제와 유인 정책을 쓰자. 스위스 제네바 대학은 세계 40위권의 우수한 대학이다. 이 대학의 의과 대학에서는 입학생 중 70%를 무조건 탈락시킨다고 한다. 극단적인 방법이지만 구성원의 노력을 극대화할 수 있는 방법이다. 유럽의 많은 대학들은 입학은 쉽고 등록금이 값싸지만, 모든 학생들이 대학에 들어가기 위해 아우성치지는 않는다. 어지간한 학생은 대학에서의 교육 내용을 따라가기 힘들고 졸업하기도 어렵기 때문이다. 대학생들이 학업에 집중하도록 만드는 방법은 여러 가지가 있을 수 있다. 각 대학이 어떠한 방법을 이용하여 학생들이 최대한의 노력을 하도록 유도했는지를 공개하도록 하고, 검증해 나가자. 대학 교육의 질이 균질화되도록 노력하더라도, 보다 우수한 질을 가진 대학이 존재하고 여기에서 교육을 받고자 하는 수요는 사라지지 않을 수 있다. 그렇다면 2~3학년 과정에서 우수한 능력을 보인 학생들은 좀 더 상위의 대학으로, 반대의 학생은 하위의 대학으로 이동할 수 있는 틀도 만들어 주자. 대학원 교육은 별도로 분리하여, 출신 대학에 관계없이 엄격한 평가를 거쳐 선발하도록 하자.

거슬러 올라가 보면 사교육 문제는 한국의 노동시장 문제와 맞닿아 있고, 더 올라가다 보면 경제 구조와 사회 구조 그리고 국민들의 의식 구조와 연결되어 있다. 교육 문제는 독립변수가 아니라 종속변수라는 이야기에 백이십 퍼센트 동의한다. 하지만 그렇다고 한국 사회 전체가 바뀔 때까지 그냥 앉아서 기다릴 수만은 없다. 사교육 문제로 고통 받고 있는 사람은 눈에 넣어도 아프지 않을 바로 우리의 귀여운 자녀들이며, 매년 몇 십조 원의 돈이 사교육에 낭비되는 것을 보고만 있어도 될 정도로 우리의 경제 현실이 녹록하지 않기 때문이기도 하다. 완전한 해결책은 아니라고 하더라도 각 단계마다 가능한 모든 방법을 동원해서 사교육의 폐해를 막아야 한다.

다시 한 번 강조하지만, 핵심은 대학에 들어 와서 가장 치열하게 경쟁하도록 유도해야 한다는 것이다. 이렇게 되도록 대학 구조를 바꾸어 나가야 한다. 이와 병행하여 초등교육과 중등교육에서는 경쟁의 압력보다는 풍부한 경험을 쌓을 수 있도록 교육 내용을 변화시켜 나가야 한다. 또한 대학 과정에서의 노력이 직장에서 인정받을 수 있는 방향으로 노동시장 구조를 바꾸어 나가야 한다. 이 과정에서 어떠한 방식이든 결국 경쟁에서 뒤떨어지는 사람들이 발생할 것이므로, 이들을 어떻게 끌어안으며 나아갈 것인지, 대학생의 비율이 이렇게 높아도 되는지, 직업교육은 어떻게 발전시킬 것인지 등등 많은 논쟁점들에 대한 대책도 수립해야 한다. 이러한 문제들에 대해서도 대학에서의 경쟁을 극대화한다는 원칙과 국민 전체의 인적 자원을 최대한 향상시킨다는 원칙하에서 치열하게 고민하여 해결책을 찾아봐야 할 것이다. 방향만 올바르고 사회적 합의만 이루어진다면, 사교육 문제는 충분히 극복 가능한 일이다. 유럽의 국가들을 보라. 중등교육에서의 사교육은 학업 성적이 뒤처지는 극히 일부의 소수 학생들만 받는다. 사교육 문제는 인간들이 극복할 수 없는 치명적인 문제가 아니라 사회적인 노력으로 충분히 해결할 수 있는 문제인 것이다.

진짜 승부는 대학에서, 여기서부터 출발하자. 여러분은 어떻게 생각하는가?

실사구시
한국경제

베이비부머의
부동산 출구 전략

이상영 (명지대학교 부동산학과 교수)

주택시장에 대한 잘못된 생각들

최근 들어 우리나라 주택시장의 불패 신화들이 곳곳에서 무너지고 있는 것을 목격할 수 있다. '주택 가격은 일시적으로는 내릴 수 있지만, 장기적으로는 절대 내릴 수 없다.', '모든 자산 중에 부동산만큼은 배신하지 않는다.', '부동산은 언젠가 한 번은 크게 오를 것이다.', '수도권 주택은 가장 안전한 자산이다.' 등 지금까지 알려진 불패 신화들이 일시에 흔들리고 있는 것이다.

이러한 생각의 배경에는 부동산 가격은 어떻게든 상승한다는 기대감이 전제되어 있었다. 즉 부동산은 일단 사 두기만 하면 가격이 올라 가격 차익을 누릴 수 있는 상품으로 인식되어 왔다. 이처럼 가격이 올라서 이득을 보게 된 것은 지난 수십 년간에 걸친 높은 경제성장률과 베이비부머의 지속적인 시장 진입에 따른 수요 증가 등 예외적인 조건이 있었기 때문이다. 그런데 이런 예외적인 조건이 소진되어 가면서 부동산 불패 신화가 무너지기 시작했다. 부동산을 통해 이득을 본 사람들은 주택 가격이 저렴했던 2005년 이전에 주택을 구입했거나 주택 가격이 상대적으로 크게 상승했던 특정 지역의 주택을 구입한 사람들로 제한된다. 즉 2005년 이후에는 대다수의 사람들이 부동산을 통해 별다른 이득을 보지 못했다. 왜 그럴까? 그 이유는 그간의 예외적인 조건보다는 부동산 경기가 가지고 있는 고유한 특성들이 주요하게 영향을 미치기 시작했기 때문이다.

첫째, 부동산 경기는 2~3년의 단기적 주기를 갖는 일반 경기와 달리 5년 전후의 중기적인 순환 주기를 갖는다. 이처럼 부동산 경기의 순환 주기가 긴 것은 부동산이 일반 상품과 달리 원하는 시점에 생산되지 않는 특수한 상품이기 때문이다. 즉 부동산 산업은 시간지체 time-lag 산업이다. 부동산을 기획해서 공간적 서비스를 이용하기까지는 몇 년의 기간이 걸린다. 예를 들면 아파트의 경우 분양에서 입주까지 3년 전후의 시간이 필요하다. 따라서 호황기에 건설된 주택은 해당 시점에 분양이 될 수는 있지만, 실제 입주하는 시점은 경기 침체기가 될 수도 있다.

둘째, 부동산 경기는 정점과 저점 간의 진폭이 크고, 호황기와 불황기 간 기간의 차이가 크다. 앞서 이야기한 것처럼 부동산은 시간지체 산업이므로 단기적으로 주택 공급이 고정되어 있다. 따라서 주택 가격은 호황기에는 절대적인 공급 부족으로 인해 6개월에서 1년 사이에 폭발적으로 오르고, 반면 불황기에는 장기간에 걸쳐 서서히 내리게 된다. 특히 불황기에 입주 폭탄이 터지면 가격 정체기는 더 길어지게 된다. 결국 3~4년간 가격이 정체되거나 내리며 불황이 지속된다.

셋째, 이 과정에서 호황기에는 군중 심리적 매수세가 나타나고, 반대로 불황기에는 극도의 심리적 위축 분위기가 발생한다. 따라서 경기가 호황 국면에 진입하면 단기간 가격 상승이 나타나면서 사회적으로 매수세가 폭발한다. 그리고 그 결과 정상 가격 이상의 높은 가격대로 주택을 매입하는 가구가 급증하는 상황이 발생한다. 반대로 가격이 내릴 때에는 매각하고자 하는 사람은 늘어나고, 입주 물량은 폭발적으로 늘어나면서 웬만해서는 매매 거래가 급감하는 침체기가 쉽게 끝나지 않는다.

넷째, 주택 수요는 장기적으로 인구 변화에 의해 좌우된다. 지난 20년간 우리나라 주택 가격이 강세를 보인 것은 그만큼 인구가 증가하면서 주택 수요가 늘어났기 때문이다. 1955년부터 급증한 우리나라 출생 인구는 1960년대 초반1963년까지 최초의 베이비부머 계층을 형성했다. 이에 따라 이들이 주택매매시장에 진입한 1990년대 초에는 중소형 아파트 가격이 폭등했고, 이들이 기존 주택을 확장하는 대체 수요가 폭발한 2000년대 전반에는 중대형 아파트의 가격이 폭등했던 것이다.

이상의 부동산 산업의 특성을 이해하지 못하는 상황에서 단기 매매로 자본 이득을 얻기는 힘들다. 설사 이러한 흐름을 안다고 해도 매매의 적정 시점을 잡기란 쉽지 않다. 따라서 가격 상승을 기대하고 주택을 매입하는 사람들은 농사로 따지면 천수답을 가진 농부와 다름이 없다. 즉 하늘에서 비 가격 상승가 오기를 기다리는 농부와 같은 것이다.

그렇다면 부동산에서 수리안전답, 즉 가격 변동은 크지 않고 노후 자금이 지속적으로 들어오게 하는 부동산 전략은 어떻게 만들 수 있을까? 이 과제는 은퇴를 앞둔 베이비부머들에게 있어 노후 생활을 안정적으로 하기 위한 중요한 사안이다. 또한 이 과제는 베이비부머 세대의 주택을 매수하는 후속 세대가 베이비부머의 출구 전략에 도움을 주면서 향후 안정적인 주거 생활을 할 수 있을 것인가 하는 점과도 관련이 있다.

주택시장의 지속적인 침체에 따른 논란과 변화

주택시장의 침체가 지속되고 주택 가격이 본격적으로 하락하면서 최근 부동산 시장을 둘러싸고 몇 가지 논란이 벌어지고 있다. 이러한 논란은 현재 상황이 경기순환 과정에서 나타나는 일시적 상황이 아니라 주택시장의 구조적인 문제나 패러다임 변화에서 비롯된 것이라는 인식에 기반하고 있다.

첫째는 2008년 금융위기 이후 5년째 부동산 경기 침체가 지속되면서 5년 전후의 주기로 순환하던 우리나라 부동산 경기가 장기 침체기로 진입한 것이 아닌가 하는 논란이다. 특히 1990년 초 이후 버블 붕괴에 따라 20년째 장기 하락을 겪고 있는 일본과 비교하여 우리나라의 현재 상황을 연상하는 경우가 많다.

둘째는 우리나라에서도 주택 가격 폭락이 나타날 것인가 하는 점이다. 아직까지 가격 하락의 정도는 1990년대 후반 IMF 위기 시기의 폭락아파트 가격 기준으로 전국 평균 20% 수준에 비해서는 크지 않다. 그렇지만 최근 수도권 외곽에서 본격적인 폭락세가 나타나고 서울 지역의 경우 재건축 아파트를 중심으로 하락 조짐이 뚜렷해지면서, 주택 가격 폭락과 이에 따른 금융위기 문제가 논란이 되고 있다. 즉 전형적인 부동산 자산 디플레이션real estate asset deflation에 이은 금융위기의 가능성이 제기되고 있다. 부동산 자산 디플레이션이 문제가 되는 것은 일차적으로는 주택 가격이 내리면서 소유주들의 자산 감소로 인한 소비 여력, 노후 자금 부족 등이 나타나기 때문이다. 좀 더 심각한 문제는 이 과정에서 부채는 줄어들지 않기 때문에 부채 비율은 증가하면서 부채 디플레이션debt deflation이 나타나게 된다는 것이다. 그리고 이 결과 원리금 상환이 어렵게 되고 금융기관의 부실 자산이 급증하여 부동산발 금융위기라는 이차적 충격이 올 수 있다는 것이다.

한편 부동산 시장에서는 과거와 다른 양상들이 나타나고 있는데, 우선 수도권과 지방의 경기에 대한 체감이 다르다는 점이다. 지방에서는 지난 10년간 주택경기가 장기간 침체되어 있었으나 2008년 이후 경기가 회복된 반면, 수도권은 침체가 점점 심화되는 상황이 전개되고 있는 것이다. 또한 수도권 내에서도 경기도의 시장 침체와 가격 폭락이 심화되면서 중산층의 교외 주거 현상교외화, suburbanization이 사라지고, 도심 회귀와 재생주택 고급화, gentrification이 본격화되고 있다. 또한 매매보다 전세나 월세 수요가 급증하고 있다. 자본 이득에 대한 기대감이 사라지면서 임차 수요가 크게 증가하는 것은 기본적인 시장 흐름이라고 할 수 있다. 그런데 임차인은 저렴한 전세를 선호하는 반면 임대인들 입장에서는 전세보다는 현금흐름이 있는 월세를 선호하는 현상이 벌어지면서, 전세 물건이 줄어들어 전세 가격이 급등하고 있다. 더불어 1~2인 가구가 폭발적으로 증가하면서 원룸, 다세대 다가구와 같은 월세 시장도 크게 확대되어 전세보다는 월세가 임대차 계약의 일반적 형태로 바뀌고 있다.

이러한 주택시장 침체의 장기화, 부동산 자산 디플레이션, 도심 회귀와 재생, 자가에서 임대로의 전환 등은 베이비부머와 그 후속 세대들에게 다양한 문제를 야기하게 된다. 베이비부머의 입장에서는 자신의 가계 자산 중 가장 큰 비중약 80%을 차지하는 부동산이 위험자산화됨으로써 노후 생활을 위협받게 된다. 그리고 그 후속 세대의 입장에서는 높은 부동산 가격과 낮은 소득 성장률하에서 이전과 같은 부동산 자산의 투자와 소비가 불가능하게 됨에 따라 주거 생활의 불안정이 극심하게 된다.

이제 이러한 세대별 위험과 과제에 대해 검토해 보자.

주택 가격은 여전히 거품인가?

베이비부머와 그 후속 세대에게 주택 가격이 적정 수준인가는 매우 중요한 사안이라고 할 수 있다. 왜냐하면 거품이 있다면 베이비부머 입장에서는 거품 붕괴에 따라 출구 전략을 적극적으로 구사해야 하고, 후속 세대 입장에서는 당장 주택을 구입하기보다는 가격이 하락한 이후에 매입하는 것이 바람직하기 때문이다. 그렇다면 현재 우리나라의 주택 가격은 어떠한가?

주택 가격이 높은지 낮은지는 다른 대상과의 비교를 통해서 파악할수 있는데, 먼저 생각해 볼 수 있는 것은 다른 자산에 비해 주택 가격이 비싼가 하는 점이다. 이것은 전체 자산 또는 GDP 대비 부동산 자산 비율을 통해 판단해 볼 수 있다. 예를 들어 우리나라 GDP 대비 토지 자산은 2001년 2.25배를 기록한 후 빠르게 증가하여 2009년에는 3.25배가 되었다. 반면 일본은 버블이 가장 심했던 1990년대 초에 2009년의우리나라와 비슷한 수준이었으나 이후 감소 추세가 지속되면서 2008년에는 1.55배로 낮아졌다. 즉 현재 우리나라 토지 자산의 GDP 대비비중은 일본의 버블기와 비슷한 수준이다. 그만큼 우리나라의 부동산가격이 버블 가격에 근접했을 가능성이 있는 것이다.

또 다른 비교 방법은 가계 소득 대비 부동산 가격의 수준을 측정하는것이다. 예를 들어 서울 지역 아파트 가격은 3.3m²1평당 1,800만 원 선이고 연간 가계 소득은 5,000만 원 수준이다. 따라서 서울에서 30평형아파트를 구입하려면 5~6억 원의 자금이 필요하고, 연간 가계 소득 대비로 보면 그 배수는 10~12배 수준이다. 이 배수를 주택 가격 대비 연소득 비율PIR, Price to Income Ratio이라고 하는데, 선진국의 경우에는 대개 4~5배 수준이다. 이처럼 서울 지역의 PIR은 지나치게 높은 수준이다. 따라서 서울 지역의 아파트 가격은 버블 가격일 가능성이 높다. 이에 비해 지방은 3.3m²당 600만 원대이므로 30평형 아파트의 가격이 2억원 전후로 서울의 40% 수준에 불과하다. 따라서 PIR도 4~5 수준에 머물러 있다. 수도권의 경우는 3.3㎡당 1,200만 원대로, 30평형이 3억 5,000~6,000만 원이므로 PIR은 7~8로 서울과 지방의 중간 정도이다. 수도권 2기 신도시의 경우는 지방 광역시 수준으로 아파트 가격이 내렸기 때문에 오히려 정상 가격대라고 할 수 있다.

이처럼 주택 가격이 소득에 비해 지나치게 높으면 여러 가지 문제를 일으킬 수 있다. 우선 국가적으로 보면 부동산 자산의 비중이 지나치게 높을 경우 국가의 성장 동력에 문제를 일으키게 된다. 부동산 자산의 과잉으로 경제 성장에 문제가 생기는 것은 이미 일본 경제에서 지난 30년간 목격해 온 일이다. 일본의 경우 기업이 자기 사업보다는 부동산에 재무적 여력을 집중한 결과 장기적인 경제 침체에 빠지는 상황이 발생했다. 우리나라는 기업보다는 가계가 그 자리를 대신했다는 점에서 차이가 있지만, 결과적으로 비슷한 문제를 야기하게 될 것이다.

두 번째는 높은 주택 가격으로 인해 호황기에는 주택담보대출이 크게 증가하고, 가격 하락 시기에는 주택담보대출의 부실 문제가 심각해지게 되는 것이다. 우리나라는 미국 등 선진국에 비해 주택 가격 대비 대출 비율, 즉 LTV가 낮은 편이다. 즉 미국의 LTV가 70~80%인 것에 비해 우리나라는 40% 전후에 그치고 있다. 많이 대출을 한 경우에도 60% 이상을 넘지는 않는다. 그런데 이처럼 LTV가 낮다고 해서 담보대출이 부실화되지 않는 것은 아니다. 왜냐하면 비록 대출 비율이 높지는 않지만 주택 가격이 지나치게 높게 형성되어 있어 소득 대비 원리금, 즉 DTI 수준이 높기 때문이다. 우리나라는 2006년 이후 DTI 규제를 도입하기는 했지만, 그 수준은 40~60%로 선진국의 권장 수준인 25%를 훨씬 뛰어넘고 있다. 따라서 이러한 측면에서 기본적으로 주택융자 부실의 가능성이 있고, 특히 최근처럼 주택 가격이 하락하게 되면 하락폭에 따라 대출 부실 위험도 커지게 된다. 최근 수도권 외곽 지역의 아파트 가격이 2006년 대비 30~40% 하락하면서, 2006년 구입 당시 가격의 60~70% 수준의 대출이 이루어진 주택의 경우 가격이 담보대출 금액 이하가 되는 소위 '깡통주택'이 되고 있다. 결국 이러한 깡통주택 내지는 폭락한 주택을 보유한 베이비부머의 가계 자산 위험이 그만큼 커지게 되는 것이다.

세 번째는 전세금이 매매를 위한 지렛대 레버리지로 활용되기 어렵다는 점이다. 우리나라에서는 주택을 매입하는 자금의 원천으로 전세금이 큰 역할을 해 왔다. 서울에서는 전세 가격이 매매 가격의 50% 이상이 되면서 나머지 자금만 대출을 하면 내집을 마련할 수 있다. 지방이나 수도권 외곽의 경우는 전세 가격이 매매 가격의 60~70% 수준이기 때문에 30~40%의 자기자금만 있으면 가능하다. 이렇게만 보면 최근같은 상황에서는 전세에서 매매로 전환되는 수요가 크게 증가해야 정상이다. 그런데 지난 몇 년간 지방에서는 전세에서 매매 전환이 비교적 빠르게 이루어졌지만, 수도권에서는 높은 전세금 비율에도 불구하고 매매 전환이 이루어지지 않고 있다. 이는 미래 가격 상승에 대한 기대가 줄어든 측면도 있지만, 이에 못지않게 수도권의 매매 가격이 높아 전세금을 가지고 있더라도 여전히 동원해야 하는 잔금이 너무 많기 때문이다. 즉 수도권의 경우 아파트 전세가 평균이 3.3㎡당 600만 원인데 매입을 하려면 3.3㎡당 500만 원 이상의 자금이 더 필요하므로, 30평형 아파트의 경우 전세금 이외에도 1억 5,000만 원 이상의 자금이 더 필요하다. 지방에서는 그 격차가 200만 원 수준으로, 5,000~6,000만 원만 마련하면 내집 마련이 가능한 것과는 차이가 크다.

따라서 현재의 아파트 매매가는 소득 대비 매우 높은 수준이고, 이렇게 높은 매매가하에서 시장이 회복되려면 소득이 크게 증가하거나 매매 가격이 크게 내려야만 한다. 이러한 맥락에서 볼 때 소득 증가는 향후 상당한 기간을 필요로 하므로, 결국 매매가가 내려야만 시장의 활성화가 가능하다. 하지만 아직 수도권 외곽 지역을 제외하고 주택 가격 하락의 폭이 크지 않은 상태이다. 결국 이러한 문제로 인해 베이비부머의 후속 세대들 1970년대와 1980년대에 태어난 후기 베이비부머 세대은 내집 마련에 어려움을 겪게 되거나 의도적으로 전월세에 머무는 현상이 광범하게 확산되게 될 것이다.

주택 가격이 폭락할 수도 있을까?

부동산 시장에서 거래가 극도로 부진해지고, 주택 가격 정체가 장기화되면서 이제 단순한 가격 하락이 아니라 가격 폭락에 대한 의구심이 커지고 있다. 이미 일본은 1990년 이후 가격 폭락이 15년간 이어지면서 토지가 기준으로 60~80% 하락한 바 있고, 미국은 2008년 금융위기 이후 주택 가격이 30~40% 하락하는 등 폭락세를 보인 바 있다. 이에 비해 우리나라는 일부 지역에서 폭락세가 있지만, 전국적으로 보면 약세 내지는 정체 수준이다. 그렇다면 앞으로도 폭락보다는 서서히 하락하는 상황이 지속될 것인가?

이를 판단하기 위해서는 인구 동향을 살펴볼 필요가 있다. 일단 전체적으로 인구가 감소하면서 주택 수요가 줄어드는 상황은 지속될 것이다. 그런데 우리나라의 경우 이러한 인구의 절대적 감소 시점은 2030년으로 예상되고 있다. 이처럼 인구 감소 시점이 늦어진 것은 최근 수명이 늘어나고, 외국인들이 지속적으로 유입되고 있는데다 출산율도 개선되는 추세를 보이고 있기 때문이다. 이에 따라 2010년대 후반이면 인구 감소가 시작될 것이라는 과거 인구 추계가 잘못되었다는 점이 확인되고 있다.

또한 인구가 감소한다고 해서 바로 주택 수요가 줄어드는 것도 아니다. 인구가 감소하더라도 일정 기간 동안은 가구가 증가할 것이기 때문이다. 비록 인구는 감소하지만 가구원 수가 줄어들면서 1~2인 가구가 급증하여 전체 가구 수는 인구에 비해 훨씬 후에 줄어들 것이다. 따라서 가구 단위로 이루어지는 주택 수요는 주택의 형태를 달리해서 지속될 수 있다. 특히 주택의 주 수요층인 40~50대 베이비부머 층의 두께가 주택 수요의 궁극적인 방향을 결정한다는 점에서 우리나라는 일본과 큰 차이를 보이고 있다. 우리나라에서는 베이비붐이 1955~1963년 뿐만 아니라 1960년대 중반 이후에서 1980년대 초까지 지속되었다. 따라서 우리나라의 주택 수요는 일본과 같이 급감하지 않고 서서히 감소하는 국면이 상당 기간 지속될 가능성이 높다.

이러한 인구 구조 측면에서의 완만한 하강세와 더불어 소득 측면에서 경제성장률이 급락하는 상황도 당분간 예상되지 않는다. 서서히 경제성장률이 감소하고 있지만, 성장률이 멈추거나 하락하는 상황이 예견되지는 않는다. 대출 측면에서도 전체적인 주택담보대출 비율이 아주 높은 상황이 아니기 때문에 미국과 같이 자산 디플레이션과 이에 따른 금융기관의 연쇄적 위기가 발생할 가능성도 높지 않다.

주거 기준이 바뀌다

그럼에도 불구하고 왜 수도권에서는 침체가 장기화되고 외곽 지역의 가격은 폭락하는 것일까? 이러한 흐름에 가장 크게 영향을 미친 요인은 지역에 대한 사람들의 선호가 바뀌었다는 점이다. 지방의 경우는 수도권과 달리 주거지가 광역화되어 있지 않기 때문에 주거 선호가 변화했다기보다는 여전히 지역 내 주택의 수급 관계에 의해 영향을 받는 측면이 크다. 그렇지만 수도권의 경우는 주거 지역이 도심에서 30~40킬로미터 범위까지 광역화된 상태에서 지역 선호의 변화가 수도권의 주택 가격을 좌우하는 요인이 되고 있다.

그러면 수도권에서는 지역 선호가 어떻게 바뀌게 되었을까? 우리나라에서 집을 선택하는 기준은 2008년 금융위기가 오기 전만 하더라도 부동산의 투자가치나 가격이었다. 즉 투자가치만 있다면 비록 현재 내가 사는 지역이 아니더라도 이주할 생각이 있었기 때문에 도심에서 먼 지역이라고 하더라도 당연히 분양을 받고 이주를 했다. 그런데 2008년 이후 이러한 주택 마련에 대한 기준이 완전히 달라졌다. 최근 주택을 마련하는 기준의 1순위는 교통이다. 구체적으로 통근 시간을 얼마로 예상하는지 물어보면 직장을 기준으로 어떤 교통수단이든지 30분 이내라는 대답이 가장 많다. 서울 도심에서 30분이 소요되는 거리는 대략 10~15킬로미터 거리로, 1기 신도시보다도 더 안쪽을 의미한다. 대략적으로 보면 보금자리 주택이 지어지고 있는 거리 정도라고 할 수 있다. 이보다 멀리 있는 주택은 별로 원하지 않는다는 것이니 30~40킬로미터 수준인 2기 신도시는 물론 기존 1기 신도시까지도 원하는 대상이 되기 어려운 상황이다.

이처럼 주거 지역에 대한 선호가 변화한 원인은 무엇일까? 첫째는 불황과 고유가에 따라 통근 비용 절감에 대한 필요성이 커지고 있다는 점이다. 2008년 이후 유가 폭등과 교통비 증가 등은 장거리 통근을 회피하게 하는 배경이 되고 있다. 더욱이 소득이 정체되면서 과거에 비해 통근 비용이 적게 드는 주거지를 찾는 경향이 훨씬 강화되었다.

둘째는 도심이 재개발되고 이에 따른 고용 창출 및 사회문화적 인프라가 증가하면서 과거보다 도심에 대한 선호가 크게 높아지고 있다는 점이다. 소위 도심 회귀 현상은 우리나라에서도 2000년대 후반에 뚜렷하게 나타나고 있다. 최근 전세난으로 인해 일부 외곽 지역으로 싼 전세를 찾아 이주하는 경우도 있지만, 전체 흐름은 교외에서 도심으로 주거지를 전환하는 추세가 뚜렷하다. 이러한 도심 회귀 현상은 우리나라만의 일이 아니다. 일본의 경우는 1990년대 중반부터 도쿄 주변 신도시에서 도쿄로의 인구 이동 현상이 본격적으로 전개되면서 도쿄 인구가 다시 증가하는 결과를 가져왔다. 특히 도심에서 30분 이내 지역에서만 신규 분양 사업이 전개되면서 과거 신도시가 노후화하는 현상이 일반화되었다. 미국의 경우에도 과거 도심이 범죄 등에 과도하게 노출되면서 많은 중산층이 교외로 이주했다. 그런데 1990년대 들어 경제가 회복되고 도심의 범죄율이 감소하면서 도심 재개발이 본격화되었다. 그 결과 교외에 머무르던 중산층들이 도심으로 들어오기 시작했고, 도심 회귀 현상이 일반화되고 있다.

이러한 변화의 결과로 교외 지역의 대형 아파트에 대한 선호도가 급속도로 낮아지고 있다. 이에 따라 기존 베이비부머들이 주로 보유하고 있는 이러한 대형 아파트의 순환이 어려운 상황에 빠지고 있다. 특히 2기 신도시 대형 아파트의 경우는 기존 도심이나 1기 신도시의 베이비부머들이 기존 주택을 매각하고 신규 아파트를 구입하여 이주해야 하는데, 이러한 순환이 원활하지 않다. 결국 수도권 외곽 지역의 대형 아파트는 가격이 급락하고, 다시 회복되기 쉽지 않은 상황이다. 이 과정에서 발생한 가격 폭락은 현재의 수도권 대량 미분양을 촉발시킨 근본 원인 중의 하나이다. 즉 수도권 미분양의 원인은 일반적 경기 순환에 기인한 것이 아니다. 2008년 금융위기 이후 그해 연말 16만 5,000호를 넘었던 미분양 물량은 지난 6월 말로 6만 2,000호 수준으로 10만 호 이상 줄어들었다. 그런데 이렇게 줄어든 미분양 아파트의 대부분은 지방 소재의 아파트이고, 서울 지역은 3만 호 전후로 유지되고 있다. 이는 2007년 말 수도권의 미분양이 1만 4,000호 수준이었던 것에 비해 2배 정도 늘어난 것이며, 특히 경기도의 미분양 적체 현상은 2만 호 이상인 상태로 장기화되고 있다.

도시가 팽창하는 과정에서 교외로 나가서 집을 마련하는 사람들이 늘어나며 도시 주변으로 주거지가 확대되는 것은 어느 나라에서나 볼 수 있는 현상이었다. 소위 주거지의 교외화 현상은 개발 시대의 상징과도 같은 현상이었다. 이에 따라 '저 푸른 초원 위에 그림 같은 집을 짓는' 것은 중산층의 꿈과 같은 것이었다. 미국이나 일본의 대도시 인근에는 중산층들이 모여 사는 신도시들이 급격히 팽창하는 현상이 1960~70년대에 일반화되었다.

이와 마찬가지로 우리나라에서도 1980년대 후반에서 2000년대 중반까지 수도권에서 신도시 건설이 본격화되었다. 그리고 우리나라 1기 신도시, 2기 신도시는 이러한 배경에서 건설되기 시작한 것이다. 여기에는 우리나라의 베이비부머가 1955년부터 급증했던 것이 배경으로 작용하고 있다. 1980년대 후반 내집 마련을 시작한 베이비부머는 1기 신도시를 통해 내집을 마련했고, 이후 2000년대 대형 평형으로 주택을 넓혀 가면서 2기 신도시의 주요한 수요 계층이 되었다. 그리고 2006년 수도권에서는 신규 단지들이 고분양가에도 높은 청약 경쟁률을 기록하면서 초조해진 대기 수요자들이 대거 시장에 진입하여 기존 아파트와 연립주택 가격을 끌어올렸다. 이로 인해 그해 가을 전국적으로 60만 호 이상의 주택이 거래되었다. 그리고 이후 주택 가격이 정체되면서 사실상 이 시기가 수도권 주택 가격의 정점을 찍는 결과를 가져왔다.

이처럼 2008년 이후 수도권 아파트 가격 폭락과 미분양이 급증한 현상은 이전에 우리나라에서 목격되던 부동산 경기 순환의 일반적 형태와는 전혀 다르다. 즉 경기가 회복된다고 해서 수도권 내 가격 하락과 장기 미분양 아파트가 해소되지 않을 수도 있다. 따라서 이러한 문제를 해결하기 위해서는 경기 대응 방안보다는 지역 내 개발 방식, 교통 체계, 고용 창출 센터의 창출 등의 새로운 방법을 고려해야 한다.

남겨진 과제는 무엇인가?

이상의 변화는 주택 분야에서 다음과 같은 세 가지 과제를 던지고 있다.

첫째, 베이비부머의 은퇴와 더불어 부동산과 같은 가계 자산 가치의 하락과 노후 자금 부족이 사회적 쟁점이 되고 있다. 이에 대응하기 위해서는 가계 자산의 구조 조정을 통해 가계 자산을 보존하고 노후 자금을 마련할 수 있도록 해야 한다. 동시에 급증하는 노인 가구에 적합한 주택을 공급해야 하는 문제도 있다.

둘째, 부동산 가격이 담보가치 이하로 내려갈 경우 소위 '깡통주택'이 늘어나고 이에 따라 금융권의 부실자산이 증가하면서 금융위기로 전환될 우려가 있다. 미국의 금융위기가 주택담보대출의 부실화에서 출발했다는 점에서 이러한 문제점은 신중하게 살펴볼 필요가 있다. 물론 우리나라는 미국에 비해 이런 가능성이 낮기는 하지만, 시장에서 대출 규제 완화나 깡통주택에 대한 금융권이나 정부의 매입에 대한 요구가 크기 때문에 이 문제는 향후 주택시장의 최대 쟁점이 될 것이다.

이상의 두 가지 문제는 현재 베이비부머들의 주택 문제에 핵심적 사안이라고 할 수 있다. 이 문제의 해결은 결국 베이비부머들의 출구 전략이 무엇인가 하는 문제라고 할 수 있다. 동시에 이후 후속 세대의 내집 마련 전략은 어떻게 되어야 하는가 하는 문제이다.

셋째, 전세가 사라지면서 월세 부담이 늘어나게 됨에 따라 하위 소득 계층의 주거 안정을 어떻게 달성할 것인가 하는 과제가 발생한다. 이를 해결하기 위해 공공부문이 임대 주택을 직접 공급하는 것이 바람직하지만, 경기 침체가 지속되고 재정 능력이 저하되면서 공공 임대 주택의 지속적 공급이 어려운 상황이다. 이에 따라 민간 임대시장이 원활히 작동하도록 만들어 주어야 하는데, 전세 시장의 위축으로 어려움에 직면해 있다.

베이비부머의 고뇌

1955년생 베이비부머의 은퇴가 본격화되면서 이들이 은퇴 후 부동산 자산을 어떻게 관리해야 하는지가 사회적 이슈가 되고 있다. 부동산 자산 관리는 은퇴 이후 노후 자금을 어떻게 마련할지, 어디에 주거할지, 상속은 어떻게 할지 등 다양한 문제와 관련되어 있다. 우리나라의 경우 부동산 자산이 가계 자산에서 차지하는 비중이 높기 때문에 이를 활용하여 노후 자금도 마련하고 자식에게 상속도 해 주기를 원하는 정서가 많다.

그렇다면 우리나라의 가계 자산 중 부동산이 차지하는 비중은 얼마나 높은가? 일부 주장에 따르면 선진국에 비해 2배 이상 높다고 한다. 그러나 이러한 주장은 국가 자산 전체에서 부동산이 차지하는 비중과 가계 자산에서 부동산이 차지하는 비중을 잘못 비교한 데 따른 결과이다. 미국이나 일본의 경우 국가 자산 중 부동산이 차지하는 비중은 30~40% 수준에 불과하지만 가계 자산 중 부동산의 비중은 미국이 60%, 일본이 70% 수준으로 우리나라의 80%와 비교하여 10~20% 포인트 정도 낮은 데 불과하다. 따라서 현재 80% 수준인 부동산 자산의 비중을 60~70% 정도로 낮추는 것이 현실적인 부동산 자산 구성 비율이라고 보면 될 것이다. 물론 이 정도로 낮추려고 해도 현재 베이비부머들이 가진 주택의 규모를 다운사이징하는 노력이 필요하다. 일반적으로 은퇴 시점이 가까워지면 자녀의 분가나 외부 거주로 인해 큰 평형의 주택이 필요하지 않게 된다. 따라서 주거 규모를 줄이는 것이 가능하고, 이렇게 거주 평수를 줄이면서 확보된 자금을 노후 자금으로 사용할 수 있다.

가계 자산 중 부동산 비중을 줄이는 것과 더불어, 투자용 부동산을 보유하고 있다면 가격 차익을 얻기 위한 자산에서 현금흐름을 얻기 위한 수익형 자산으로 바꾸는 것도 필요하다. 이러한 변화는 이미 부동산 가격이 장기간 정체 내지는 하락하면서 급속히 확산되고 있다. 즉 자본 이득이 줄어드는 만큼 소득 이득에 대한 기대감이 커지고, 이것이 투자용 부동산의 구성을 바꾸고 있는 것이다. 특히 고령층일수록 이러한 성향이 강하게 나타나는데, 이것은 은퇴 후 수입을 확보하기 위한 자연스러운 선택이다. 이 문제와 관련해서 우리나라 베이비부머들이 겪는 어려움 중 하나는 토지 자산의 비중이 높다는 점이다. 이들은 부동산 자산의 크기를 불문하고 무수익의 토지 자산을 가지고 있는 경우가 많다. 물론 투자용으로 구입한 경우도 있지만 상속이나 막연한 기대감으로 소유하게 된 경우가 많은데, 이러한 자산의 처분이 제대로 이루어지지 않고 있다. 따라서 이들 자산은 기회가 있을 때마다 처분하는 것이 바람직하다.

부동산 자산의 비중을 줄이는 것과 더불어 부동산 자산에 포함된 부채의 형태를 건전하게 만드는 것도 반드시 고려해야 한다. 우리나라는 대출 시 고정금리보다는 변동금리를 선호하고 있고, 단기 거치를 거쳐 원금을 상환하는 형태를 취하고 있다. 그런데 이러한 대출 구조는 금리 변동에 취약해 연체나 상환 불능에 빠질 위험이 크다. 그렇기 때문에 원하지 않는 시점에 매각을 하게 되어 큰 손실을 보는 경우도 많다. 이러한 점을 고려해서 특히 주택의 부채는 집값보다는 소득을 기준으로 한 비율로 관리하는 것이 바람직하다. 이 경우 원리금 상환 비율을 소득 대비 25% 이하로 묶는 것이 바람직하다. 대출 금리도 변동금리보다는 장기적으로 안정적 계획이 가능한 고정금리를 고려할 필요가 있다.

은퇴 후 부동산 자산의 운영과 관련해서 매우 중요한 것이 주거 지역의 선택이다. 주거지 선택 시 투자가치나 가격도 고려하지만, 자신의 커뮤니티, 교통의 편리성과 같은 생활상의 여건을 확인하는 것도 매우 중요하다. 일반적으로 자신이 사는 지역 내에서 이사하는 비중이 80% 전후에 달하는 것도 이러한 생각에서 연유하는 것이다. 당연히 은퇴 후에도 이러한 성향이 반영되어 외곽으로 나가기보다 도심으로 움직이는 경우가 더 많다. 왜냐하면 은퇴 후 외곽 지역으로 가게 되면 교통이나 편의시설에서 멀어지면서 불편함을 느끼기 때문이다. 특히 은퇴하는 과정에서 부부간에 주거지 선택의 불일치를 보이는 것이 일반적이다.

남성들은 자연환경이 좋은 곳에서 한적하게 은퇴 생활을 즐기기를 원한다. 이 경우 지역 커뮤니티나 지인과의 교류 같은 문제는 부차적인 것이다. 그런데 여성들의 경우는 이 문제를 해결하기 위해 지역 선택을 하는 경우가 대부분이다. 자연환경이 좋고 한적한 것이 중요한 것이 아니다. 그리고 그 결과는 여성의 의견이 더 관철되는 형태가 되고 있다.

　마지막으로 남는 문제는 집을 언제 처분할 것인가 하는 문제이다. 일반적으로 베이비부머가 은퇴하면서 주택 수요가 감소하고 이로 인해 주택 가격이 약세를 보일 것이라고 생각한다. 이 때문에 은퇴와 동시에 주택을 처분할 것이라고 예상하는 경우가 많다. 그렇지만 실제 주택 처분은 쉽게 이루어지지는 않는다. 그것은 은퇴를 했다고 해서 바로 주거지 환경을 바꾸는 것도 쉽지 않고, 전체적인 주택 가격 약세에도 불구하고 가격 상승에 대한 기대감을 완전히 버리지 못하기 때문이다. 그 결과 주택 처분은 사실상 개인적으로 주택 관리가 어려워지는 시점까지 연기되는 경향이 있다. 적어도 70세 이후, 늦으면 80세에 달해야 비로소 주택을 처분하게 되는 것이다. 그런데 이렇게 되면 주택 처분의 주체가 당사자가 되기보다는 자식들이 되기 쉽고, 원하는 가격대나 시점에 팔기도 어렵다. 주택연금으로의 전환도 상속 문제와 결부되어 매끄럽지 않다. 결과적으로 적정 시점에 매각이나 이전을 하지 못하고, 건강상의 이유로 긴급하게 처분하게 되어 손실을 볼 가능성이 높다. 따라서 지금처럼 주택과 지역에 대한 선호가 급변하고 있는 상황에서는 좀 더 일찍 적극적으로 주택의 처분이나 관리 방안을 수립하는 것이 바람직하다.

이상과 같은 베이비부머의 문제를 고려할 때 다음과 같은 전략을 미래의 대안으로 고려해 볼 수 있다. 이 대안은 베이비부머의 주택 문제를 해결하면서 그 후속 세대의 향후 내집 마련과도 연관이 될 수 있어야 한다. 그래야 베이비부머와 후속 세대 간 선순환을 가져올 수 있는 방안이 될 것이다.

우선 베이비부머들의 대형 주택을 적정 규모로 축소하면서 동시에 수익을 얻을 수 있는 방안이 필요하다. 이를 위해서는 기존 주택을 분할해서 소형의 자가용 주택과 1~2채의 매각용 또는 임대용 주택을 마련하는 방법이 필요하다. 소위 자력갱생형self-financing의 출구 전략이다. 이를 위해서는 기존 주택을 물리적으로 분할하는 것이 가능해야 하고, 제도적으로 이를 허용해 주어야 한다. 예를 들면 재개발이나 리모델링 시 1주택을 2주택 또는 3주택으로 분할하도록 하는 것이다. 그리고 이 과정에서 필요한 자금을 기본적으로는 현재의 대형 주택에서 마련하고, 이를 실행할 수 있도록 대출이나 공사비 등을 분할 상환할 수 있도록 해 주어야 한다. 동시에 이 과정에서 발생하는 세금 부담을 줄여 주어야 할 것이다.

특히 이 과정에서 발생하는 상속·증여세의 문제와 관련해서 사회적인 필요성이 있는 임대 주택을 공급하는 경우 상속·증여세를 감면하는 제도를 도입하는 것을 검토할 필요가 있다. 이러한 과정을 통해 베이비부머의 주택이 후속 세대에 적정한 수준으로 제공되도록 하는 것이다. 더욱이 최근 건축 기술의 발전과 발코니 확장의 합법화 등을 통해 신축 주택은 과거 주택에 비해 10평 이상의 추가적 공간을 확보할 수 있다는 점에서도 이러한 방식의 실현 가능성이 높아졌다.

결국 이렇게 제공된 베이비부머의 주택들을 후속 세대가 매입할 수 있는 조건을 갖추어줘야 할 것이다. 생애 최초 주택 구입자에 대한 각종 세제 혜택이나 저리의 융자 등은 이러한 점에서 바람직하다. 다만 이 경우에도 부동산 자산의 위험성이 완전히 사라진 것이 아니라는 점에서 적정 가격대와 융자 수준 등에 대해서는 여전히 금융기관이나 감독관청의 가이드라인이 제시되어야 할 것이다.

깡통주택, 어떻게 할 것인가?

지금처럼 주택 가격이 본격적인 하강세를 보이게 되는 경우, 특히 수도권 외곽의 주택 가격처럼 폭락세를 보이는 경우 주택 가격이 담보가치 이하로 내려가면서 소유주는 신용불량이 되고, 금융기관은 부실 자산을 떠안거나 대출 손실을 보는 상황이 발생하게 된다. KB금융경영연구소에 따르면 깡통주택은 전국적으로 18만 5,000호에 달하며, 58조 원의 담보대출이 묶여 있는 것으로 추산되고 있다고 한다. 이러한 깡통주택 소유주의 상당수가 베이비부머층으로, 이제 이들이 무주택에 신용불량자가 될 수 있는 위기에 처한 것이다.

이러한 문제를 해결하기 위해서는 깡통주택을 금융권이 적극적으로 채무조정을 해 주거나 아예 정부가 개입해서 매입해 주는 방법을 생각할 수 있다. 이에 따라 일부 은행에서 세일앤리스백 sale and lease-back 방식의 매입을 제안하고 있다. 즉 깡통주택 소유주가 은행에 소유권을 넘기는 대신 해당 주택에 월세로 3년간 살다가 3년 후에 다시 매입할 권리를 갖는 방식이다. 이러한 방법은 미국에서 이미 시행되고 있기는 하지만, 월세를 얼마로 책정할 것인가, 그리고 매입 시기에 과연 주택 가격이 회복될 것인가 하는 불확실성이 내재되어 있어 쉽지 않다. 따라서 상대적으로 국가가 개입해서 매각하는 것이 더 확실한 구조 조정 방식이 될 수 있을 것이다. 국가의 공적자금을 투입해서 시장의 하락을 막고, 이렇게 형성된 바닥시세에서 다시 시장이 정상화하는 과정을 밟게 한다는 전형적인 위기 극복 전략이다. 최근 4.1대책에서는 정부가 적극적으로 공적 매입을 하는 방안들을 내놓았다. 그렇지만 개입의 정당성, 개입에 따른 공적자금의 부담 등 실행을 위한 난관이 적지 않다. 또한 이러한 국가 개입이 채무자나 대출기관의 도덕적 해이를 낳을 수 있어 개입의 정당성을 얻기도 쉽지 않다. 따라서 이 문제는 일차적으로 채무자와 금융기관 간의 민간자율 조정이 우선이며, 정부의 개입은 최소의 수준에서 이루어져야 한다.

임대 문제는 어떻게 해결해야 할까?

2008년 이후 현재까지는 지속적으로 매매시장의 침체와 이에 따른 거래 실종의 상황에 부딪쳐 있다. 반면 상대적으로 임대 주택시장에서는 새로운 변화가 일고 있다. 가장 큰 변화는 전세가 월세로 바뀌는 것이지만, 이와 동시에 임대 주택의 호당

규모가 급속히 작아지고 있다는 것이다. 특히 비아파트 주택시장의 소형 주택 신규 공급 및 월세화가 매우 빠른 속도로 이루어지고 있다. 이에 따라 임대 전용이라고 할 수 있는 오피스텔, 도시형 생활 주택, 원룸, 다세대 다가구와 같은 소형 임대 주택이 급속히 늘어나고 있고, 사실상 일인용이라고 할 수 있는 고시원, 기숙사와 같은 준주택도 크게 증가하고 있다.

이러한 부동산 시장의 새로운 흐름은 매매 차익에 의한 부동산 투자가 사라져간다는 것을 의미한다. 이러한 변화는 사회적으로 바람직한 현상이다. 그렇지만 임차인의 주거비 부담이 증가한다는 점과 안정적 임대 주거 공간을 확보하는 것이 과거보다 어렵다는 새로운 문제점이 나타난다.

우선 현재와 같이 개인 임대인이 대부분인 민간 임대 시장에서는, 향후 임차인들이 불안정한 주거 상태를 벗어나기 어렵다. 전세 임대의 경우 매매가 상승을 통해 투자수익을 거두는 것이 가능했기 때문에 시장가가 안정적일 수 있었다. 그렇지만 매매 차익을 지속적으로 거두기 어려운 상황에서는 결국 전세보다는 월세로 그 중심이 옮겨가게 되고, 임차인들에게 전세가 상승이나 월세 전환이라는 상황이 초래되는 것이다. 이러한 월세 상승의 흐름을 전월세 상한제와 같은 정책적 가격 통제 방식 rent control 으로 해결하고자 한다면 역사적으로나 논리적으로 정책 목표를 달성하기가 쉽지 않다. 과거 선진국에서 대부분 전시 통제 수단으로 임대료 상한제가 도입된 경우는 있으나, 평시에는 다시 환원하는 것이 일반적이었다. 아직까지 부분적으로 이러한 제도를 운영하는 경우가 있지만, 대부분 민간 임대 주택의 소유주가 개인인 경우보다는 조합이나 기관이 소유한 국가들에서 처음보다 완화된 형태로 시행되는 것이 일반적이다. 따라서 개인이 주요한 공급자인 임대 시장에서는 제도적 장치보다는 효율적 운영 기제를 도입하는 것이 더 바람직하다. 효율적 운영 기제라는 것은 결국 투자-금융-운영-관리-중개 시장에서의 새로운 방식의 도입이라고 할 수 있다.

투자의 측면에서 보면 개인 소유보다는 기관이나 회사가 소유하는 형태의 임대 주택이 늘어나는 것을 고려할 수 있다. 이러한 측면에서 주목되는 것이 리츠REITs나 부동산 펀드라고 할 수 있다. 리츠는 개인 투자자들로 구성된 투자회사로, 주로 대규모 부동산 투자를 해서 그 수익을 배당하는 투자기관이다. 이미 제도적으로는 미분양 주택 리츠만이 아니라 신규 분양에도 리츠나 펀드가 참가할 수 있게 되어 있다. 아직까지 우리나라에서는 주택 개발을 위한 자금 조달에만 이러한 리츠나 부동산 펀드들을 활용하고 있지만, 이미 외국에서는 민간 임대 주택을 대량으로 보유하고 운영하는 기관으로 리츠가 자리 잡고 있다.

그런데 현재 우리나라와 같이 주택 개발을 위한 자금 조달 수단으로 리츠나 부동산 펀드를 활용하는 것은 상당한 위험을 수반하는 일이다. 물론 이러한 투자기관들이 임대 주택을 매입해 주는 약정이 있다면 그 위험은 감소되겠지만, 공공이 아닌 한 일반화되기는 어려울 것이다. 따라서 장기 운영의 관점에서 이들 펀드들이 임대 주택시장에 주요한 투자자로서 보유, 운영하는 펀드로 자리 잡는 것이 더 바람직하다. 금융적 측면에서도 임대 주택 건설에 저리 융자를 해 주는 것은 투자를 촉진하는 역할을 할 것이기 때문에 바람직한 일이다. 특히 우리나라처럼 토지 가격이 지나치게 높은 상황에서는 저리의 건설 융자를 제공하면 임대 주택 건설을 촉진시킬 수 있다. 그렇지만 이러한 지원은 한계가 있을 수밖에 없고, 결국은 토지 가격이 하락하거나 적어도 토지 소유주가 직접 임대 주택을 개발해서 운영함으로써 임대 주택 건설비를 최소화해야 한다. 이를 위해서 임대 주택을 건설하는 경우 다양한 세제 혜택 등을 부여해서 도시 지주들이 이 사업에 적극적으로 나설 수 있게 해 주어야 한다.

운영과 관련해서는 개인 임대 주택 사업자들이 유지 관리나 임대료 징수 등에서 어려움을 겪기 때문에 이를 대행할 수 있는 임대 관리 전문회사가 필요하다. 대부분의 개인 임대 사업자들은 이러한 임대 관리 전문회사가 비용이 많이 들고, 제대로 관리해 주지 못할 것이라는 불신이 있다. 그렇지만 실제로는 개인이 직접 하는 경우 효율적으로 관리하기 힘들고, 결과적으로 노하우가 부족하기 때문에 많은 시행착오를 겪게 된다.

물론 아직 우리나라에 신뢰할 만한 임대 관리 전문회사가 주택 분야에 많지 않기 때문에 이러한 방식으로 임대 관리를 맡기는 경우가 적을 수밖에 없다. 그렇지만 지금과 같은 속도로 월세형 민간 임대 주택이 급증한다면 이것을 소유한 개인들의 경우 직접 관리가 사실상 어려워질 것이다. 특히 전세와 월세는 그 관리의 수준이 전혀 다르기 때문에 임대 관리 전문회사의 필요성이 그만큼 커지게 된다.

중개의 경우도 지금까지는 매매 위주로 거래를 해 왔기 때문에 상대적으로 거래 금액도 크고, 거래에 따른 수수료도 높은 편이었다. 그렇지만 매매 거래가 급감하게 되면 이에 따라 중개업을 영위하는 데도 상당한 어려움이 초래된다. 이에 따라 전세나 월세 거래 중심으로 중개거래의 내용이 바뀔 수밖에 없으며, 이 경우 수수료가 크게 감소하게 된다. 월세 중개의 경우는 중개 수수료가 적은 대신 중개거래 건수가 크게 증가하게 되고, 임대인과의 전속 여부에 따라 임대인으로부터 수수료를 받을 수 있다. 나아가 관리위탁 등을 통해 주택 관리에 따른 업무를 위임받을 경우에는 새로운 수입원을 창출할 수도 있다.

이처럼 민간 임대 주택의 새로운 흐름은 매매시장의 침체에도 불구하고, 임대 주택시장을 새로운 영역으로 성장시키는 계기가 될 것이다. 특히 이 분야는 매매시장처럼 개인에 의존하는 시장이 아니라 투자–금융–운영–중개의 전 영역에 걸쳐 기업화가 가능하고, 기존 참여자들도 업역을 확장해서 진입하면 새로운 수입원을 창출할 수 있다. 동시에 전세에서 월세로 전환되는 과정에서 늘어난 임차인들의 부담도 시장의 효율적 운영 관리를 통해 상당히 낮출 수 있다.

그러나 전세의 월세화 추세에서도 여전히 10~30개월에 달하는 보증금을 지불해야 하는 문제가 있다. 외국의 경우 2~3개월치의 시설 보수를 위한 보증금을 받는 것과 달리 우리나라에서는 임대료 연체나 지불 불능 상황을 고려해서 높은 보증금을 받고 있는 실정이다. 따라서 보증금을 획기적으로 낮추려면 월세 연체나 손실에 대한 임대인들의 두려움을 줄여 주어야 하고, 이를 위해서는 월세 지불에 대한 제3자 지급 보증 제도의 도입이 필요하다. 지급 보증 제도로는 먼저 연대 보증인

제도를 생각할 수 있지만 이러한 보증인을 구하기가 점점 어려워지고 있어 보증보험이 유력한 방안이라고 할 수 있다. 이 역시 추가 비용인 만큼 저렴하게 제공될 수 있도록 공적 보증기관이 들어오거나 임대인과 보증료를 분담하는 방안 등 실현 가능한 방법을 고민해야 한다.

나아가 민간 임대 시장에서 해결이 어려운 계층은 공공에서 민간의 임대 주택을 활용하여 보조하는 방식의 주택 바우처나 매입 임대 등을 통해 안정적 주거가 가능하도록 지원해야 한다. 그리고 이러한 분야에서는 임대료 통제 등 민간에서 할 수 없는 주거 안정 정책을 시행하는 것도 가능하다. 이처럼 '지속가능한 민간 임대 주택시장의 창출'은 민간과 공공이 같이 추구해야 할 가치라고 할 수 있다.

실사구시
한국경제

사회간접자본 투자, 어떻게 볼 것인가?

류덕현 (중앙대학교 경제학과 교수)

사회간접자본 투자에 던지는 질문들

도로, 철도, 항만, 공항 등의 교통시설과 수자원, 산업단지 조성, 물류기반 확충 등과 관련된 사회간접자본에 대한 투자, 그리고 그 결과 축적된 공공부문 자본스톡은 과거 기적과도 같은 경제 성장의 주요한 견인차 역할을 해 왔다. 이는 또한 국민의 삶의 질에 직결될 수 있는, 정부로서는 아주 중요한 공공 투자사업 중 하나이다. 개별 소비자가 비용을 부담하고 수익성을 중시하는 시장의 원리에 맡기지 않고 정부가 세금과 같은 공공의 재원으로 공익에 부합하는 사회간접자본 투자사업을 하는 이유는 무엇인가? 이는 국민들의 생활에 필수적으로 요구되는 상품과 서비스를 시장에 맡겨 놓으면 원하는 만큼 공급이 되지 않아 경제 활동에 장애가 되기 때문이다. 한국의 경제 성장을 논하는 여러 연구들에서도 밝혀진 것처럼 실제 정부의 공공 투자사업과 그 결과 축적된 사회간접자본의 존재는 한국 경제 성장의 주요한 요인 중 하나였다.

또한 사회간접자본에 대한 투자는 경제위기가 다가올 때, 그리고 경기가 좀처럼 살아나지 않을 때 정부가 전가의 보도처럼 꺼내는 수단이기도 하다. 그 예로 멀게는 1990년대 초 도로나 철도와 같은 사회간접자본의 부족으로 인해 생긴 과다한 물류비용 해소와 경기 부양을 위해 김영삼 정부가 추진한 막대한 규모의 토목사업, 그리고 1997년 외환위기 극복을 위해 펼친 대규모 인프라 공공사업을 들 수 있다. 가깝게는 2008년 미국발 글로벌 금융위기를 극복하는 과정에서 막대한 규모의 추경예산을 편성하여 대규모 공공 투자사업을 벌이기도 했다.

이러한 배경에서 진행된 사회간접자본 투자는 그나마 경제 성장의 요소로 작용할 수도 있으며 경제위기를 극복하는 데 도움이 될 수도 있다. 하지만 정치적 동기에 의한 이벤트성 공공 투자사업들은 큰 문제를 유발할 수 있다. 이명박 정부의 경우 '4대강 살리기 사업' 이하 4대강 사업과 같은 정권 차원의 공약사업 대통령 선거공약에서는 한반도 대운하사업이었다!, 제2외곽순환도로사업이나 물류고속도로 제2경부고속도로, 제2경인고속도로 등과 같은 '광역 경제권 발전 30대 선도프로젝트' 사업 등 대규모 토목공사를 수반한 공공 투자사업은 적절한 시기에 타당한 목적에 따라 추진된 사업으로 정당화하기에는 여러 가지 문제가 있다. 또한 1992년부터 시작된 지방자치단체 선거와 4년마다 돌아오는 국회의원 선거는 '풀뿌리 민주주의 정착'이라는 대의에도 불구하고 선심성 지역 개발 공약 경쟁으로 점철되었으며, 그중 대다수가 토목사업을 동반한 사회간접자본 투자사업이었다.

사회간접자본은 공공재로서 국민들의 기초생활 및 기업의 경제 활동과 불가분의 관계에 있다. 따라서 만약 한정된 재원이 올바른 방향으로 제대로 투자되고 있지 않다면 이는 현실적으로 재점검되어야 할 중요한 문제이다. 특히 사회간접자본 사업은 대부분 다년간의 공사 기간과 막대한 사업비가 소요되는 국책사업이라는 점에서 낭비적 요소가 발견되거나 경제성이 떨어진다면 그 심각성은 더 커진다고 할 수 있다.

사회간접자본 투자와 관련하여 이 글에서 다루고자 하는 질문은 다음과 같다. 첫째, 사회간접자본의 투자가 경제 성장과 위기 회복에 도움이 되는 측면이 있지만 항상 그럴까? 둘째, 지방자치단체장이나 국회의원 및 대통령에 도전하는 사람들은 작게는 지역의 산업단지 조성, 교량·도로 건설, 낙후 지역 개발, 크게는 올림픽이나 엑스포 등과 같은 메가이벤트성 사업 등을 유치하는 것이 지역 발전과 국익에 도움이 된다고 주장하는데 과연 그럴까? 셋째, 운영 과정에서 민간부문의 효율성 부분을 활용하고 부족한 공공재원 대신 민간자본을 유치하는 민간 투자사업은 '꿩 먹고 알 먹는' 사업이라고 하는데 과연 그럴까? 넷째, 제도적으로 500억 원 이상이 소요되는 국책 투자사업에 대해서는 예비타당성 조사를 통해 경제성과 정책 효과 등을 비롯한 종합적 타당성 검증을 거쳐 실시 여부를 판단하도록 되어 있는데, 왜 4대강 사업은 이러한 절차를 건너뛴 것일까? 그리고 예비타당성 제도는 적절한 제어 수단이 될까? 마지막으로, 사회간접자본 투자를 포함한 공공에 의한 재정 투자사업의 원칙은 어떠해야 할까? 나는 이 글을 통해 이상과 같은 질문들에 대해 간략히 말하고자 한다.

사회간접자본 투자는
언제나 경제 성장과 경기 회복의 견인차인가?

사회간접자본 투자가 과거 우리나라 경제 성장의 견인차 역할을 해 왔으며, 1997년 외환위기와 2008년 금융위기를 탈출하는 데 큰 도움이 되었던 것은 부인할 수 없다. 하지만 사회간접자본 투자의 효율성에 대해서는 많은 논란이 있다. 그 논란의 핵심은 과연 지금도 사회간접자본 투자가 민간부문의 투자보다 효율적인지, 그래서 성장과 경기 회복에 긍정적으로 기여하는지이다. 이외에도 사회간접자본 투자의 성격이 생산적이냐 비생산적이냐에 따라, 그리고 재원 조달 방식이 조세 징수를 통하느냐 국채 발행을 통하느냐에 따라 그 효과가 다를 수 있다. 또한 도로, 철도, 공항, 항만과 같은 교통·수송 인프라와 수자원, 지역 개발 사업 등에 각각 어떤 비율로 투자할 것인가의 문제인 사회간접자본 부문별 재원 배분도 고려해야 한다. 이러한 맥락에서 현재의 사회간접자본 투자의 필요성 및 적절한 투자 규모를 판정해야 하며, 향후 사회간접자본 투자에 대한 정책기조도 이를 고려하는 것이 바람직하다. 이명박 정부의 4대강 사업, '광역경제권 발전 30대 선도프로젝트' 사업 등 대규모 토목공사를 수반한

국책사업들이 이러한 점들을 반영하여 추진된 것인지 의문이 간다.

그렇다면 사회간접자본 사업은 어떤 규모로 어느 정도로 해야 할까? 일단 이 질문에 대한 답을 하기 위해서 하나의 예를 들어 보자.

4대강 사업에 대한 논란이 있을 때 찬성하는 쪽에서 많이 인용한 사례는 1967년 6대 대통령 선거 당시 박정희 후보의 공약이었던 경부고속도로 건설 찬반 논쟁이다. 그때 많은 사람들이 이를 극렬하게 반대했는데, 반대의 논거는 당시 자동차가 주요 운송 수단이 아니므로 수요량이 극히 적다는 점과 정부 예산의 약 25%에 해당하는 재원을 어떻게 조달할 것인가 등이었다. 하지만 4대강 찬성론자들은 지금에 와서는 1970~80년대 경제 성장의 상징과도 같은 경부고속도로가 건설되지 않았더라면 이후 폭발적으로 늘어난 차량 통행량을 어떻게 수용했겠느냐는 점과 비록 초기 사업 규모는 컸지만 경제 성장의 과실을 고려했을 때 재원 조달 및 부채 상환은 아무런 문제가 되지 않았다는 경험적 논거를 통해 반대 주장이 부적절했음을 지적하고 있다.

이처럼 4대강 사업을 지지하는 쪽에서는 처음에는 여러 이유로 반대 의견이 있지만 시간이 지나면 사업 추진이 옳았음을 알 수 있을 것이라고 주장한다. 즉 홍수 예방, 물 부족 대비, 관광자원 개발 등의 효과를 즉각적으로 기대할 수는 없지만, 시간이 가면서 그 효과들이 나타나 앞으로 대단히 인정받는 사업이 될 것이라는 주장이다. 그런데 4대강 사업에 대한 최근의 논란에서도 알 수 있듯이 어떤 기준으로 무엇을 평가하고 판단할 것인가, 또한 기대효과를 무엇으로 상정할 것인가에 따라 답은 달라질 수 있다. 그렇다면 경제적 가치 기준 중 효율성을 위주로 하여 경부고속도로 건설과 4대강 사업을 한 번 판단해 보자.

사회기반시설 등에 대한 공공투자가 누적되어 쌓인 것을 공공자본스톡 또는 정부자본스톡이라고 한다. 한 단위 자본스톡이 늘어날 때마다 추가적으로 발생하는 경제적 가치, 즉 한계생산성을 경제학에서는 투자에 대한 효율성 지표로 간주한다. 그렇다면 이러한 투자효율성의 관점에서 바라볼 때 바람직한 투자 기준은 바로 공공부문에 대한 생산성이 민간부문에 대한 생산성과 일치하거나 비슷한 경우인데, 이때에는 두 부문 어디에 투자해도 효율성이 침해되지 않는다. 가령 민간부문에 대한 한계생산성이 공공부문에 대한 한계생산성보다 현저하게 클 때에는 민간부문에 대한 투자를 늘리는 것이, 그 반대의 경우에는 공공부문에 대한 투자를 늘리는 것이 효율성의 관점에서 바람직하다. 경부고속도로 건설 당시 이러한 관점에서 논의가 있었는지는 알 수 없지만, 이 기준을 적용해 볼 때 경부고속도로 투자는 타당성이나 효율성이 높았던 사업일 가능성이 크다. 왜냐하면 1960년대에는 축적된 민간자본도 작았지만 공공자본은 더욱 더 작아 공공부문 투자에 대한 한계생산성이 상대적으로 커서, 공공부문 1단위에 대한 투자효율성이 민간부문 1단위에 대한 투자효율성보다 더 컸을 수 있었다는 말이다.

하지만 4대강 사업의 경우는 이와 반대일 가능성이 매우 높다. 이미 우리나라 공공부문의 자본스톡은 작지 않다는 견해가 많다. 사회간접자본은 경제가 성장하던 시절에 지속적으로 투자되어 왔을 뿐만 아니라, 1990년대 물류비 감소를 위한 대대적 인프라 투자, 1997~98년 외환위기 극복을 위한 공공투자, 2008년 글로벌 금융위기와 2010년 유럽발 재정위기에 대처하기 위한 팽창적 재정정책, 그리고 경기 침체기에는 추경 편성을 통해서 늘 구원투수로 등장해 왔다. 또한 4년마다 있는 지방 선거 및 국회의원 선거, 5년마다 있는 대통령 선거 등 정치적 요인에 따라 사회간접자본에 대한 투자가 계속적으로 진행되어 왔다. 한마디로 사회간접자본에 대한 투자 환경이 좋지 않았던 적이 별로 없었던 것이다. 이러한 상황에서 4대강 사업에 투입된 3년간 22조 원이라는 막대한 자금이 과연 효율적인 투자였다고 볼 수 있겠는가? 공공부문의 투자가 단지 효율성의 측면에서만 평가될 것은 아니지만 경제적 효과에 대한 엄밀한 검증이 이루어지지 않은 채 과잉투자되고 있는 것은 큰 문제이다.

종합적으로 판단해 볼 때 경제적 효율성을 담보하지 않은 상태에서 이루어진 사회간접자본에 대한 투자는 경제 성장과 경기 회복에 미치는 영향이 크지 않다는 것이 명백하다. 또한 투자 규모 역시 경제적 효율성을 침해하여 과잉투자된 경우도 적지 않다. 시대와 경제 상황이 변하고 있는데 사회간접자본에 대한 투자와 그에 대한 정책적 환경이 변하지 않고 있는 것이 놀라울 따름이다.

선심성 지역 개발 사업에 대한 유혹

사회간접자본에 대한 투자는 행위 주체별로 중앙정부, 지방정부, 공기업, 민간에 의한 것으로 구분할 수 있다.

2013년의 경우 중앙정부의 사회간접자본 예산은 24.3조 원으로, 이는 전체 예산 대비 7.2%이다. 이렇게 중앙정부가 집행하는 사회간접자본 예산과는 별도로 지방정부가 집행하는 사회간접자본 예산도 있다. 이는 중앙정부 부처인 국토교통부, 환경부 등에서 집행하는 것과는 달리 안전행정부의 지방자치단체 예산과 다른 부처 등에 포함되어 집행되며 보통 중앙정부의 사회간접자본 예산 대비 38% 정도이다. 2013년에 이 예산의 규모는 약 9조 원에 이를 것으로 추정된다. 결코 적지 않은 금액이다.

1993년 지방자치제도가 시행되어 온 이후 지방자치단체장은 선거 과정에서 지역 개발성 공약을 남발해 왔다. 또 재선과 3선의 고지를 향해 뛰는 광역자치단체장은 '광역' 급 공약사업을 내세우고, 기초자치단체는 '기초' 급 공약사업하지만 그 규모는 결코 작지 않다!을 내세워 선거 과정에 뛰어들게 된다. 여기에 지방자치단체장 선거 못지않게 지역 사업에 대한 공약이 치열한 국회의원 선거가 4년에 한 번씩 있다. 중앙정부의 사회간접자본 예산도 크지만 지방정부가 집행하는 부분도 적지 않은 이유가 여기에 있다. 게다가 예산철이 되면 국회의원들의 지역구 챙기기 예산 관행인 이른바 '쪽지예산'이 등장한다. 물론 모든 지역 관련 예산이 사회간접자본 투자와 관련된 것은 아니다. 지역민들의 특산물을 사업화하여 소득 증진을 도모하거나, 거주 여건과 생활환경을 개선하는 등 필수불가결한 사업들이 많다. 하지만 무언가 큰 뜻을 갖고 있는 지방자치단체장이나 국회의원들이라면 이러한 소소한 사업들에 만족하지 못하고 중후장대형의 규모인, 이름이 널리 알려지고 길게 남을 수 있는 큰 치적을 원하게 된다. 또한 막대한 규모로 풀리는 토지보상비나 사업지 주변의 부동산 가격 상승을 은근히 또는 내놓고 기대하는 사람들의 욕망도 이들 사업의 유치와 개발 사업에 대한 내생적 인자로 작용한다.

하지만 보다 더 큰 '장'은 5년마다 도래하는 대통령 선거이다. 이명박 정부의 4대강 사업은 여러 지방자치단체가 주관하는 사업을 소소하게 만들어 버린 매머드급 개발 사업이었다. 3년 동안 22조 원이라는 천문학적인 규모의 예산을 수립하고 집행하는 것도 대단했지만, 이들 예산 규모가 기존 사회간접자본 투자에 책정된 예산과는 별도로 집행되었다는 점에서 특히 중요하다. 4대강 사업이 선심성 지역 개발 사업인지 아니면 환경보존과 홍수 및 가뭄 예방과 같은 치수사업의 영역인지는 앞으로 있을 평가에 맡기면 된다. 하지만 이 사업을 통해 예산이 집행되고 사업이 실시되는 과정은 기존의 사회간접자본 예산의 그것과 별다른 점이 없어 보인다. 비가 오면 어떤 경로로든지 물이 땅에 스며들어가듯이 4대강 사업에 들어간 막대한 규모의 공공자금은 누구에게든 흘러 들어갔을 것이다. 하지만 그렇게 흘러 들어간 돈이 과연 누구를 이롭게 했는지는 두고 볼 일이다. 또한 전국을 수도권, 충청권, 호남권, 동남권, 대경권, 강원권, 제주권으로 나누고 각 권역별로 다양한 교통 인프라와 사회기반시설을 설치하는 사업인 '광역 경제권 발전 30대 선도프로젝트' 사업도 있다. 이 사업은 지역과 사업 형태별로 씨줄날줄로 촘촘하게 짜여 있어 지역과 사업 관계자 누구도 거부하지 못할 정도로 달디 단 대규모 토목사업이다.

그런데 문제는 이렇게 집행된 사업들이 과연 지역 경제와 지역 주민들의 소득 창출에 크게 기여했는가 하는 점이다. 막상 지역과 지방을 대변해 사업은 따냈지만 효과적으로 사업을 집행하기 위한 기획, 실행, 평가 능력 등이 부족하여 부실한 사업, 불필요한 사업이 된 경우가 많다. 공공재의 공급이란 관점에서 지역 개발 사업이 반드시 수익성 및 이익 창출이라는 관점에서만 평가될 수는 없지만 경제성에 대한 검토나 분석에 기초하기보다는 정치적인 논리, 지역민들의 개발 욕망에 의해 추진되다 보니 국가와 지역에 도움이 되는 경우보다 낭비적 요소가 많아 문제가 있다고 할 수 있다.

대규모 메가이벤트 유치는 필요악?

앞서 언급한 대로 선거 과정에서의 경쟁적인 공약 내걸기의 일환으로 선심성 지역 개발 사업과 쌍두마차를 이루는 것이 메가이벤트의 유치이다. 지방자치단체장 및 국회의원 선거 과정에서 공약되고 실제 유치되는 국제적인 행사, 예를 들면 올림픽, 아시안 게임, F1, 엑스포 등의 스포츠 행사나 전시행사 등의 성공적인 개최를 위해 사회간접자본 투자가 대거 필요하다는 논리이다. 1988년 서울 올림픽과 2002년 한일 월드컵 등의 행사 자체가 성공적으로 치러졌는지에 대한 판단은 논외로 하자. 하지만 이와 관련한 사회간접자본에 대한 투자 그 자체는 막대한 규모로 이루어진 것이 사실이다.

과거에는 이러한 행사들이 국가적 행사로서 중앙정부의 예산을 통해 많이 지원되었지만, 2002년 한일 월드컵 이후에는 지방자치단체에서 유치하는 메가이벤트가 많아 지방정부의 재정건전성에 심각한 타격을 미치는 경우가 많이 생기고 있다. 대표적인 예가 2018년 평창 동계올림픽 유치에 성공한 강원도이다. 평창 동계올림픽은 세 번의 도전 끝에 2011년에 유치가 확정되었다. 애초 2010년 개최를 목표로 했으나 실패했고, 2014년 개최 역시 실패했다. 통상 7~8년 전에 올림픽 유치가 결정되므로 강원도는 2002~3년부터 동계올림픽을 개최할 수 있을 정도의 인프라 관련 투자사업을 펼쳤을 것으로 추정된다. 올림픽 경기장뿐만 아니라 숙박 및 리조트 시설, 교통 인프라 등 막대한 개발 사업이 강원도 및 강원개발공사에 의해 수행되었다. 이러한 개발 사업의 대표적 후유증이 바로 알펜시아 리조트 개발이다. 이 리조트는 두 번의 동계올림픽 유치 실패, 전체적인 부동산 경기 하강, 경기 침체 등으로 분양이 제대로 되지 않아 개발 후 분양 등의 방법으로 사업비를 조달하려는 원래의 계획이 무산되고 강원도가 발행한 지방채에 대한 이자 조달도 힘든 상황이 되었다. 그 결과 이에 대한 부담은 고스란히 강원도의 재정, 나아가서는 중앙정부의 재정 부담으로 귀착되었다.

송도 국제도시의 개발과 관련된 인천시의 재정난도 이와 비슷한 궤적을 그리고 있다. 성공 사례에 대한 예는 찾기 힘들지만 이와 비슷한 실패 사례는 차고 넘친다. 이제 더 이상 메가이벤트성 국제행사를 통해 국가적 브랜드를 제고하는 방법은 비용 대비 효율적이지 않다. 국제행사 유치는 한때의 정치적 목적으로 이용되며 경제적 효과는 순간적이지만 비용에 대한 부담은 영구적으로 남게 된다. 이제 더 이상 외부에

뽐내기 위해서, 또 거창한 이름을 남기기 위해서 효용 가치가 떨어진 메가이벤트성 국제대회 유치에 온 국민이 목매달지도 말고, 이를 핑계로 지역 민원성 토목공사 유치도 삼가도록 하자.

민간자본 투자사업은 장려되어야 하는가?

　　　　　　　　　　민간자본 투자사업 이하 민자 사업 이 도입된 배경을 한마디로 말하면 돈이 부족해서이다. 1990년대 후반 외환위기 이후 금융부문 개혁을 위해 150조 원 규모의 막대한 공적자금을 지원해야 했던 것이 결정적인 계기가 되었다. 따라서 공공부문에 의해 서비스가 제공되어야 하는 도로, 철도, 항만 등의 사회간접자본 시설을 위한 막대한 투자비에 비해 가용재원이 부족한 상황에 직면하게 되었다. 이에 정부는 투자재원 부족 문제를 해결하기 위해 이용자 부담의 원칙이 적용 가능한 시설들을 중심으로 민간자본을 유치할 수 있는 방안을 모색했다. 민자 사업은 갑자기 등장한 것이 아니라 1968년부터 개별법 도로법, 항만법 등에 의해 산발적으로 추진되어 온 것이지만, 1999년 '사회간접자본 시설에 대한 민간 투자법' 이 제정된 후 민간 투자 활성화를 위한 정부의 적극적인 지원과 역할 분담이 이루어져 그 규모가 급속도로 커지게 되었다. 특히 이 법안에는 시설 운영 수입이 사전 협약에 의해 정해진 수입에 미치지 못할 경우 재정으로 민자 사업자에게 그 차액을 보전하도록 하는 최소운영수입보장 MRG, Minimum Revenue Guaranteed 제도가 반영되어 있어, 민자 사업은 2009년 이 제도가 완전히 폐지되기 전까지는 매우 빠른 증가 추세를 보였다. 가령 1995~2000년까지 재정 투자 대비 민간 투자 비율은 3.9%였지만, 민간 투자 규모가 절정으로 치닫던 2008년에는 그 비율이 무려 18.5%까지 증가했다. 그 결과 2012년 말 현재 총 94.9조 원의 민자 사업이 완공되었거나 진행 중이다.

민자 사업의 문제점은 여러 경로에서 다양하게 제기되어 왔다. 무엇보다도 사회간접자본 확충을 정부가 재정 사업을 통해서가 아니라 민자 사업으로 추진한 결과 소기의 성과를 거두었는지가 불분명하다.

2000년대 이후 민자 사업이 활발하게 진행된 배경에는 앞서 설명한 자금 조달의 문제와 더불어 민간 사업자의 효율적인 사업 운영 원리를 공공의 사회기반시설에 적용해 전반적인 효율성을 제고해 보자는, 이른바 '꿩 먹고 알 먹기'를 해 보자는 의도가 담겨 있었다. 이에 대해 공공부문이 해야 할 일을 민간부문에 떠 넘겼다는 비판이 우선적으로 제기되었다. 공공재 공급에는 공공의 이익 공평성이라는 점이 효율적인 자원 배분 효율성보다 우선시되는 측면이 있는데, 민자 사업은 민간부문 효율성을 위해 공공성 공평성을 희생했다고 비판받는다. 즉 민자 사업자의 이익 추구에 기반한 효율성 원칙과 공공 서비스 제공이라는 공평성 사이에 이해 상충이 발생한 것이다. 가령 민자 사업자의 수익성을 위해 높은 통행료가 부과된 것이 대표적인 예라고 할 수 있다.

한편 사업에 대한 투자비는 민간이 조달했을지라도 운영 과정에서 투자 비용이 발생할 경우 그에 대한 부담은 결국 공공부문이 책임질 수밖에 없다. 이는 교통 인프라와 같은 수익형 민자 사업의 경우 투자비에 대한 회수 기간이 20~30년으로 장기라는 사실과 MRG로 인해 민자 사업자의 부족한 사업 운영 손실이 발생하면 이는 결국 재정으로 보전해 주어야 하기 때문이다. 따라서 현재의 부족한 재원 때문에 끌어들인 민간 자본이 결국 미래의 재정 부담으로 환원되는 구조를 가지게 된 것이다.

민자 사업에 의해 착공되고 운영되는 사회기반시설은 상대적으로 높은 수수료를 지불해야 한다. 대표적인 예로 인천공항고속도로나 우면산 터널 등이 있다. 민자 도로 통행료는 사업비 회수를 위해 상대적으로 높게 책정될 수밖에 없다. 하지만 이렇게 높은 통행 수수료로도 모자라 민자 사업 투자자의 최소한도의 운영 수입을 보장해 주는 MRG 제도가 마련되어 있다.

서울지하철 9호선 가격 인상 조치로 세간의 관심을 불러일으킨 이 제도는 2009년에 완전 폐지되어 더 이상 민자 사업에 적용되지 않는다. 하지만 2009년 이전까지 체결되고 시행된 민자 사업의 경우 정부가 재정으로 보전해 주어야 할 규모가 막대하다.

2011년 6월 감사원이 적자에 허덕이는 전국 29개 민자 사업에 대해 실시한 감사 결과에 따르면 2001년부터 2009년까지 이들 사업에 재정으로 지급된 운영수입보전금은 총 2.2조 원에 달하는 것으로 나타났다. 또한 2010년 5월 현재 국토해양부 61개 수익형 민자 사업 35.4조 원 중 운영수입보장 사업 7건에 대한 운영수입보전금은 1.4조 원이며, 또 다른 9개 부처 임대형 민자 사업 236개 사업 21.9조 원에 대한 향후 30년간 정부 지급 보장 금액은 24.5조 원으로 추정되고 있다. 민자 사업자에 의해 건설되고 운영되는 사회기반시설은 사용료 통행료가 비싸기도 하지만 사전 협약에 의해 정해진 운영 수입을 민자 사업자가 얻지 못할 경우 재정이 그 차액을 보전하게 되어 있어 과연 누구에게 '꿩 먹고 알 먹는' 사업인지가 명확하다.

그렇다면 2009년 이전에 맺어진 민자 협약에 의해 건설되고 운영되고 있는 사회기반시설들에 대한 통행료와 수입보전은 어떻게 할 것인가의 문제가 떠오른다. 우선 급한 대로 공공기금이나 기관이 다수의 지분을 소유하고 있는 시설들의 경우 이들이 많은 부분을 부담한다는 전제로 통행료를 공공기관에 의해 운영되는 시설과 비슷한 수준으로 낮출 수 있을 것이다. 대표적으로 국민연금이 최대 지분을 소유한 '서울외곽순환고속도로 일산-퇴계원'나 '대구부산고속도로'의 통행료를 한국도로공사의 고속도로 통행료와 유사한 수준으로 조정할 수 있을 것이다. 다음으로 최소운영수입보장을 위한 재정 지출 부담을 축소하기 위해 해당 사업의 타인 자본 이자율을 적정 수준, 즉 공사채 이자율 수준으로 낮출 수 있는 이른바 재구조화 restructuring 방안을 강구해 볼 수 있다. 예를 들면 인천국제공항철도를 운영하는 (주)코레일공항철도가 조달한 장기차입금에 대한 이자율은 5.66~5.99%로 한국철도공사가 발행할 수 있는 공사채 이자율 4.5%보다 매우 높다. 만약 한국철도공사가 공사채를 발행하여 (주)코레일공항철도의 장기차입금을 대체할 경우, 높은 장기차입금에서 비롯된 금융 비용의 문제를 완화하여 '높은 예측 통행량/낮은 실제 통행량' 구조 때문에 보전해 주어야 할 최소운영수입보전분을 낮출 수 있을 것이다.

하지만 근본적으로는 민자 사업과 공공부문 사업의 구분이 명확해져야 한다. 수익성이 나지 않지만 공공의 이익에 부합하는 사업들은 정부가 재정 부담을 떠안더라도 민자 사업이 아닌 재정 사업으로 하는 것이 옳다고 본다. 민자 사업을 통한 꿩 먹고 알 먹고 하는 식의 공짜 점심 free lunch은 없다는 평범한 진리를 떠올리게 한다.

역대 최상위급 재정 사업에 대해서는
사전 타당성 조사도 무용지물

역대 정부가 의욕적으로 추진한 대규모 재정 투자사업은 공사비가 기하급수적으로 늘어나는 경우가 많다. 또한 불충분한 준비와 사업의 정당성 논란으로 인해 사업이 기한 내에 끝나지 않아 2~3개의 정권을 넘나들어 10여 년이 소요되는 경우도 많다. 새만금 사업이 대표적인 예이다. 또한 4대강 사업도 애초 3년의 기한으로 끝나기는 했지만 추가적인 보전 사업비가 들어가지 않으리라는 보장이 없다.

대규모 재정 투자사업은 일단 시작되면 사업 기간이 처음의 목표 기한을 훌쩍 넘기는 장기 사업이 되는 경우가 많다. 시작되기만 하면 '밑 빠진 독에 물 붓기'와 같은 모습들을 보게 되는 경우가 많아 종래에는 왜 이 사업이 시작되었는지를 근본적으로 생각하게 된다. 이제까지 사업에 투입한 돈이 아까워도 계속 사업을 진행하는 것보다 그냥 털고 나오는 것이 상책이지만, 그렇게 할 수 없는 이유는 이미 해당 지역민들의 염원이 어떤 형태로든 담겨 있어 정치적으로도 어쩔 도리가 없게 되는 구조를 가지게 되기 때문이다. 처음부터 심도 있고 엄밀한 평가에 기초하여 사업의 타당성을 검토한 후 시행 여부를 결정했다면 시작되지도 않았을 사업들이 엄청난 규모의 공공자금의 흡수처가 되고 만 것이다. 이러한 점을 염두에 두고 제도화한 것이 바로 예비타당성 조사 제도이다.

사실 이 제도는 1998년 경부고속철도 사업 추진 과정에 대한 전면 재검토에서 비롯되었다. 경부고속철도는 1989년 노태우 정권이 5조 8,000억 원으로 1998년까지 경부고속철도를 완공하겠다는 발표로 시작되었다. 그런데 약속했던 기한보다 6년이나 지난 2004년에, 그것도 전체 구간이 아니라 서울–대구 구간만 부분적으로 완공되었다. 공사비는 기한이 늘어난 것에 비례하여 3배 이상이나 많은 18조 4,000억 원 2004년까지 투입된 사업비 기준이 투입되었다. 이로 인해 대규모 재정 사업을 사전에 사업 타당성 없이 진행했다는 여론의 비판이 제기되었고, 그 결과로 예비타당성 조사 제도가 만들어지게 되었다. 기존에 부처에서 실시하던 타당성 조사는 기술적인 측면의 검토에만 중점을 두었기 때문에 해당 사업의 목적과 의의, 대안에 대한 검토, 재원 조달 계획의 현실성, 구체성 등 정책적 분석이 충분하지 못했다는 한계를 가지고 있었다. 1998년 이후부터는 기존의 타당성 조사는 기존 방식대로 주무부처가 관장하되, 그 한계를 보완하기 위해 예비타당성 조사를 새롭게 도입하여 재정 당국이 관장하는 방안을 마련했다.

그런데 정권 차원에서 기획되고 준비되는 이른바 역대 최상위급 재정 사업들은 이러한 예비타당성 조사 제도를 가볍게 패스한다. 이는 이 제도가 조사를 받지 않아도 되는 이른바 '사업에 대한 면제 범위'가 너무 넓어 빠져나갈 구멍이 많기 때문이다. 현재 예비타당성 조사 대상 사업은 총사업비 500억 원 이상이고 국고 지원이 300억 원 이상인 건설, R&D, 정보화, 사회복지, 교육, 노동 등의 재정 사업인데, 이 중 공공청사, 국방 관련, 법정 시설, 재해예방·복구 사업 등은 예비타당성 조사 면제 대상으로 분류된다. 예들 들면 4대강 살리기 사업은 3년 동안 22조 원의 예산이 투입된 대규모 재정 사업임에도 불구하고, 예비타당성 조사 면제 대상인 '재해예방 사업' 항목으로 해서 조사가 면제되었다. 또한 '지역 균형 발전 또는 긴급한 경제·사회적 상황 대응 등을 위해 국가 정책적으로 추진이 필요한 사업'도 예비타당성 조사가 면제될 수 있다. 과연 어떤 사업이 지역 균형 발전 또는 긴급한 경제·사회적 상황에 해당되는지에 대한 판단에 자의성이 개재될 가능성이 충분히 높은 것은 물론이다.

대규모 토목건축을 포함하는 재정 투자사업은 그 규모가 매우 크고 기한을 넘어 장기화될 가능성이 높아 일단 시작되면 되돌리기가 매우 힘들다. 사업의 추진 과정 중에 예산 낭비와 사업의 효과성을 따지는 것도 중요하지만 시행 전에 사업이 타당한지 여부를 잘 따져야 한다. 그리고 일단 제도를 도입했으면 원칙적으로 지켜야 한다. 구구절절 샛길을 만들어 에둘러 갈 생각을 하지 말고!

재정건전성과 재원 배분의 관점에서
사회간접자본 투자 필요

정부가 재정을 통해 집행하는 재정 사업은 재원 배분에 대한 원칙을 우선적으로 고려한 상태에서 계획되고 집행되어야 한다. 현재 우리에게 필요한 재원 배분의 원칙이란 경제 성장 둔화, 소득 분포의 악화, 저출산·고령화 등 경제 환경 변화에 직면하여 한정된 재원을 효과적으로 배분하고 경제 안정 및 성장을 이루어 국민의 복지를 증대시키는 데 기여하는 것이다. 그러므로 사회간접자본 투자도 이러한 재원 배분의 원칙을 고려한 상태에서 이루어져야 한다.

인구 고령화 때문에 향후 재정 환경이 개선되기 어렵다는 점은 누구나 동의할 수 있다. 정부 예산지출을 분야별로 살펴볼 때 앞으로 복지 부문에 대한 지출이 큰 폭으로 늘어나고 비중도 계속 커질 것이다. 일반적으로 분야별 재원 배분을 결정짓는 사회 경제적 요소들은 65세 이상 인구의 비율, 15세 미만 인구의 비율, 1인당 국민소득, 재정의 규모 등이다. 현재의 저출산·고령화 추세가 지속될 경우 2005년에는 생산가능인구 7.9명당 노인 1명을 부양했지만, 2020년에는 4.6명이, 2050년에는 1.4명이 노인 1명을 부양해야 한다. 이에 대한 많은 부담이 복지 분야에 대한 지출 소요로 나타날 것이다.

노령화 사회, 복지사회로 이행해 간다는 전제하에서 사회간접자본에 대한 투자는 결국 과거와 같은 방식으로 투자될 수는 없다. 앞서 살펴보았듯이 사회간접자본에 대한 투자가 경제 성장과 경기 회복에 어느 정도의 도움이 되는지 확실하게 알 수 없는 상황에서, 일단 저질러 놓고 보면 뭔가 되겠지라는 생각을 갖고 투자하는 것은 금물이다. 더욱이 이러한 투자가 현세대뿐만 아니라 미래 세대에게까지 부담을 줄 수 있는 의사 결정이라면 보다 더 신중해야 한다. 또한 누구에게 보이기 위한 이벤트성 행사 유치, 내실보다는 외형을 중시하는 지역 개발 사업, 공공성이라는 관점을 너무 쉽게 효율성과 시장성에 자리를 넘겨준 민자 투자사업, 그리고 사전 조사 제도에 대한 우회를 너무 쉽게 할 수 있도록 만들어 준 것 등은 이제 극복되어야 할 과제들이다.

지난 10여 년간의 적극적인 재정정책으로 재정수지는 늘 적자 상태였으며 이에 따라 정부 부채가 누적되어 이미 재정건전성에는 빨간 불이 들어와 있다. 저출산 · 고령화 대책만 하더라도 재정이 감당하기에는 상당히 벅찬 수준이다. 또한 글로벌 경제위기에 대한 원인과 예방 대책이 명확하지도 않은 상태에서 경제위기는 이제 주기화되고 상시화되고 있다. 만약 2008년 및 2010년과 같은 경제위기가 오면 또 믿을 만한 구원투수로 '재정'과 '사회간접자본 투자'를 내세울 것인가? 연이은 등판으로 인해 우리의 '재정'은 매우 피곤한 상태이며 '사회간접자본 투자'에 대한 약발은 그 효과가 나날이 떨어지고 있다. 사회간접자본 투자로 인해 경기가 살아나고 일자리가 만들어지며 지역 발전이 도모되는 그런 환경은 이제 더 이상 없다는 인식이 필요하다.

또한 정부의 재정지출의 재원은 대부분 국민의 세금이나 국채 이것도 궁극적으로는 세금으로 갚아야 된다! 등에 의해 조달된다. 따라서 재정건전성과 재원 배분의 원칙을 고려한다는 전제하에서는 과거와 같은 사회간접자본에 대한 투자는 재고되어야 한다. 사회간접자본 투자는 경제 성장과 경기 회복의 상수가 더 이상 아닌 것이다. 이제 인기 영합적인 선심성 지역 개발 사업에 대한 유혹을 떨쳐야 하며, 대규모 메가이벤트 유치를 통해 국가 경쟁력이나 지역 개발을 도모하는 정치적 이벤트는 더 이상 펼치지 말아야 한다. 또한 민간자본의 효율성 확보와 재원 분담이라는 달콤함에 공공부문이 해야 할 일을 민간부문에게 미루지도 말아야 한다. 마지막으로 정권 차원의 대규모 국책 재정 사업에 대해서도 사전 타당성 조사를 보다 철저하게 실시하여 예산 낭비를 사전에 방지할 수 있도록 해야 할 것이다.

실사구시
한국경제

원전 문제 해결과 에너지 전환을 위한 '이이제이' 전략

조영탁 (한밭대학교 경제학과 교수)

원전추진론과 에너지전환론: 올바른 대립 구도인가?

지난 2011년, 전력 문제와 관련하여 온 국민의 관심을 촉발한 두 가지 사건이 있었다. 하나는 2011년 3월 이웃 일본에서 발생한 후쿠시마 원자력 발전소 사고이고, 다른 하나는 2011년 9월에 발생한 우리나라의 순환정전 사고이다. 이명박 정부가 야심차게 추진했던 원자력 발전 _{이하 원전으로 표현}의 확대 분위기 속에서 발생한 후쿠시마 원전 사고는 원전에 대한 불안감과 함께 원전 확대 정책에 대한 의구심을 유발했다. 하지만 바로 몇 개월 뒤 우리나라에서 발생한 순환정전 사고와 그 이후에 반복된 여름철 및 겨울철의 전력 부족 문제로 원전에 대한 불안감은 정전에 대한 불안감으로 바뀌었다. 여기에 냉난방 온도 통제와 같은 일상의 불편이 더해지면서 불안에 불만이 더해지고 있다.

이러한 분위기 속에 후쿠시마 원전 사고로 다소 열세에 있던 원전추진론이 역전의 계기를 잡으려는 듯하다. 심지어 원전 확대냐 정전 위기냐라는 얄팍한 양자택일론까지 등장하고 있다. 이와 관련하여 우선 두 가지 사실만 확인해 두자. 첫째, 논리적으로 원전 확대냐 정전 위기냐는 양자택일의 문제가 아니다. 양자택일은 선택이 어려운 양자의 장단점을 놓고 고민할 때 취하는 방법으로, 어떤 경우에도 선택할 수 없는 정전 위기를 놓고 양자택일을 요구하는 것은 맞지 않다. 둘째, 시기상으로도 문제가 있다. 지금 쟁점이 되고 있는 원전 추가 여부는 현재의 전력 수급 문제가 아니라 10년 뒤인 2020년대 초반의 전력 수급에 관한 것이다. 원전은 계획과 건설 단계를 거쳐 가동에 이르기까지 거의 10년이 소요되므로 당장 원전을 추가 건설하더라도 2010년대의 전력 수급이나 정전 문제에는 아무런 도움이 되지 않는다. 따라서 원전 추가 여부는 앞으로 10년 동안에 가능한 수요 절약 방안이나 공급 대안을 고려한 다음에 판단할 문제이지, 거두절미하고 원전 확대냐 정전 위기냐라는 이분법으로 접근할 문제는 아니다. 이것은 정전 위기의 불안감에 편승한 '무조건 원전 추진', 과하게 말하면 '닥치고 원전'에 가깝다.

전력 문제를 조금이나마 아는 사람은 이런 식의 무조건적인 원전 추진을 주장하지는 않는다. 외형상 추진 논리도 갖추고 십년대계의 추진 시간까지 고려한다. 내부적으로 다소 편차는 있으나 원전추진론자들은 대체로 전력 수요가 현재와 같이 증가하는 상황에서 원전을 대신할 안정적이고 저렴한 공급 대안이 없다는 점을 강조한다. 여기에 원전은 이산화탄소 배출을 거의 하지 않고, 화석연료를 줄일 수 있다는 장점도 덧붙인다. 이러한 입장은 수요와 공급 여건을 고려해서 원전을 추진한다는 점에서 이른바 '조건부 원전추진론'이라고 할 수 있다. 에너지 문제에 정치적 색깔을 입힌다는 것이 부담스럽기는 하지만, 굳이 따지자면 현재 여권과 보수 진영이 여기에 가깝다. 하지만 이들이 스스로 내건 조건부에 대한 해법이 명확하지 않다. 기우일 수도 있으나, 전력 수요 절감은 어렵고 원전처럼 저렴하고 안정적인 공급 대안은 없을 것이라는 '성급한 실망'은 아니었으면 한다.

한편 원전 추진에 반대하는 측에서는 원전추진론자들이 언급하는 수요와 공급 여건과 관련하여 나름대로의 해법과 대안을 제시하고 있다. 이 역시 다양한 형태를 띠고 있지만 대체로 수요 측면에서는 전력 수요를 획기적으로 절감하고, 공급 측면에서는 원전은 물론 화력 발전_{석탄,} _{천연가스, 석유}을 축소하여 재생가능에너지_{태양광, 풍력 등}로 전환할 것을 강조한다. 여기에 재생가능에너지는 이산화탄소를 전혀 배출하지 않고 자연 상태의 에너지를 이용하기 때문에 유가의 영향도 받지 않는다는 장점도 덧붙인다. 이 입장은 원전 등 모든 반환경적인 전력 생산을 재생가능에너지로 전환하자는 점에서 이른바 '에너지전환론'이라고 할 수 있다. 여기에도 정치적 색깔을 입힌다면 야권과 진보 진영이 이에 가깝다. 하지만 전력 수요를 어떻게 축소할 것인지, 그리고 재생가능에너지 보급이 여의치 않을 경우 어떻게 할 것인지 명확하지 않다. 또 다른 기우일 수도 있지만, 재생가능에너지를 가능하면 많이 보급하고 여의치 않으면 전력 수요를 줄이면 되지 않을까라는 '기대 섞인 희망'은 아니었으면 한다.

두 가지 입장에 대해 내가 우려의 시선을 거두지 못하는 이유는 현재의 원전추진론과 에너지전환론이 우리의 현실과 실현 가능한 미래상이란 측면에서 올바른 대립 구도라고 보기 어렵기 때문이다. 과연 양자는 우리나라 전력 수요가 왜 급증하고 있는지, 수요 급증을 연착륙시키기 위해서는 어떻게 해야 하는지, 원전과 재생가능에너지 이외에 다른 공급 대안은 없는지에 대해 얼마나 고민하고 있을까? 또한 우리나라의 여건이 원전 올인의 프랑스나 재생가능에너지 올인의 독일과 어떻게 다른지, 그리고 우리나라는 다른 나라와 전력을 주고받을 수 없는 고립 전력망이라는 것이 어떤 제약 조건인지에 대해 얼마만큼 고려하고 있을까?

극단적인 노선 대립에 익숙해진 우리 사회에서 원전과 재생가능에너지라는 정반대의 노선, 그것도 보수와 진보라는 정치적 색깔을 입힌 채, 이들을 양비론적 시선으로 바라보는 것은 자칫 오해를 불러일으킬 뿐만 아니라 위험하기까지 하다. 양비론적 비판은 순간의 통렬함을 줄 수는 있지만, 대안 없는 양비론은 오랜 공허감만 남길 뿐이다.

이러한 오해와 위험을 피하기 위해 여기서 이 글의 입장을 미리 밝혀 두려고 한다. 나는 우리나라의 전력 패러다임이 위험한 원전과 고탄소의 석탄 발전에 기초한 장거리 송전망 체제에서 안전한 재생가능에너지와 저탄소의 천연가스 발전에 기초한 소비지 근접형 체제로 점차 전환되어야 한다는 입장이다. 그 연장선상에서 현재 원전추진론이 주장하는 원전 및 송전망 추가 건설에 반대한다. 한편 장기적인 관점에서 재생가능에너지의 확대와 에너지 전환에 동의하지만, 원전은 물론 모든 화력 발전을 급속하게 재생가능에너지로 대체하자는 현재의 에너지 전환론에는 동의하지 않는다. 짧은 기간 내에 전력 수요를 줄이고 재생가능에너지를 대폭 확대하는 것이 현실적으로 어렵기 때문이다. 아마 원전추진론이 전력 수요 문제와 적절한 공급 대안을 조건부로 내건 것은 이러한 에너지전환론의 약점을 간파했기 때문일 것이다.

이와 같이 양쪽에서 공격받을 소지가 있는 주장을 하기 위해서는 현실적인 근거가 있어야 하고, 원전 축소와 아울러 에너지 전환과 관련된 대안도 있어야 한다. 이 글은 이에 대한 나의 의견을 밝히는 글이다. 하지만 일반 독자들이 전력 문제에 쉽게 접근하기 어려운 측면이 있으므로 본격적인 논의에 앞서 우리나라 전력 수급의 현실 진단이라는 다소 긴 우회 과정을 거치고자 한다.

현실 진단 1: 전력 수요 급증의 실상

양자 간의 쟁점이자 우리나라 정전 위기를 유발하고 있는 전력 수요 문제부터 살펴보자. 2000년대 초반만 하더라도 우리나라 전력 수요는 2000년대 후반이 되면 연 1~2% 수준으로 완만히 증가하여 점차 포화 상태에 들어갈 것으로 예상되었다. 하지만 예상과는 달리 전력 수요는 2000년대 중후반부터 급증하기 시작했고, 2010년에는 연 10%로 두 자릿수의 증가율을 기록했다. OECD

국가들 중 이러한 추세로 전력 수요가 증가한 나라는 없다. 오랜 경기 침체의 영향도 있겠지만 대부분의 OECD 국가들은 지난 10여 년간 전력 수요가 거의 증가하지 않았다. 우리와 여러모로 닮은꼴인 일본도 10여 년 동안 약 2% 증가했을 뿐이다. 그런데 우리나라는 같은 기간 동안 80% 증가했다. 증가율만 보면 산업화를 시작하는 후발 개도국 수준이다. 그 결과 우리나라의 1인당 평균 전력 소비량은 우리보다 1인당 국민소득이 높은 대부분의 OECD 국가들보다 높은 수준이다.

그렇다고 우리 국민 모두가 소득 수준에 비해 전력을 펑펑 쓰고 있는 것은 아니다. 오히려 그 반대이다. 전력 수요를 크게 가정, 서비스업, 제조업으로 나누어 볼 때 우리나라 가정의 전력 소비는 전체 수요의 15%에 해당한다. 이것은 OECD 국가의 평균 비중인 30%의 절반 수준이다. 1인당 가정용 전력 수요 역시 OECD 국가의 절반에 불과하다. 가정용 전력 수요의 증가 추세도 매우 미미하다. 이에 비해 제조업 수요가 차지하는 비중은 55%로, OECD 국가의 거의 두 배에 달한다. 서비스업은 바로 그 뒤를 잇고 있다. 우리나라 제조업이나 서비스업이 1달러어치의 제품을 생산하는 데 사용하는 전력도 OECD 국가의 두 배, 일본의 세 배에 달한다. 더욱이 최근 들어 제조업과 서비스업의 전력 수요가 빠르게 늘고 있는 실정이다. 제조업과 서비스업이 전체 전력 수요에서 큰 비중을 차지하면서 증가세도 주도하고 있는 것이다.

물론 제조업과 서비스업의 전력 소비를 줄이기 어려운 측면이 있다. 절전을 위해 공장 가동을 중지하거나 영업시간을 단축할 수는 없기 때문이다. 더구나 우리나라는 제조업 수출로 먹고 살고 있고, 서비스업의 경제 활동도 큰 비중을 차지하고 있어 전력 수요 증가 자체를 무조건 매도하기는 어렵다.

문제는 제조업과 서비스업의 전력 사용 자체가 아니라, 사용해서는 안 될 곳에 전력이 사용되고 있다는 점이다. 최근 고유가로 인해 석유와 천연가스이하 유류로 통칭의 가격이 상승하면서 유류 소비가 상대적으로 저렴한 전력으로 대체되는 에너지 전력화 현상이 심화되고 있다. 그 유형은 크게 열에너지의 전력화와 난방에너지의 전력화로 나누어 볼 수 있다. 열에너지의 전력화란 생산 공정상 필요한 열에너지원이 유류에서 전력으로 전환되는 것을 말한다. 공장에서 가열이나 건조에 필요한 열을 얻기 위해 사용하는 연료를 유류에서 전력으로 바꾸거나, 농촌의 비닐하우스에서 사용하는 연료를 유류에서 전력으로 바꾸는 것이 대표적인 예이다. 유가가 급등하면서 최근 몇 년간 제조업의 전력 소비가 급속히 증가한 것도 이와 무관하지 않다.

한편 난방에너지의 전력화 현상은 난방에너지원이 유류에서 전력으로 전환되는 것을 말한다. 난방에너지의 전력화는 일반 가정보다는 서비스업이나 제조업에서 두드러지게 나타나고 있는데, 최근 상가와 건물에 급속하게 확대된 시스템 냉난방기와 전기 온풍기가 대표적인 예이다. 이로 인해 고유가가 시작된 2000년대 중후반부터 겨울철 전력 소비가 빠르게 증가하고 있다. 물론 일반 가정에서도 전기장판이나 전열기를 사용하지만, 이는 보조난방에 불과하고 무엇보다 누진제 요금 때문에 집 전체를 전력으로 난방하는 경우는 드물다.

문제는 열과 난방에너지의 전력화 현상으로 인해 에너지 효율이

50% 이상 떨어진다는 점이다. 나중에 살펴보겠지만 유류 대신 전력을 사용하면 두 배 이상의 연료가 필요하다. 열과 난방에너지의 전력화를 수돗물 유류 대신 생수 전력로 빨래하는 것과 같다고 하는 것도 이 때문이다. 물론 경제 성장과 소득 증가에 따라 유류보다 쓰기 편한 전력을 더 선호하는 것은 일반적인 추세이다. 그러나 아무리 편리하더라도 전력을 사용하지 않아야 할 곳에 전력을 사용하게 되면 당연히 전력 수요가 예상을 뛰어넘고 정전 위기가 발생할 수밖에 없다.

그 결과 선진국 진입을 바라보는 나라에서 전력 부족을 이유로 강제로 난방 온도를 규제하고, 일정한 양의 전력을 줄이라고 명령하는 사태가 벌어진 것이다. 최신식 건물에서 비싼 돈을 들여 장만한 시스템 난방기와 전기 온풍기를 인테리어 장식품처럼 세워 두고, 석유난로, 심지어 연탄난로마저 아쉬워하면서 추위에 벌벌 떠는 것이 현재 우리의 자화상이다. 문제는 이러한 자화상이 말 그대로 우리 스스로 자초한 모습이라는 데 있다. 비싼 유류를 저렴한 전력으로 전환한 것은 국제적 고유가로 인한 불가피한 현상인 것 같은데, 왜 우리 스스로 자초한 측면이 있다고 하는 것일까?

현실 진단 2: 유류와 전력 간의 역전 드라마

우선, 국제적 고유가가 원인이라면 다른 나라에서도 이러한 현상이 나타났어야 한다. 하지만 앞에서 보았듯이 OECD 국가의 전력 소비는 지난 10년간 큰 변화가 없었다. 이것은 다른 나라에서는 열이나 난방에너지가 유류에서 전력으로 전환되지 않았다는 증거이다. 물론 전체 전력 소비에 변화가 없더라도 전력 소비의 구성비는 달라질 수 있기 때문에 좀 더 정확한 근거가 필요한데, 계산상으로 따져 봐도 대부분의 OECD 국가들은 전력을 열이나 난방에너지로 사용할 엄두를 못 낸다. 우리와 여건이 비슷한 일본도 마찬가지이다. 전력은 주로 화석연료를 태운 후 고가의 발전 설비를 이용하여 제조 과정을 한 번 더 거친 고급 에너지이기 때문에 동일한 열량을 얻는 데 드는 비용이 유류보다 두 배 이상 비싸다. 옷이 옷감보다 더 비싼 것과 같은 이치이다.

그런데 우리나라는 유류보다 전력으로 열을 얻는 것이 더 싼 가격 역전 현상이 나타났다. 유독 우리나라에서만 이러한 기이한 현상이 나타난 이유는 무엇일까? 이것은 정부가 일관되게 '유류 가격은 높게, 전기요금은 낮게'라는 취지하에 에너지 세제 및 전기요금 정책을 운용했기 때문이다. 정부 입장에서 볼 때 난방이나 수송 등 최종 소비 활동에 많이 사용되는 유류의 경우 세금 부과 시 물가 부담이나 조세 저항이 적고 세수도 손쉽게 확보할 수 있는 장점이 있다. 이에 비해 전력은 최종 소비 활동은 물론 제조업과 서비스업 등 생산 활동에 광범위하게 사용되고 있어 요금 인상 시 물가 부담이 크고, 이에 따른 정치적인 부담도 만만치 않다. 그래서 정부는 높은 유류세를 고수하면서도 전기요금은 낮게 유지하는 것이다. 예를 들어 우리나라 난방용 유류에는 부가가치세와 별도로 에너지세제가 부과된다. 이에 비해 전력 생산의 70% 이상을 차지하는 원전과 석탄 발전의 연료 우라늄과 석탄에는 에너지세제가 전혀 부과되지 않아 전기요금이 그만큼 낮게 유지된다. 이처럼 유류에 비해 전력은 에너지세제상 매우 유리한 면세 혜택을 받고 있다.

하지만 가격 역전의 결정적인 이유는 세제 정책보다 원전 우대에 기초한 전기요금 정책에 있다. 석탄 발전과 달리 원전은 면세 혜택 이외에도 드러나지 않는 보조와 정책상 지원을 받고 있다. 원전에 대한 사고보험료 혜택, 원전지원 정책, 연구개발비 보조 등이 단적인 사례이다. 이러한 정부의 보조와 지원으로 원전의 발전 비용이 인위적으로 낮게 유지된 것이다.

구체적인 비교 사례를 하나 들어 보자. 이웃 일본의 경우 원전 발전 원가가 우리나라보다 높다. 이것은 일본이 우리나라보다 원전 건설비가 더 많이 드는 탓도 있지만 사고보험료 등 원전에 포함해야 할 비용을 우리나라에 비해 좀 더 제대로 반영했기 때문이다. 그런데 후쿠시마 원전 사고 이후 일본 정부가 원전의 숨은 비용을 모두 고려하여 발전 원가를 재평가한 결과, 현재 발전 원가에서 50%의 비용 상승이 발생했다. 이는 후쿠시마 원전 사고 이전에도 일본보다 발전 원가를 낮게 책정하고 있던 우리나라 원전에 상당히 많은 드러나지 않은 비용이 있다는 것을 시사한다.

그뿐만 아니다. 원자력 발전소나 석탄 발전소는 냉각수 문제와 석탄 수입 문제 때문에 수도권 등 대도시에서 멀리 떨어진 해안가에 위치할 수밖에 없다. 따라서 이들의 전력을 수도권 등 대도시로 전송하기 위해서는 장거리 송전망이 필수적이다. 하지만 정부는 송전망 건설 및 운영으로 발생하는 지역 주민의 재산상 손실 지가 하락과 생활상 불편 고압 전기로 인한 전자파 불안과 소음에 대해 제대로 보상하지 않고 있다. 송전선이 지나가는 곳의 땅값이 반 토막 나고 매매 불능이 되는데, 이에 훨씬 못 미치는 보상금만 받고 자기 땅에 송전망이 지나가는 것을 반길 사람은 없다. 당연히 송전망 건설을 둘러싸고 극심한 사회적 갈등이 발생할 수밖에 없다. 우리나라의 전기요금이 OECD 국가에 비해 거의 절반 이하인 것은 이러한 정부의 원전 및 석탄 지원 정책과 무관하지 않다.

이처럼 '유류 가격은 높게, 전기요금은 낮게'라는 정책 기조에도 불구하고 과거 저유가 시기에는 큰 문제가 없었다. 그동안 아슬아슬하기는 했지만 유류의 가격 경쟁력이 우위에 있었기 때문이다. 하지만 2000년대 중반 이후 유가가 급등하면서 고유가는 단숨에 유류와 전력 간의 열량 가격을 역전시켜 버렸고, 열이나 난방에너지가 유류에서 전력으로 급속하게 전환되었다. 이 추세는 이른바 저탄소 녹색성장을 추구한 이명박 정부 들어서 더욱 심해졌다. 고유가로 유류 가격은 상승하는데, 'MB 물가지수'를 통해 전기요금은 원가 이하로 계속 억제한 것이다. 재정 여건상 4대강 사업에 혈세를 탕진하느라 유류세 인하는 엄두도 내지 못했을 것이다. 그 결과 유류와 전력 간의 열량당 가격은 더욱 벌어졌고, 에너지 전력화는 더욱 급속하게 진행되었다.

현실 진단 3: 에너지 전력화의 부작용

정부가 전기요금을 낮게 유지하여 물가를 안정시키고 산업 경쟁력을 높이는 것은 국민경제의 입장에서 좋은 일이다. 또한 그 덕분에 고유가 시대에 비싼 유류 대신 값싼 전력을 사용할 수 있어서 개별 소비자로서도 반가운 일이다. 게다가 우리는 오랫동안 유류 소비 축소와 탈화석 연료를 외쳐오지 않았던가!

하지만 오늘날 우리 경제가 전기요금에 숨은 보조금을 지급하면서 선진경제로 도약하기에는 체면이 서지 않고, 원전 사고 한방으로 모든 것을 날려버리기에는 그동안 이루어 놓은 경제적 성과가 너무 많다. 효율적인 에너지 소비라는 관점에서 보더라도 고급 에너지인 전력을 저렴하게 쓴다는 것은 그만큼 낭비 요인이 많고 엉뚱한 곳에서 사회적 비용이 발생하고 있다는 것을 의미한다. 더구나 유류를 전력으로 대체한다고 탈화석 연료가 되는 것도 아니다.

첫째, 유류를 전력으로 대체하면 그만큼 전력을 추가로 더 생산해야 하는데, 이 경우 원전과 석탄 발전이 아닌 천연가스 및 석유 발전이 동원된다. 이미 언급한 것과 같이 유류를 사용하여 발전하고, 그 전력을 다시 열이나 난방에너지로 사용하면 발전 및 송전 과정에서 50% 이상의 에너지 손실이 발생하기 때문에 유류를 직접 연소하여 사용하는 것보다 연료가 두 배 이상 많이 든다. 따라서 소비자 개인의 관점에서는 유류를 전력으로 대체하는 것이 합리적인 선택이지만, 국민경제의 관점에서 보면 연료의 사회적 낭비가 발생하는 매우 비합리적 행위이다.

둘째, 동일한 효과를 얻기 위해 유류를 두 배 더 사용하기 때문에 그만큼 배출하지 않아도 될 이산화탄소를 추가로 배출하게 된다. 연료는 연료대로 낭비하고, 이산화탄소는 불필요하게 더 배출하는 셈이다. 전기 난방만 따져도 어림잡아 연간 연료 낭비액이 9억 달러 환율 1,100원 기준으로 1조 원 내외를 넘어서고, 이산화탄소의 추가 배출량도 600만 톤에 근접할 것으로 추정된다. 더구나 이것은 열에너지의 전력화로 인한 손실액과 추가 배출량을 포함하지 않은 수치이다. 연간 1조 원이면 고유가로 힘들어 하는 저소득층에게 에너지 복지 혜택을 제공하고도 남는 액수이다. 이산화탄소 600만 톤은 우리가 연간 수천억 원을 들여 보급하는 재생가능에너지의 온실가스 감축량 60만 톤의 10배에 해당하는 양이다. 재생가능에너지는 돈을 들여서 그나마 약간의 이산화탄소라도 감축하지만, 전기 난방은 돈을 들여 이산화탄소를 대량으로 더 배출하는 셈이다. 전 세계에서 이러한 어리석은 행위를 하는 나라는 우리나라가 유일할 것이다. 이처럼 유류를 전력으로 대체하면 화석연료 소비와 이산화탄소 배출이 더 증가한다.

셋째, 제조업과 서비스업에서 발생하는 에너지 전력화는 당연히 제조업과 서비스업이 집중되어 있는 수도권의 전력 수요 급증으로 나타난다. 이에 대응하기 위해 원전이나 석탄 발전소를 추가하면, 그 전력을 전송할 장거리 송전망을 추가로 건설해야 한다. 당연히 이로 인한 사회적 갈등, 지역 주민의 재산 손실, 생활상 불편 등 사회적 비용도 증가할 것이다.

연료비 낭비는 국민경제의 부담, 이산화탄소 배출은 지구의 부담, 송전망 비용은 지역 주민의 부담으로 넘긴다고 치자. 무엇보다 과도하게 진행되고 있는 에너지의 전력화로 가장 우려되는 것은 전력 수급의 불안정이다. 최근 전기 난방이 확산되면서 여름철 전력 피크보다 겨울철 전력 피크가 더 높아지고, 정전 위기는 여름과 겨울 가릴 것 없이 상시적인 현상이 되었다. 앞으로 이러한 추세로 에너지 전력화가 가속될 경우 안정적인 전력 수급을 장담하기 어렵다.

이제 다소 장황하게 늘어놓은 현실 진단들을 정리해 보자. 높은 유류 가격과 낮은 전기요금으로 인해 전력이 유류를 대체함으로써 전력 수요가 급증했다. 이러한 현상은 국민경제의 연료 낭비, 발전 및 송전 설비 추가에 따른 사회적 갈등, 불필요한 이산화탄소의 추가 배출 등 경제, 사회, 환경 측면에서 여러 가지 부작용을 유발하고 있다. 나아가 그 비용과 부작용을 가늠조차 할 수 없는 심각한 정전 위기까지 유발하고 있다. 바로 이러한 상황의 중심에 정부의 에너지 정책, 특히 원전과 석탄 발전에 대한 우대와 지원 정책이 있다.

자기점검이 필요한 원전추진론: 과연 원전추진론은 추진될 수 있을까?

이상의 논의를 토대로 원전추진론과 에너지전환론을 본격적으로 검토해 보자. 먼저, 앞에서 언급한 바와 같이 조건부 원전추진론은 전력 수요가 지속적으로 증가하고, 원전처럼 저렴하고 안정적인 공급 대안이 존재하지 않는다면 원전을 추진해야 한다는 입장이다. 하지만 첫째, 전력 수요 증대에 대응하기 위한 원전 확대가 전력 수요의 증가 추세를 가속화시킨다면 어떻게 할 것인가? 둘째, 원전이 생각만큼 저렴하지 않고 안정적인 전력 공급도 담보할 수 없다면 어떻게 할 것인가?

첫 번째 질문부터 살펴보자. 조건부 원전추진론이 전력 수요 급증을 걱정하고, 안정적인 공급 대안을 고민하는 것은 충분히 공감할 수 있다. 이 글의 고민도 그 연장선상에 있다. 하지만 원전추진론은 그것이 원전에 대한 정부의 숨은 보조와 지원에 의한 것이라는 점을 외면하는 경향이 있다. 원전추진론은 원전 우대로 전기요금이 인위적으로 낮게 유지되고, 이것이 결국 에너지 전력화를 포함하여 전력 수요의 증가를 촉발하고 있다는 점을 냉철하게 직시할 필요가 있다. 더구나 현재 상황에서 발전 원가가 저평가된 원전을 확대하면, 전기요금은 더 낮아지고 유류 가격과 전기요금 간의 격차는 더욱 벌어질 것이다. 또 그만큼 전력 소비의 절약 유인이 약해지고 유류가 전력으로 쏠리는 에너지 전력화도 지속될 것이다. 그리고 얼마 안 가 전력 수요 증가에 대응하기 위해 값싼 원전을 추가해야 한다는 이야기가 또 다시 나올 것이다.

경제학에서 이미 사망선고를 받은 이론, 즉 '공급은 스스로 자신의 수요를 창출한다.'라는 세이의 법칙Say's Law이 우리나라의 원전에서 화려하게 부활하는 셈이다. 원전이 이제 열과 난방 전력 수요에 이어 어떤 새로운 전력 수요를 창출할지 가늠하기 어렵다. 어떤 문제를 야기한 사고방식으로는 결코 그 문제를 풀 수 없듯이, 원전으로 꼬인 문제를 또 다시 원전으로 풀 수는 없지 않은가!

두 번째 질문과 관련하여 원전이 저렴하고 안정적인 공급 대안이라는 주장도 따져 볼 대목이 많다. 저렴한 원전이란 것이 사실상 정부의 보조와 지원에 의한 것이라는 사실은 이미 앞에서 언급했다. 보조와 지원이 아니더라도 우리나라의 건설기술이 뛰어나서 다른 나라에 비해 원전 건설비가 적게 들고, 이로 인해 다른 발전원보다 비용이 다소 저렴하다고 하자. 그렇다고 해도 만 년 이상 지속되는 방사성 폐기물 독성으로 인해 미래 세대가 안게 될 위험 부담은 어떻게 할 것인가?

이는 단순히 비용 계산의 문제가 아니라 가치판단의 문제이다. 만 년의 시간은 인류 역사로 따지면 신석기에서 현재에 이르는 기간이다. 앞으로 그 기간 동안 방사성 폐기물을 지층에 보관하여 인간과 자연으로부터 완벽하게 격리해야 한다. 더구나 현재 발전소 내에 임시로 저장하고 있는 고준위 방사성 폐기물을 만 년 동안 안전하게 보관할 장소조차 결정하지 못했다. 이러한 상황에서 며칠 뒤의 지진도 예측하지 못하는 공학 기술, 40년 뒤에 발생하는 원전 폐쇄 비용이나 폐기물 관리 비용 등을 이자율로 할인하여 거의 무시할 수준으로 처리하는 경제학은 도대체 만 년의 시간과 미래 세대의 부담에 대해 어떻게 생각하고 있는 것일까?

원전 문제를 미래 세대의 부담에 대한 가치판단이라는 하나의 잣대로 결정할 수는 없지만, 그렇다고 최소한의 가치판단이 필요한 일에 공학적 논리와 경제학적 셈법만 들이댈 수는 없는 것이다. 원전추진론은 원전의 5중 안전장치와 저렴한 원가를 주장하기에 앞서, 후쿠시마 원전 사고를 계기로 '현대 사회는 위험 사회이자 그것이 세계화되는 사회'임을 재차 강조한 석학 울리히 벡Ulrich Beck의 경고, '현대인은 가격price에 대해서는 잘 알지만 가치value에 대해서는 잘 모른다.'라고 한 문학가 오스카 와일드Oscar Wilde의 푸념을 한번쯤은 귀담아 들을 필요가 있다. 만 년의 시간을 놓고 가치철학 논쟁을 벌일 지면의 여유는 없으니 그냥 넘어가자. 만 년도 그냥 넘어가는 상황이니 40년의 원전 가동 기간 동안 천재지변이나 인재에 의한 사고도 발생하지 않는다고 하자. 만 년을 책임질 폐기물의 저장 장소 문제도 그냥 넘어가자. 그렇다면 원전은 우리의 안정적인 공급 대안이 될 수 있을까?

원전 확대는 오히려 수도권 등 대도시 전력 공급의 불확실성을 심화시킬 가능성이 있다. 최근 정부는 동해안 지역에 원자력 발전소와 석탄 발전소가 들어서는 대규모 발전단지를 계획하고 있다. 그렇게 해서 생산될 전력은 거의 대부분 수도권에서 사용할 것이다. 문제는 송전망이다. 동해안 지역에서 생산되는 전력을 수도권으로 송전하기 위해서는 백두대간을 넘는 200킬로미터 이상의 장거리 대규모 송전망을 2개 정도 더 건설해야 한다.

과연 송전망 건설이 적기에 이루어질 수 있을까? 격렬한 반대와 사회적 갈등을 유발할 것이 불 보듯 뻔하다. 현재 신고리 원전의 전력을 대도시로 송전하기 위한 90킬로미터의 송전망 건설도 4년째 지연되고 있다. 이제는 더 이상 송전망 반대를 지역 이기주의로 호도하고, 국책사업이란 명분하에 공권력으로 밀어붙이기도 어렵다. 급기야 지역 주민 동의와 충분한 손실 보상 없이 강행되는 송전망 건설에 항의하여 지역 주민이 분신자살하는 비극까지 발생했다. 비극적 사건 하나를 빌미로 반대를 위한 반대, 포퓰리즘적 반대 여론을 조성할 의도는 추호도 없다. 하지만 이러한 비극적 사건이 우리 사회에 어떤 문제를 제기하고 있는지에 대해서 원전추진론자는 물론 전력 소비자로서 우리 국민 모두가 진지하게 생각해 볼 필요가 있다. 이 참사는 우발적인 한 개인의 문제가 아니라 구조적인 사회 문제이며, 높은 손실 보상을 요구하는 지역 이기주의가 아니라 낮은 전기요금을 요구하는 대도시의 이기주의이다.

물론 송전망 노선을 주민 합의하에 선정하고, 이에 따른 피해를 충분히 보상하는 것이 하나의 방법이 될 수 있다. 하지만 수백 킬로미터의 노선 결정에 상당한 시간이 소요될 것이 분명하고, 선하지 송전선의 좌우측 3미터에 국한된 지역만이 아니라 송전망의 영향을 받는 모든 주변 토지의 재산상 손실, 주택 이전 비용, 지역 발전 저해에 따른 보상, 나아가 경관 훼손 비용까지 고려하면 그 액수를 가늠하기 어렵다. 설령 충분한 보상을 해 준다고 하더라도 요즘은 송전망이 들어서는 것을 반대하는 분위기이다. 친환경과 청정성의 자연주의가 지역 발전의 핵심이 되고 있기 때문이다.

한 번 더 양보하자. 충분한 보상을 하든 밀어붙이기를 하든 송전망이 적기에 건설된다고 하자. 그래도 문제는 여전히 남는다. 현재 수도권은 전력 소비량의 절반을 장거리 송전망을 통해 타 지역에서 공급받고 있고, 지금도 비상시에는 매우 불안한 상황이다. 이런 상황에서 수도권이 전력 수요를 장거리 송전망에 더 의존하게 되면, 수도권 전력 수급의 불안정성이 증가할 것이다. 그리고 수도권으로 향하는 송전망에 사고가 발생하면, 수도권은 물론 자칫 전국 정전으로 확대될 수 있다. 현재의 북상조류北上潮流, 즉 충청과 영동 지역에서 장거리 송전망을 통해 수도권으로 대량 송전하는 현재의 상황조차 많은 전기공학자들이 우려하고 있는 실정이다.

또한 원전 비중이 증가하면 수급 균형을 맞추는 것도 어려워진다. 예를 들면, 고공의 외줄타기를 하는 사람은 균형이 맞지 않으면 들고 있는 균형봉으로 중심을 잡는다. 중심이 약간이라도 흐트러지면 천길 낭떠러지로 떨어질 수 있다. 전력도 마찬가지이다. 순간적으로 수요가 급변할 수 있고, 송전선 사고나 발전기 고장으로 공급이 급감할 수 있다. 이 경우 외줄타기 선수처럼 재빠르게 수요와 공급을 맞추어야 한다. 1초라도 수급이 어긋나면 바로 정전이 될 수 있다.

하지만 원자력은 24시간 동일한 양의 전력만 생산할 수 있다. 순발력이 전혀 없는 전원, 전문 용어로 말하면 부하추종을 하지 못하는 전원이다. 석탄 발전은 부하추종을 어느 정도 하지만 순발력이 매우 떨어진다. 특히 유휴 상태에 있던 석탄 발전기가 가동되기 위해서는 상당한 시간이 걸린다.

이명박 정부의 원전추진론의 모델인 프랑스가 원전 비중을 70% 이상으로 유지할 수 있는 것은 인근 국가와 전력을 주고받으면서 수급 균형을 맞출 수 있기 때문이다. 그러나 불행하게도 우리나라는 섬나라처럼 송전망이 다른 나라와 연결되어 있지 않은 고립 전력망이다. 이 경우 전력을 대규모로 저렴하게 저장할 수 있는 장치가 개발되지 않는 한, 원전 비중을 40% 이상으로 올리기는 어렵다. 전력 수요의 급격한 변동에 안정적으로 대응하기 위해서는 십분 이내에 발전 가능한 수력이나 천연가스 발전을 일정 비율 이상으로 유지해야 하기 때문이다. 설령 원전이 싸다고 해도 일정 비율 이상 원전을 늘이는 데는 한계가 있다. 이런 측면에서 이명박 정부가 표방한 원전 비중 60%라는 목표는 공신력 있는 국가계획으로서 매우 부끄러운 일이다.

현재의 정책하에서 원전을 확대하면 소비 절약 유인이 약해질 뿐만 아니라 유류와 전력 간의 가격 격차가 더욱 벌어지고 에너지 전력화도 지속될 것이다. 늘어나는 전력 수요에 대응하기 위한 원전 확대가 다시 전력 수요를 촉발할 가능성이 있는 것이다. 이에 지속적으로 대응하기 위한 원전 확대도 쉽지 않다. 원전을 더 건설하면 장거리 송전망도 더 추가해야 하고, 이로 인한 사회적 갈등도 심화될 것이다. 이로 인해 송전망의 적기 건설이 불투명해지면 동해안의 대규모 원전이나 석탄 발전도 무용지물이 될 것이다. 또 수도권의 전력 수급이 지금보다 장거리 송전망에 더 많이 의존하게 되면, 수도권 정전 가능성이 높아지고 우리나라 전체 전력 수급에도 악영향을 미치게 된다. 원전추진론자들은 스스로 논리의 정당성과 실현 가능성에 대해 냉철하게 점검해 볼 필요가 있다.

현실 점검이 필요한 에너지전환론: 에너지전환론의 전환이 필요한 것은 아닐까?

이제 에너지전환론으로 넘어가 보자. 이미 언급한 바와 같이 에너지전환론은 전력 수요 급증에 대해서는 대폭적인 수요 절감을, 공급 대안으로서는 재생가능에너지의 확대를 강조하고 있다. 하지만 첫째, 전력 수요의 감소가 제대로 실현되지 않으면 어떻게 할 것인가? 둘째, 전력 공급 측면에서 기상 여건에 따라 불규칙하게 발전하는 간헐성의 재생가능에너지가 고립 전력망인 우리나라에서 안정적인 공급 대안이 될 수 있을까?

우선 전력 수요가 대폭 축소될 수 있는지 살펴보자. 전력 수요는 특단의 상황이 아니면 단기간에 쉽게 꺾이지 않는다. 가능한 절약해야 하지만 제조업 중심의 경제 활동과 국민소득 증가로 인해 전기 수요는 당분간 증가할 것으로 예상된다. 여기에 과도한 에너지 전력화 현상까지 가세하고 있다. 즉 우리나라의 전력 수요 상황은 에너지전환론이 지향점으로 삼고 있는 수요 포화 상태의 유럽과는 전혀 다르다. 지금부터 수요 절약에 노력한다고 해도 전력 수요가 언제쯤 잡힐지 장담할 수 없다. 만일 전력 수요 절감이 제대로 되지 않을 경우 또 다시 국민들에게 정전 위기로 협박하여 절전을 강요할 수는 없지 않은가! 더구나 전력 수요의 축소는 정부가 절전을 독려한다고 되는 것이 아니다. 궁극적으로 전력 수요는 정부가 결정하는 것이 아니라 시장의 수요자들이 결정하기 때문이다. 따라서 전력 수요를 연착륙시키기 위해서는 에너지 가격 신호의 정정, 특히 전기요금 제도의 개혁이 중요하다.

하지만 이에 대한 일부 진보 진영의 입장은 아쉬운 부분이 있다. '전력＝공공성＝공기업'이란 담론하에 전기요금의 공공성만 강조해서는 전력 수요를 잡기 어렵다. 물론 다른 상품과 구별되는 보편적 서비스로서 전력의 공공성은 분명히 존재한다. 하지만 정부 개입으로 엉망이 된 전기요금을 시장원가에 부합하는 방식으로 개편하는 것을 전력의 상품화로 매도해서는 곤란하다. 또 송전망으로 인해 발생하는 제반 비용을 그 혜택을 보는 수도권에 부과하자는 지역요금제를 공공성의 훼손으로 봐서도 곤란하다. 저소득층이나 경제적 약자에 중요한 보편적 서비스로서 전력의 공공성은 전기요금 제도가 아니라 복지제도나 다른 정책 수단으로 충분히 구현할 수 있다.

정부가 지금처럼 전기요금에 자의적으로 개입하는 방식이 유지되는 한 전력 수요의 축소는 쉽지 않다. 그동안 정부 개입으로 원전 및 석탄의 발전 원가가 저평가되고, 물가안정이라는 이유로 저평가된 원가조차 요금에 반영하지 못한 것이 에너지 전력화라는 엄청난 사회적 비용과 함께 원전 확대의 부메랑이 되어 돌아오고 있다. 원전에 반대하고 싶은가? 그러면 원전의 축소만이 아니라 정부 개입의 축소도 함께 주장해야 한다. 이를 위한 최소한의 전력 시장 개혁에 반대하지 말아야한다. 전력의 발전 원가가 제대로 반영될 수 있는 시장이 존재해야 이에 대한 정부의 규제도 합리적으로 강화할 수 있다.

현재는 정부가 전횡하고 있다고 해도 과언이 아니다. 이러한 나의 주장을 시장지상주의로 오해하지 않기 바란다. '시장의 과잉'과 '정부의 과소'도 문제이지만 '시장의 과소'와 '정부의 과잉'도 올바른 해법은 아니다. 더구나 짝퉁 시장주의와 진정한 시장주의는 다르다. 원전에 대한 부당한 지원과 보조를 그대로 둔 채 시장에 맡기자는 주장이 짝퉁 시장주의라면, 원전에 대한 냉철한 판단과 엄격한 규제 그리고 이에 기초한 공정한 시장 질서를 확립하자는 것이 진정한 시장주의이다. 이런 측면에서 원전 문제는 전력업계에서 짝퉁 시장주의와 진정한 시장주의를 판별하는 일종의 리트머스 시험지라고 할 수 있다.

한편 진보 진영이 주장하듯이 전력 산업에서 공기업의 역할도 중요하다. 하지만 공기업으로서 원전이 부당하게 누리고 있는 정부 지원과 보조에 대한 정정도 함께 주장해야 한다. 원전의 확대가 공기업 체제 또는 전력 독점 체제와 친화성이 있다는 것이 우연의 일치일까? 이러한 나의 주장을 설익은 신자유주의적 민영화로 오해하지 않기 바란다. 공기업으로서 원전의 역할이 중요하다면, 공기업으로서 원전이 유발하고 있는 사회적 갈등과 폐해에 대해서도 솔직해야 한다. 그것이 진정한 공공성이다.

이제 두 번째 질문인 공급 대안으로서 재생가능에너지 문제로 넘어가 보자. 아쉽게도 우리나라의 고립 전력망은 재생가능에너지의 급속한 확대에도 큰 장애 요인이다. 태양광이나 풍력 등의 재생가능에너지는 기상 조건에 따라 발전량이 달라지기 때문에 전력이 필요할 때 마음대로 발전할 수 없다. 좋던 햇빛과 바람도 순식간에 급변하여 발전이 중지될 수도 있다. 물론 태양광이나 풍력을 넓은 지역에 분포시키고, 이들을 결합하면 개별적인 변동이 상쇄되어 발전의 변동성이 줄어든다. 하지만 비상시에는 속수무책이다. 특히 우리나라와 같은 좁은 국토에서는 나라 전체가 동일한 기상 상황에 들어가는 경우가 많다. 2~3일간 잔뜩 구름 낀 날씨에 태풍이 한반도에 몰아친다고 하자. 태양광은 당연히 저조하지만 풍력 발전도 어렵다. 풍력은 바람이 없어도 문제이지만 태풍이 몰아쳐도 급속 회전으로 인한 기계적 손상 때문에 발전을 중지해야 한다. 또 전력 수요가 폭등하는, 이른바 바람 한 점 없는 한여름 땡볕 더위도 문제이다. 풍력은 당연히 저조하지만 태양광 발전 역시 마찬가지이다. 태양광은 햇빛이 너무 강하면 태양판의 고열로 인해 발전 효율이 떨어지기 때문이다. 재생가능에너지 비중이 전력 공급의 20% 내외만 차지하더라도 위기 상황에서 이를 대신할 엄청난 양의 전력을 급히 조달해야 한다. 전력은 석유나 가스와 달리 기술적으로나 경제적으로나 대규모 비축이 어렵다.

또한 재생가능에너지의 간헐성 때문에 앞에서 언급한 외줄타기 선수는 더욱 어려워진다. 원전을 비롯한 기존의 발전기는 일단 가동되면 예상 가능한 수준으로 발전을 한다. 하지만 태양광과 풍력의 경우 발전량 자체를 예측하기 어렵다. 전력 수요 변동에 발전량 변동까지 가세하는 셈이다. 재생가능에너지의 비중이 높아질수록 외줄타기 선수는 그만큼 중심잡기가 어려워지는 것이다. 원전은 24시간 동일한 양으로만 발전해서 문제이고, 재생가능에너지는 24시간 예측 불가능하게 발전해서 문제인 셈이다.

이처럼 재생가능에너지는 공급의 안정성과 전력망의 운용이라는 측면에서 매우 취약하다. 그럼에도 불구하고 에너지전환론이 내심 지향하는 독일의 경우처럼 과감하게 재생가능에너지의 비중을 높이려면 인근 나라와 전력망이 연계되어 있어 비상시 공급 확보나 전력망 균형 유지가 가능해야 한다. 멀리 갈 것도 없이 우리나라 풍력의 섬 제주도만 봐도 알 수 있다. 제주도에 풍력이 많이 보급될 수 있는 것은 육지의 발전소들이 제주도와 연결된 해저 케이블을 통해 전력 공급과 아울러 균형봉 역할을 해 주기 때문이다. 같은 논리로 우리나라 육지 전체에 재생가능에너지가 많아지면 우리나라 외부에서 누가 그 역할을 해야 한다. 불행하게도 우리는 고립 전력망이다.

그렇다고 재생가능에너지를 접자는 것은 아니다. 당장의 보급 여건이 여의치 않다고 재생가능에너지를 포기해서는 안 된다. 에너지 전환 측면에서도 그렇고 미래 성장 산업 측면에서도 그렇다. 다만 고립 전력망이라는 현실적 제약 조건과 부품 및 소재 기술 낙후라는 산업적 제약 조건을 고려하여 속도 조절을 하자는 것이다. 더구나 에너지전환론에서 기대하듯이 국내 보급 목표가 대폭 확대된다고 해서 그 혜택이 국내 관련 기업에게 자동적으로 돌아가는 것도 아니다. 오히려 그 반대가 될 가능성이 높다. 자국의 재생가능에너지 보급률이 형편없이 낮은 중국의 태양광 생산업계가 전 세계 시장을 석권하고, 재생가능에너지 보급 확대에 주력하는 유럽의 관련 업계가 처참하게 도산하는 것을 보라. 시장은 그렇게 냉정한 것이다. 우리나라의 경우 재생가능에너지의 보급보다는 경쟁력을 갖춘 산업화와 간헐성을 극복하기 위한 기술혁신이 우선이다. 보급 속도는 그 추이에 따라 탄력적으로 조정하는 것이 바람직하다. 에너지전환론은 재생가능에너지의 안정적인 보급과 견실한 산업화를 위해서 우리가 처한 현실을 냉철하게 되돌아볼 필요가 있다.

유류를 활용한 '이이제이' 전략

전력 수요의 대폭 축소는 장담할 수 없고, 원전도 재생가능에너지도 안정적인 공급 대안이 아니라면, 도대체 어떻게 하자는 것인가? 역설적으로 들리겠지만 우리가 수십 년간 소리 높여 축소를 외쳐왔던 화석연료, 원전과 재생가능에너지가 공동의 적으로 간주하고 있는 화석연료가 하나의 대안이다. 물론 탈화석 연료를 하지 말자는 이야기가 아니다. 탈화석 연료는 분명히 장기적으로 추구해야 할 방향이다. 지구 환경 보호를 위해서만이 아니라 에너지의 해외 의존 축소라는 우리의 국익을 위해서도 필요하다. 그렇다고 무조건 화석연료를 배척하는 것이 능사는 아니다. 온실가스 감축과 재생가능에너지로의 전환이라는 역사적 대세 속에서 온실가스 배출의 주범이자 반환경적인 화석연료가 어떻게 우리의 대안이 될 수 있다는 것일까? 질문의 형평성을 위해 이 역시 수요와 공급의 측면에서 따져 보자.

우선 우리나라 전력 수요의 연착륙을 위해서는 무엇보다 과도한 에너지의 전력화부터 방지해야 한다. 경제 활동과 소득 증가에 따른 전력 수요도 최대한 줄여야겠지만 열이나 난방에너지를 전력으로 사용하지 않는 것이 무엇보다 중요하다. 더구나 전력이 아닌 유류를 열이나 난방에너지로 사용하면 전력 수요의 연착륙수급 안정 측면은 물론 국민경제의 연료 낭비 축소경제적 측면, 온실가스 축소환경의 측면, 원전과 송전망 건설에 따른 사회적 갈등 해소사회적 측면에 이르기까지 일석사조一石四鳥의 효과를 거둘 수 있다.

하지만 정부가 전력을 열이나 난방에너지로 사용하지 말라고 해서 해결될 문제가 아니다. 이를 위해서는 유류와 전력 간의 상대 가격을 교정해야 한다. 난방 유류세를 인하하고 석탄에 과세하는 에너지세제 개편도 필요하고, 저평가된 원전의 정상적인 비용을 요금에 포함시키는 전기요금 개편도 필요하다. 유류세를 낮추고 전기요금을 올리는 것은 난방비 부담이 전기요금 부담보다 큰 서민들의 가계에도 도움이 된다. 석탄 과세와 같은 에너지세제 개편은 앞으로 불가피하게 늘어날 재정 지출의 안정성에 기여하며, 전기요금의 정상화에도 도움이 된다. 또한 긴 시간이 필요한 전력시장 개혁에 앞서 전기요금에 대한 정부의 자의적 개입을 막고, 발전 연료비와 물가상승률 등에 기초하여 전기요금을 결정하는 제도적 메커니즘을 도입할 필요가 있다.

한편 공급의 측면에서 원전 축소와 재생가능에너지 보급 확대 간에 시차가 존재한다면, 그 과도기를 메워줄 안정적인 공급 대안이 필요하다. 전력 수요의 연착륙을 위해 노력하되, 그 시기의 불확실성에도 대비해야 한다. 이 경우에도 역설적으로 화석연료인 천연가스 발전이 대안이 될 수 있다.

첫째, 가장 중요한 공급 안정성부터 살펴보자. 천연가스 발전은 원전이나 석탄 발전과 같이 대규모의 안정적인 전력 공급이 가능한 전원이다. 재생가능에너지와 같은 발전상의 간헐성도 없다. 수요 변동에 대응하는 순간적인 공급 능력에서는 타의 추종을 불허한다. 원전이나 석탄 발전에 필수적인 장거리 송전망도 필요 없고, 송전망 건설의 불확실성도 피할 수 있다. 또한 장거리 송전망에 의존할 경우에 발생할 수 있는 송전망 사고와 정전 가능성도 낮아진다. 이것은 수도권 등 대도시 지역의 공급 안정성이 그만큼 높아질 수 있다는 것을 의미한다.

둘째, 사회적 갈등의 측면이다. 천연가스 발전은 원전이나 석탄 발전과 달리 대도시나 소비지 인근 지역에 들어설 수 있다. 넓은 공장 부지를 가진 제조업체는 자기 앞마당이나 지하공간에도 건설할 수 있다. 물론 천연가스 발전이라고 해서 입지 갈등이 없는 것은 아니다. 하지만 원전이나 석탄 발전보다 덜하고, 장거리 송전망 건설을 둘러싼 사회적 갈등도 적다.

셋째, 환경의 측면에서 천연가스 발전은 화력 발전 중 이산화탄소 배출이 가장 적다. 석탄 발전의 50% 이하이다. 원전과 같이 만 년 이상 독성이 지속되는 방사성 폐기물도 배출하지 않는다. 그래서 화석연료임에도 불구하고 천연가스를 청정연료라고 부른다.

물론 단점도 있다. 천연가스는 원전과 석탄보다 발전 원가가 높다. 원전추진론자나 보수 진영에서는 이러한 높은 발전 원가 때문에 천연가스는 원전의 대안이 될 수 없다고 생각한다. 이는 시장을 강조하는 보수 진영답지 않게 원전과 석탄 발전의 공정한 시장원가를 생각하지 않기 때문이다. 짝퉁 시장주의와 진정한 시장주의는 여기서도 또 갈린다. 이미 언급했듯이 원전이나 석탄 발전에는 면세 혜택을 포함한 여러 가지 보조와 지원이 많다. 이에 비해 천연가스에는 여러 가지 세금과 부과금이 붙어 있다. 이를 동등하게 처리해 주면 그 격차는 줄어들 것이다. 더구나 원전과 달리 방사성 폐기물도 배출하지 않고 석탄 발전에 비해 대기오염 물질이나 이산화탄소 배출도 훨씬 적다. 이러한 사회적 비용에 원전이나 석탄 발전의 필수 설비인 장거리 송전망과 관련된 비용까지 고려하면 천연가스 발전의 경쟁력은 훨씬 높아진다. 우리와 여건이 비슷한 일본의 경우 원자력, 석탄, 천연가스 간에 발전 원가 차이가 거의 없다는 것은 여러모로 시사하는 바가 많다. 더구나 경제적 발전 원가 문제를 넘어서는 정전 위험과 사회적 갈등 문제를 생각하면 천연가스 발전이 불확실한 원전의 가장 확실한 대안이다.

설령 천연가스 발전이 비싸고 유가 변동에 따른 가격 상승의 위험이 있다고 해도 마찬가지이다. 세상에 아무런 위험이 없는 완벽한 대안은 없다. 위험으로 말하자면 원전만큼 불안한 것도 없다. 원전 사고는 우리나라에서 절대 발생해서는 안 되는 것이니 그냥 넘어가자. 원전 확대에 필수적인 송전망 건설의 불확실성, 그 정도와 기간을 가늠할 수 없는 송전망의 사회적 갈등 그리고 송전망 사고에 따른 정전 가능성이 더 큰 위험이 아닐까? 전력 문제에 관한 한 가격 위험과 수급 위험 중 하나를 택한다면 전자를 택하는 것이 정답이다. 더구나 천연가스 발전의 경우 새로운 형태의 천연가스 셰일가스가 대량 발굴되면서 가격 폭등의 가능성이 줄어들었고, 내로라하는 국제전문기관들이 '천연가스의 황금시대golden age of gas'까지 거론하는 상황이다.

전력 문제를 떠나 우리나라 발전 설비 산업의 미래도 고려할 필요가 있다. 새로운 천연가스로서 셰일가스가 등장하면서 전 세계적으로 발전 설비 산업과 에너지 산업의 대규모 지각 변동이 예상된다. 원전 설비 산업은 후쿠시마 원전 사고로 사양화의 길로 접어들 것으로 판단된다. 석탄 설비 산업은 온실가스 감축 문제라는 제약 조건을 안고 있어서 다소 제한된 성장이 예상된다. 반면 천연가스 발전 설비 산업은 셰일가스의 등장으로 장기적 호황이 예상된다. 우리나라는 외국에 비해 뒤처진 발전 설비 산업을 육성하기 위해서 이 호기를 노릴 필요가 있다. 천연가스 발전과 발전 설비 산업의 결합은 우리나라 전력 패러다임의 전환과 발전 설비 산업의 육성 간의 시너지 효과를 창출할 수 있는 원원 전략이다.

좀 더 시야를 넓혀서 에너지 전환이라는 관점에서도 천연가스 발전의 역할은 필수적이다. 우선, 우리나라와 같은 고립 전력망에서 재생가능에너지의 변동성을 보완해 줄 수 있는 균형봉 역할은 순발력이 좋은 천연가스 발전이 담당할 수밖에 없다. 이를 전문용어로 밸런싱 설비라고 한다. 즉 재생가능에너지가 많아지면 천연가스 발전도 이에 비례하여 증가할 수밖에 없는 관계이다. 이에 비해 경직적인 원전과 간헐적인 재생가능에너지는 기술적으로 조화되기 어려운 관계이다.

또한 천연가스 발전으로 원전의 추가 투입을 막는 것이 장기적으로 재생가능에너지로 전환하는 데 유리하다. 원자력은 건설비가 많이 들기 때문에 조기에 폐쇄하면 그만큼 손실이 많아진다. 이에 비해 건설비가 매우 적은 천연가스 발전은 폐쇄 결정에 따른 손실이 적다. 원전이나 석탄 발전 설비와 달리 천연가스 설비는 분해하여 다른 지역이나 나라로 옮겨서 활용할 수도 있다. 즉 설비 투자 결정에 따른 후회 비용이 원전보다 훨씬 적다.

이와 같이 급등하는 전력 수요를 연착륙시키고, 원전의 점진적 축소와 안정적인 공급 대안을 마련하면서, 송전망 추가 건설에 따른 사회적 갈등과 정전 위험을 줄이기 위해서는 전력 수급의 양면에서 석유와 가스 등 유류를 에너지 전환의 징검다리로 활용할 필요가 있다. 원전과 화석연료 모두를 적으로 돌리는 것이 아니라, 원전 축소를 위해 화석연료인 유류를 적절히 이용하는 '이이제이 以夷制夷'의 전략이자, 불구대천의 원수인 유류와 같은 배를 타는 '오월동주 吳越同舟'의 연합이다.

일반적으로 에너지전환론은 탈원전을 위한 정치적 선언이나 재생가능에너지의 보급 목표 수치에만 지나치게 집착하는 경향이 있다. 그 자체를 탓할 생각은 없다. 원전 축소든 재생가능에너지 보급이든 정치적 의지나 목표가 출발점이 되기 때문이다. 하지만 그것만으로는 부족하다. 현재와 같이 증가하는 전력 수요를 연착륙시키지 않으면 그 빌미로 몇 년 뒤에 다시 원전추진론이 등장할 가능성이 있다. 또한 현실 여건을 고려하지 않는 무리한 재생가능에너지 보급은 전력 수급의 불안정 등 사회적 부작용을 유발할 가능성이 높다. 원전 축소와 새로운 전력 패러다임의 구축을 위해서는 어떤 정치적 구호와 목표를 외치는가도 중요하지만 그보다 에너지세제와 전기요금이라는 가격 신호를 바꿀 수 있는 실행 의지가 더 중요하다. 정치 구호는 일시적 거품으로 끝나기 쉽지만, 가격 신호는 장기간의 시장 변화를 유발한다. 정치 구호는 고작 5년이면 끝나지만, 가격 신호는 경제 주체의 50년 설비 투자에 영향을 준다.

문제의 핵심은 보수 진영같이 주어진 가격 신호를 그대로 신봉하는 것이 아니라 왜곡된 가격 신호를 정정하는 것이고, 진보 진영같이 겉으로 나타난 정치적 구호를 신봉하는 것이 아니라 가격 신호 정정의 정치적 의지를 실행하는 것이다. 간혹 진보 진영의 구호와 목소리는 화려하고 요란하지만 대안과 현실성에서 신통치 않고, 그것이 본의 아니게 보수 진영의 이상한 논리를 강화시켜 주는 것은 단지 정치판에만 국한된 이야기가 아닌 것 같다.

실사구시 한국경제

1판 1쇄 펴냄 | 2013년 6월 30일

기획 | 이건범
엮은이 | 원승연
지은이 | 강신욱, 김석진, 김혜원, 남기곤, 류덕현, 박복영, 이상영, 조영탁, 지만수, 홍장표
발행인 | 김지영
발행처 | 생각의힘

등록 | 2011. 10. 27. 제406-2011-000127호
주소 | 경기도 파주시 문발동 527-2 파주출판도시
전화 | 070-7096-1331
홈페이지 | www.tpbook.co.kr
티스토리 | tpbook.tistory.com

공급처 | 자유아카데미
전화 | 031-955-1321
팩스 | 031-955-1322
홈페이지 | www.freeaca.com

ISBN 978-89-969195-3-7 03300